经济学基础理论与实践研究

沈岚 蔡芳媛 陈利 ◎著

Jingjixue Jichu Lilun
Yu Shijian Yanjiu

中国出版集团

中译出版社

图书在版编目（CIP）数据

经济学基础理论与实践研究／沈岚，蔡芳媛，陈利
著. -- 北京：中译出版社，2024. 5
ISBN 978-7-5001-7936-8

Ⅰ. ①经… Ⅱ. ①沈… ②蔡… ③陈… Ⅲ. ①经济学
-理论研究 Ⅳ. ①F0

中国国家版本馆 CIP 数据核字（2024）第 104571 号

经济学基础理论与实践研究
JINGJIXUE JICHU LILUN YU SHIJIAN YANJIU

著　　者：　沈　岚　蔡芳媛　陈　利
策划编辑：　于　宇
责任编辑：　于　宇
文字编辑：　田玉肖
营销编辑：　马　萱　钟筱童
出版发行：　中译出版社
地　　址：　北京市西城区新街口外大街 28 号 102 号楼 4 层
电　　话：　（010）　68002494（编辑部）
邮　　编：　100088
电子邮箱：　book@ ctph. com. cn
网　　址：　http：//www. ctph. cm. cn

印　　刷：　北京四海锦诚印刷技术有限公司
经　　销：　新华书店
规　　格：　710 mm×1000 mm　1/16
印　　张：　15. 25
字　　数：　247 千字
版　　次：　2025 年 3 月第 1 版
印　　次：　2025 年 3 月第 1 次印刷

ISBN 978-7-5001-7936-8　　定价：　68. 00 元

前　言

理论可以创造，规律只能发现。真正的科学，不是创立什么理论，而是体现什么规律。与客观规律相一致的理论才是真理，才是科学；与客观规律相背离的理论，无论它包装得多么精美和完备，都只能是谬论，是伪科学。

人们在发现客观规律的过程中，有着许许多多的探索。探索的结果往往就会形成一些理论，这些理论是否科学，还需要回到实践中进行检验。经得住实践检验的理论，才会被认可和传承。当然，实践检验也是一个过程，需要一定的条件和时间。

经济学作为一门学科已经诞生200多年了，在这门学科不断发展的过程中产生了诸多理论，有的理论在实践检验中被人们所抛弃，有的则被传承下来。到目前为止，经济学是不是一门科学一直是人们争论的话题。人们对经济学是不是一门科学进行争论是有很多理由的，现在的经济学在研究对象上还没有形成共识，更何况在范式和主要理论框架上了。事实上，一门科学的产生往往是建立在客观规律基础之上的，当一门学科能够系统地揭示某个领域一系列客观规律之后，它就会变成一门科学。

本书是有关经济学基础理论与实践方向的书籍，本书从经济学概述入手，针对经济学定义、经济学的研究内容与方法进行了分析研究；对供求、消费与生产理论，收入、分配与决定，经济理论与政策等做了一定的介绍；介绍了经济社会学理论分析、投资经济学理论分析、生态经济学理论与实践等内容。本书条理清晰，内容精练，重点突出，选材新颖，具有实用性、综合性，希望能够给从事相关行业的读者带来一些有益的参考和借鉴。

本书中的相关理论和观点，参考了一些书籍与研究论文，并将其融合进作者观点。限于作者知识水平和资料使用的局限性，书中难免有不妥及错漏之处，恳请读者批评指正。

著者

2024 年 4 月

目　录

第一章　经济学概述

第一节　经济学定义

经济学是分析经济现象，研究经济活动规律的科学。经济学产生的基本前提是资源的稀缺性，经济学的基本问题是如何合理地配置和充分地利用资源。这些共同构成了经济学的研究对象。

一、经济学基础概述

关于什么是经济学，不同的经济学家有很多不同的答案。美国著名经济学家萨缪尔森（Samuelson，1971 年诺贝尔经济学奖获得者）给出了一个大多数经济学家都同意的一般定义："经济学研究的是一个社会如何利用稀缺资源生产有价值的商品和劳务，并将它们在不同的人中间进行分配。"可见，经济学是研究如何使稀缺资源处于最佳用途以满足人类最大需要的科学。简单地讲，经济学是一门关于如何选择的科学。

二、资源的稀缺性：经济学产生的前提

人们的活动之所以面临各种选择，其根源在于资源的稀缺性。经济学对人类经济活动的研究是从资源的稀缺性开始的。人类社会要生存和发展，就需要生产各种物品和服务，而且这种需要是无限的。需求的无限性表现在，人的需求是不断发展的，当某种欲望或需求得到满足时，另一种欲望就会出现。如人们在基本的物质生活需要得到满足之后，就会产生精神生活的需要；同时，多多益善的偏好也是支配人们日常消费行为的一个重要因素。正是这种需求的无限性构成了人类经济活动不断进步的持久动力。

然而，满足生产需求的资源却是稀缺的。所谓资源的稀缺性，是指相对于人类的无限需求而言，资源总是不足的，即相对的稀缺性。资源稀缺性的存在，主要与以下三个方面有关：一是资源本身的有限性，由于受开发能力的限制，能够利用的资源是有限的；二是人类欲望或需求的无限性，当一种欲望得到满足后，新的欲望就会产生；三是资源用途的广泛性，在一定的资源条件下，多生产一种产品，就必然要减少其他产品和服务的生产。这里所讲的稀缺性是一种相对的稀缺性，但从另一种意义上讲，这种稀缺性又是绝对的。因为稀缺性存在于人类社会的任何时期和一切方面，只要有人类，就会有资源的稀缺性，所以稀缺性又是绝对的。这就是资源的稀缺性既相对又绝对的理论。从实际来看，无论是贫穷的国家，还是富裕的国家，资源都是不足的。

可见，人类社会始终面临着资源的稀缺性和需求的无限性之间的矛盾，因此，如何配置和利用有限资源以满足人们的需要，就成了任何社会都面临的基本经济问题，而经济学正是为了研究如何解决这一基本经济问题的需要而产生的。经济学的研究对象也是由这种稀缺性所决定的。

三、资源配置：经济学的基本问题

资源的稀缺性决定了人们必须在资源的多种用途上进行选择。因为同一种资源可以用于不同产品的生产，但在资源稀缺的前提下，用于生产某种产品的资源多了，则用于生产其他产品的资源必然就会减少，因此，面对稀缺的资源和人们的需求、选择变得十分重要。这种选择在现实生活中处处存在，如对一个人或一个家庭而言，收入是有限的，他们将如何使用这有限的收入，是用于消费还是用于储蓄，或者多少用于消费，多少用于储蓄；一个企业对于一笔有限的投资，是开发一个新产品还是开发一个新市场，或者用于其他方面。这些都是选择问题，在经济学中，人们对有限资源在使用方面的选择称为资源配置。从社会层面上讲，资源配置问题可以归结为三个基本的方面：生产什么和生产多少、如何生产、为谁生产。

（一）生产什么和生产多少

这是指在有限的资源条件下，人们根据需求的大小和轻重缓急，决定生产哪些产品和劳务及生产多少的问题。例如，土地资源是有限的，是用来生产粮食还是用来修建运动场？在资源稀缺性的前提下，生产什么和生产多少是人们首先需要考虑与选择的问题，选择的标准是需求的迫切程度。

（二）生产的概述

这主要是指选择何种生产方式进行生产的问题，包括用什么资源、技术、工艺和手段来生产。如在生产方式方面，是选择劳动密集型、技术密集型，还是选择资金密集型？因为不同的生产方式对资源利用的效果不同。如何生产是在决定生产什么和生产多少之后第二个必须考虑和选择的问题，选择的标准是生产效率。

（三）为谁生产

这主要是指生产出的产品和劳务在不同的成员或利益集团之间如何分配。即整个社会按什么样的原则分配，如何解决收入分配中的公平与效率问题等，其实质是收入和财富如何分配的问题。为谁生产是资源配置过程中的最后一个环节，选择的标准是公平与效率的兼顾。

稀缺性决定了资源配置的必要性，也决定了经济学的产生；三个基本经济问题决定了资源配置的内容；机会成本与生产可能性边界则提供了资源优化配置的分析手段。

四、机会成本与生产可能性边界：资源优化配置的分析手段

面对稀缺性，资源配置的一个重要原则就是能够最好地利用有限资源，实现资源配置的最优化。那么，如何才能确定资源在配置过程中实现了最优化呢？对资源优化配置问题的分析涉及经济学的两个基本概念：机会成本与生产可能性边界。它反映了稀缺资源在配置中的相互关系。

（一）机会成本

机会成本是指人们在选择一种资源利用方式时所放弃的该资源被用于其他方

面时所能创造的最大价值。例如，一块面积确定的土地，既可以种粮食，也可以建厂房；既可以修公路，也可以放牛羊。如果选择用这块土地种粮食，那么，用于建厂房、修公路、放牛羊所可能获得的最大收入就是种粮食的机会成本。

理解机会成本，必须把握以下三点：一是机会成本是指所放弃的资源可能利用方式中的最大收入。在上例中，建厂房、修公路、放牛羊都会有一定的收入，但只有最大收入才是机会成本。它既不是每一种可能用途的收益，也不是各种可能用途收益的加总。二是机会成本与稀缺资源的多用途密切相关。只有具有多种用途的稀缺资源才有机会成本。当一种稀缺资源只有一种用途时，则不存在机会成本，或者说机会成本为零。三是机会成本不同于实际成本。它是人们在做出选择时一种观念上的支付或损失，而不是实际的费用或损失，即用所失去的最佳选择的价值来度量的成本。

机会成本的概念为人们选择稀缺资源的最佳用途提供了一个有力的分析工具和手段。

（二）生产可能性边界

由于资源的多用途性和需求的多样性，现实中常常出现用一种稀缺资源生产两种以上产品的情况。生产可能性边界反映了既定资源所生产的不同产品之间的组合关系。

生产可能性边界又称为生产可能性曲线，它是指在一定技术条件下，既定资源所能生产的最大产量组合。

为了分析方便，现假定整个社会将全部资源只用于消费品和资本品这两种物品的生产。由于资源的稀缺性，用于生产消费品的资源多了，则用于生产资本品的资源就会减少。既定资源所生产的消费品和资本品的产量是一种此消彼长的关系，这种关系可以用图 1-1 表示出来。在图 1-1 中，横坐标表示消费品的数量，纵坐标表示资本品的数量，A、B、C、D、E、F 分别表示在一定技术条件下，既定资源所能生产的消费品和资本品最大数量的各种组合，AF 所代表的曲线就是生产可能性曲线，也叫生产可能性边界。AF 曲线表明多生产一单位消费品要放弃多少资本品，或者相反，多生产一单位资本品要放弃多少消费品。因此，AF 曲线又被称为生产转换线。在生产可能性曲线 AF 以内的任何一点上的各种生产组合，都是既定资源在同一技术条件下所能生产的消费品和资本品的产量组合，如 G 点，但都不是最大产量的组合，即资源没有得到充分利用，表明这种资源配置缺乏效率。而在生产可能性曲线 AF 之外，虽然是消费品和资本品产量的更大组合，如 H 点，但在既定资源和技术条件下，它是无法实现的。只有在 AF 曲线上的各种产量组合才是最大产量组合。所以，AF 曲线上的任意一点均代表着有效率的产量组合，在 AF 曲线上的某一点进行生产就意味着资源实现了优化配置。

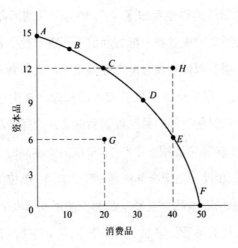

图 1-1　生产可能性曲线

值得注意的是，图中的 AF 曲线是在既定的资源和技术条件下的生产可能性边界。当资源和技术条件发生变化时，就会产生生产可能性边界向内或向外移动。当更多的资源和更好的技术被利用时，生产能力就会扩大，生产可能性边界就会向外移动，这种情况称为经济增长；相反，当可供利用的资源减少时，生产能力就会萎缩，生产可能性边界就会向内移动，这种情况称为经济衰退。

生产可能性边界反映了资源配置中的各种关系，为资源在优化配置过程中的各种选择提供了重要的分析工具。

1. 生产可能性边界反映了资源的稀缺性特征。因为资源是稀缺的，所以，使用这些资源所能生产的产品数量组合才有一个最大限量。

2. 生产可能性边界充分表达了资源配置上的效率观念和选择的含义。生产可能性边界上的任何一点，都表明资源得到了充分利用，这说明资源在生产可能性边界上的配置是最有效率的。但是最终确定在哪一点生产，则需要按照需求的大小及轻重缓急和偏好等多种因素来选择。

3. 生产可能性边界反映了资源配置的具体内容或三个基本经济问题。首先，选择了生产可能性边界上的哪一点，就解决了"生产什么和生产多少"的问题。其次，从资源利用的效率出发决定选择生产可能性边界上的哪一点时，也就选择了"如何进行生产"。例如，选择 A 和 F 点时，资源利用的效率就不如选择其他点高，因为过多地生产某种产品，会将并不适宜生产该产品的资源用于该产品的生产。最后，生产可能性边界也反映了"为谁生产"的问题。如果选择了生产更多的资本品，就表明资源配置在分配方面偏重于资本投资者；如果选择了生产更多的消费品，就表明资源配置在分配方面偏重于广大消费者。

4. 生产可能性边界同样反映了机会成本的概念。在生产可能性边界上，当选择了一种物品的生产时所放弃的另一种物品就是被选择产品的机会成本。从图1-1中可以看出，当把全部资源用于生产 15 单位的资本品时，其机会成本为所放弃的 50 单位消费品；相反，当把全部资源用于生产 50 单位的消费品时，其机会成本为所放弃的 15 单位资本品。当资本品和消费品组合生产时，在生产可能性边界上体现为此消彼长的关系，增加 1 单位资本品（消费品）的机会成本就是减少的消费品（资本品）的数量。

五、资源的充分利用：宏观经济问题

在稀缺性的前提下，人们不仅要考虑资源的"配置"问题，还要考虑资源的"利用"问题。前者解决的是有限资源能否被配置到最佳用途或合理使用，以便生产更多的产品和劳务。而后者解决的是有限资源能否得到充分利用或不让其闲置，以便使全部资源都发挥作用。因此，如何充分利用资源以满足人们的需要，同样是稀缺性的要求。从整个社会层面讲，要实现资源的充分利用，必须解决以下三个方面的基本问题：如何做到充分就业？如何保持物价稳定？如何实现经济增长？这也是经济学研究的另外三个基本问题，即宏观经济问题。

（一）充分就业

从资源利用的角度讲，充分就业是指整个社会所有有限资源都没有闲置，而是全部得到了充分利用的状态。劳动力作为一种重要的资源——人力资源，具有广泛的社会性，一个社会的劳动力能否充分就业，影响深远，因此，劳动力的充分就业问题成为社会关注的焦点之一。

（二）物价稳定

资源利用不足，比如存在失业的情况下，会伴有通货紧缩现象，但利用过度也可能造成通货膨胀。这两种情况都会破坏市场经济的价格机制，影响经济运行的稳定性。所以，资源的利用最好做到既无通货紧缩，也无通货膨胀，也就是物价稳定。经济学要研究如何使资源得到充分利用，就要同时研究如何保持物价稳定。

（三）实现经济增长

经济增长意味着在相同的资源限制条件下能够生产更多的物品和劳务来满足人们的需要，这本身也是资源充分利用的目的。因此，研究资源充分利用和如何实现经济增长具有特别重要的意义。

由此可以看出，稀缺性不仅引起了资源配置问题，而且还引起了资源利用问题。前者构成微观经济学的研究主题，后者则成为宏观经济学的研究主题。正因如此，许多经济学家也把经济学定义为：研究稀缺资源配置和利用的科学。

六、资源配置的方式：经济体制

在一定的物质技术水平下，资源配置和利用的原则、方式与一个社会的经济体制有关。

经济体制是指一个社会组织和管理经济的一整套具体制度和形式。经济体制不同，资源配置和利用的方式不同，从而使经济效率产生较大的差别。从历史上看，经济体制大体可分为四种类型，即自然经济、计划经济、市场经济和混合经济。但从当今世界来看，主要是后三种类型。

（一）自然经济

自然经济是自给自足的经济。其生产的目的仅仅是为了自己消费，很少交换，生产什么、如何生产及为谁生产的问题可能是由代代相传的传统所决定的。因此，资源利用效率较低，经济发展滞缓，水平低下。

（二）计划经济

计划经济是以计划调节作为资源配置主要工具的一种经济体制。其基本特征是：资源基本归政府所有，经济的组织和管理由政府实施，经济发展的决策权高度集中在政府手中，政府依靠对资源的所有权、强制力及其自身掌握的信息做出决策。总之，所有与资源配置有关的经济活动都由政府或通过政府的指令来进行管理。其优点是能集中力量办大事，缺点是不能实现资源的有效配置，还可能造成资源的巨大浪费。

（三）市场经济

市场经济是借助市场交换关系，依靠供求、竞争和价格等机制，组织社会经济运行，以调节社会资源配置和分配收入的经济体制。其基本特征是：生产什么、生产多少、如何生产及为谁生产的问题完全由多元化的市场主体决策、高度分散。因此，能够优化资源和充分利用资源，提高经济效益。但不足是过度竞争也会造成资源浪费，容易出现经济波动甚至周期性经济危机以及外部不经济性等问题。

（四）混合经济

混合经济是指由市场经济和政府调控相结合的一种经济体制。在这种经济体制下，一方面是市场机制协调着人们的经济行为；另一方面，政府也对一些经济活动进行有意识的干预。生产什么与生产多少、如何生产及为谁生产的问题是在市场机制和政府有意识的干预相结合下解决的。当今世界，各国既没有完全实行市场经济的，也没有完全实行计划经济的，都是某种程度上的混合经济，只是在程度上有所差异或在所有制上有根本区别而已。

第二节　经济学的研究内容与方法

一、经济学的研究内容

经济学的研究对象是资源配置和利用，前者构成微观经济学的研究内容，后者主要是宏观经济学的研究内容。

（一）微观经济学

1. 微观经济学的概念

微观经济学是以单个经济单位为研究对象，通过研究单个经济单位的经济行为和相应经济变量的单项数值的决定来说明价格机制如何解决社会资源配置的理论。

2. 微观经济学的基本特点

理解微观经济学的概念必须把握以下四个基本特点：

（1）微观经济学的研究对象是单个经济单位的经济行为。单个经济单位是指经济活动中最基本的单位，如居民户和厂商。居民户又称家庭，是经济活动中的消费者。厂商又称企业，是经济活动中的生产者或经营者。微观经济学研究居民户和厂商的经济行为就是研究单个居民户作为消费者如何把有限的收入分配于各种商品的消费，以实现满足程度（即效用）最大化，以及单个厂商作为生产者或经营者如何把稀缺的资源用于各种商品的生产或经营，以实现利润最大化。

（2）微观经济学解决的问题是资源配置。微观经济学从研究单个经济单位的利益最大化行为入手来解决稀缺资源的最优配置问题。如果每个经济单位都实现了利益最大化，那么，整个社会的资源配置也就实现了最优化。

（3）微观经济学的中心理论是价格理论。在市场经济中，商品的生产者和消费者的行为要受价格的支配，生产什么与生产多少、如何生产及为谁生产都是由价格决定的。价格像一只看不见的手，调节着整个社会的经济活动，实现社会资源配置最优化。因此，价格理论是微观经济学的中心理论，其他内容都是围绕这一中心问题展开的。正因为这样，微观经济学也被称为价格理论。

（4）微观经济学的研究方法是个量分析。个量分析是对单个经济单位和单个经济变量的单项数值及其相互关系所做的分析。微观经济学以单个经济单位为研究对象，与此相适应，它必须使用个量分析方法，研究单位商品的效用、供给、需求、价格等如何决定，研究单个厂商的投入、产出、成本、收益、利润等如何决定，以及各种个量之间的相互关系。例如，某种商品的价格、某种产品的产量就属于经济变量的单项数值，微观经济学分析这类个量的决定、变动及其相互间的关系。

3. 微观经济学的基本假设

经济学的研究是以一定的假设条件为前提的。就微观经济学而言，其基本假设条件有以下三个：

（1）市场出清，即在价格可以自由而迅速地调节市场的情况下，市场上一定会实现充分就业的供求均衡状态。具体地说，物品价格的调节使商品市场均衡，利率（资本价格）的调节使金融市场均衡，工资（劳动价格）的调节使劳动市场均衡，等等。在这种均衡的状态下，资源可以得到充分利用，不存在资源闲置或浪费问题。因此，微观经济学就是在假设资源被充分利用的情况下，研究资源配置问题。

（2）完全理性，即消费者和厂商都是理性人，其行为目标和准则是利益最大化。他们自觉地按利益最大化的原则行事，既能把利益最大化作为目标，又知道如何实现最大化。这就是说，他们具有完全理性。只有在这一假设之下，价格调节实现资源配置最优化才是可能的。

（3）完全信息，指消费者和厂商可以全面而迅速地获得各种市场信息。消费者和厂商只有具备完备而迅速的市场信息才能及时对价格信号做出反应，以实现其利益最大化的目标。

只有在以上三个假设条件之下，微观经济学关于价格调节实现资源配置最优化，以及由此引出自由放任的经济政策才是正确的。但是事实上，这三个假设条件并不一定完全具备或同时具备，做这样的假设，只是为了方便分析问题。但在分析具体经济问题时，必须注意非假设条件下的情况。

4. 微观经济学的基本内容

微观经济学的内容很多，主要包括以下六个方面：

（1）均衡价格理论。微观经济学的研究最终是为了解决资源配置问题，在市场经济中，这一问题是通过价格机制解决的，因此，价格问题就是微观经济学的核心问题。西方经济学中所流行的价格理论就是用需求与供给来说明价格的形成机制，以及由此而形成均衡价格理论，对这个理论的分析就构成微观经济学的起点和中心。其他内容都是围绕这一中心而展开的。

（2）消费者行为理论。消费是引致人类一切经济活动的源泉，也是一切经济活动的归宿。消费者对有用物品的消费欲望、消费偏好和选择表现为消费行为，正是这种行为构成了不同的社会消费趋势，从而决定着生产者生产什么、生产多少、为谁生产的问题。因此，消费者行为就成为经济学研究的一个重要方面。消费者行为理论研究消费者如何把有限的收入分配于各种物品的消费，以实现效用最大化。该理论是对决定价格的因素之一——需求的进一步解释。

（3）生产者行为理论，研究生产者如何把有限的资源用于各种物品的生产而实现利润最大化。这一部分内容包括研究生产要素与产量之间关系的生产理论，研究成本与收益的成本和收益理论，以及研究不同市场条件下厂商行为的厂商理论。生产者行为理论是对决定价格的另一个因素——供给的进一步解释，以及对如何生产的论述。

（4）分配理论，研究产品按什么原则分配给社会各个集团与个人，即工资、利息、地租和利润。这部分是运用价格理论来说明为谁生产的问题。

（5）一般均衡理论与福利经济学，研究全社会的所有市场如何实现均衡，经济资源怎样实现最优配置，社会经济福利怎样实现最大化。由于一般均衡理论与福利经济学是以单个消费者、单个资源拥有者和单个厂商的行为为出发点来考察整个社会经济运行的，并且在研究方法上主要使用个量分析法，所以，通常把这部分内容归入微观经济学之中。

（6）微观经济政策，研究政府有关价格管理、消费与生产调节，以及实现收入分配平等化政策。这些政策属于国家对价格调节经济作用的干预，是以微观经济理论为基础的。

（二）宏观经济学

1. 宏观经济学的概念

宏观经济学是研究宏观经济总量的一门经济学科。它以整个国民经济为研究对象，通过研究一个国家整体经济运作中各有关总量的决定及其变化来说明资源如何才能得到充分利用。

2. 宏观经济学的基本特点

理解宏观经济学的概念必须把握以下四个方面的基本特点：

（1）宏观经济学的研究对象是整个经济

宏观经济学通过对总体经济问题及其经济总量的研究来分析国民经济的总收入、总就业、物价水平、经济周期和经济增长等问题。它研究整个经济的运行方式与规律，从总体上分析经济问题。

（2）宏观经济学解决的问题是资源利用

宏观经济学是在假定资源已实现最优配置的前提下，研究现有资源未能得到充分利用的原因，得到充分利用的途径，以及如何增长等问题。

（3）宏观经济学的中心理论是国民收入决定理论

宏观经济学把国民收入作为最基本的总量，以国民收入的决定为中心来分析研究国家整体经济的运作情况，以及政府如何运用经济政策来影响国家整体经济的运作，实现资源总量的充分利用。国民收入决定理论是宏观经济学的中心理论，其他理论都围绕着这一理论展开，宏观经济政策则是这种理论的运用。

（4）宏观经济学的研究方法是总量分析

总量是指能反映整个经济运行情况的经济变量。这种总量有两类：一类是个量的总和，例如，国民收入是组成整个经济的各个单位的收入总和，总投资是各个厂商的投资之和，总消费是各个居民户消费的总和，等等；另一类是平均变量，例如价格水平是各种商品与劳务的平均价格。宏观经济学所涉及的总量很多，其中主要有国内生产总值、总投资、总消费、价格水平、失业率、通货膨胀率、劳动生产率、增长率、利率、国际收支、汇率、货币供给量、货币需求量等。总量分析就是分析这些总量的决定、变动及其相互关系，从而说明整体经济的运行状况，决定经济政策。因此，宏观经济学也被称为总量经济学。

3. 宏观经济学的基本假设

宏观经济学的基本假设有以下两个：

（1）市场机制是不完善的

自从市场经济产生以来，各国的经济一直在繁荣与萧条的交替中发展，若干年一次的经济危机成为市场经济的必然产物。经济学家们认识到，如果只靠市场机制的自发调节，就必然会出现经济周期与通货膨胀，经济就无法克服危机与失业等一系列问题，从而在资源稀缺的同时，又产生资源的浪费。稀缺性不仅要求资源得到合理配置，还要使资源得到充分利用，要做到这一点，仅仅靠市场机制是不行的。这是宏观经济学产生的必要性。

（2）政府有能力调节经济，纠正市场机制的缺陷

人类不是只能顺从市场机制的作用，而是还要能够在遵从基本经济规律的前提下，对经济进行调节和干预。实现这种调节的是政府，政府可以通过研究，认识和掌握经济运行的规律，并采取适当的手段和措施进行调节，这既包括通过行政、经济、法律等手段的宏观调控，也包括通过财政、货币、产业等政策进行的经济干预。这是宏观经济学产生的可能性。

政府应该调节经济，政府可以调节经济，这是宏观经济学的假设前提。

4. 宏观经济学的基本内容

宏观经济学包括以下基本内容：

（1）国民收入决定理论

国民收入是衡量一国经济资源利用情况和整个国民经济状况的基本指标。国民收入决定理论就是要从总需求和总供给的角度出发，分析国民收入决定及其变动的规律。这是宏观经济学的核心理论。

（2）通货膨胀与失业理论

通货膨胀与失业是各国经济中最主要的问题。宏观经济学把通货膨胀与失业

和国民收入联系起来，分析其原因和相互关系，以便找出解决这两个问题的途径。

（3）经济周期与经济增长理论

经济周期指国民收入的短期波动，经济增长指国民收入的长期增长趋势。这一理论要分析国民收入短期波动的原因、长期增长的源泉等问题，以实现经济长期稳定发展。

（4）国际经济理论

当今世界是一个开放的世界，一国经济的变动会迅速影响到别国，同时，也会受别国的影响。国际经济理论主要分析国际贸易、国际收支、汇率等基本问题，以及开放条件下一国宏观经济的运行与调节。

（三）微观经济学与宏观经济学的联系

微观经济学与宏观经济学作为经济学的两大组成部分，二者虽然在研究对象、解决的问题、中心理论和分析方法上都有所不同，但它们之间又有着密切的联系，表现在以下三个方面：

1. 微观经济学与宏观经济学互为前提，相互补充

经济学的目的是实现社会经济福利的最大化。为了达到这一目的，就既要实现资源的最优配置，又要实现资源的充分利用，二者缺一不可。微观经济学在假定资源已实现充分利用的前提下分析如何做到最优配置的目的；宏观经济学在假定资源已实现最优配置的前提下分析如何达到充分利用的问题，它们从不同的角度分析社会经济问题。因此，二者互为前提，相互补充，它们共同组成经济学的基本内容。

2. 微观经济学是宏观经济学的基础

整体经济是单个经济的总和，宏观经济学分析的经济总量是由经济个量加总而成的，对宏观经济行为和经济总量的分析是以一定的微观经济分析为基础的。例如，就业理论和通货膨胀理论作为宏观经济学的重要组成部分，总是涉及劳动的供求和工资的决定理论，以及商品价格如何决定的理论，而充分就业的宏观经济模型，正是建立在以完全竞争为假设前提的价格理论和工资理论的基础之

上的。

3. 微观经济学与宏观经济学都是实证分析

微观经济学与宏观经济学都把社会经济体制作为既定的，不分析社会经济制度变化对经济的影响。也就是说，它们都是把市场经济体制作为一个既定的存在，分析这一体制下的资源配置与利用问题。这种不涉及体制变化问题，只分析具体经济问题的方法就是实证分析。正是从这种意义上来说，微观经济学与宏观经济学都是实证分析。

二、经济学的研究方法

任何一门科学都有自己的研究方法，经济学也不例外。经济学家在研究社会经济问题和形成经济理论时，使用了很多种分析方法。其中主要有个量分析法和总量分析法，实证分析法和规范分析法，均衡分析法和非均衡分析法，静态分析法，比较静态分析法和动态分析法，定性分析法和定量分析法，边际分析法和增量分析法等。在理论表述方面，主要采取建立经济模型的方法。这些方法，除了前面已介绍过的个量分析法和总量分析法，分别为微观经济学和宏观经济学的特有方法外，其他方法则是微观经济学和宏观经济学所共有的分析方法，下面分别予以介绍。

（一）实证分析法和规范分析法

实证分析法重点考察是什么，即经济状况如何，为什么是这样，有些什么特点和规律，经济问题如何得到解决等，至于这种经济现象好不好、该不该如此，则不做评价。这种分析方法叫作实证分析法。运用实证分析方法研究经济问题的目的，是最终建立起能够用于解释经济现象的理论，并以此为根据预测人们经济活动的后果。

规范分析法则是根据一定的价值判断，对经济现象做出好与不好的评价，或该不该如此的判断，它指出经济现象应该是什么、经济问题应该如何解决等，这种分析方法叫作规范分析法。运用规范分析法研究经济问题的目的，是给人们的经济活动提出行为规范。

（二）均衡分析法和非均衡分析法

均衡是从物理学中引进的概念。在物理学中，当某一物体同时受到方向相反而力量恰好相等的两个外力作用时，该物体处于静止状态，这种状态就是均衡。在经济学中，均衡是指经济体系中各种对立的、变动着的经济变量由于力量相当而使体系处于一种相对静止、不再变动的状态。在这种状态下，经济决策者意识到重新调整资源配置方式已不可能获得更多的利益，从而不再改变其经济行为。均衡分析法就是在假定经济体系中的经济变量既定的条件下，考察体系达到均衡时所出现的情况及实现均衡所需要的条件。均衡分析法偏重于数量分析，而对于影响经济变化的历史的、制度的、社会的因素基本不考虑，因为它们很难量化，很难进行量上的均衡分析。

非均衡分析则认为经济现象及其变化的原因是多方面的、复杂的，不能单纯用有关变量之间的均衡与不均衡来加以解释，而主张以历史的、制度的、社会的因素作为分析经济现象的基本方法，即使是量的分析，非均衡分析也不是强调各种力量相等时的均衡状态，而是强调各种力量不相等时的非均衡状态。

西方经济学中运用的分析方法主要是均衡分析法。均衡分析可分为局部均衡分析和一般均衡分析。局部均衡分析是仅就经济体系的某一部分加以考察和研究，以分析经济事物均衡的出现和均衡与不均衡的交替过程，而假定其他部分对所观察的部分没有影响。一般均衡分析则是就整个经济体系加以观察和分析，以探讨整个经济总体达到均衡的过程。

（三）静态分析法、比较静态分析法和动态分析法

所谓静态分析法，就是分析经济现象的均衡状态及有关的经济变量达到均衡状态所必须具备的条件。这种分析方法完全忽略了时间因素和变量变化达到均衡状态的过程，注重经济变量对经济体系影响的最终结果。犹如观察一张不动的照片，仅就这个不动的画面进行分析。这是一种静止地、孤立地分析经济问题的方法。

比较静态分析法则是就经济现象一次变动的前后，以及两个以上的均衡位置

进行分析研究，并把新旧均衡状态加以比较，而完全抛开了对转变期间和变动过程本身的分析，也就是只对一个个变动过程的起点和落点进行对比分析。犹如观察几张不同时点的幻灯片，对其进行起点和落点的对比研究。

动态分析法则是分析经济现象在时间推移中变动过程的状态和关系，说明某一时点上经济变量的变动如何影响下一时点上该经济变量的变动，以及这种变动对整个均衡状态变动的影响。这种分析方法把经济现象的变化当作一个连续不断的过程看待，探讨经济事物从均衡到非均衡，又达到均衡的交替发生过程。犹如观察一系列连续移动的照片来分析各个照片的变动、衔接，像电影图像的出现过程一样。

在西方经济学中，无论是分析个别市场的供求均衡，还是分析个别厂商的价格和产量如何达到均衡，目前一般采用静态或比较静态的分析方法。至于动态分析法，则仅在个别场合被采用，如在蛛网理论中就采用了这种分析方法。

（四）定性分析法和定量分析法

定性分析法是说明经济现象的性质及其内在的规定性与规律性。定量分析法则是分析经济现象之间的量的关系。各种经济现象之间的量的关系可以更为精确地反映经济运行的内在规律。因此，微观经济学和宏观经济学中特别注意定量分析。这也是经济学中广泛运用数学工具的重要原因。经济学中数学的运用主要在两个方面：一是运用数学公式、定理来表示或推导、论证经济理论，这就是一般所说的数理经济学；二是根据一定的经济理论，编制数学模型，并将有关经济数值代入这种模型中进行计算，以验证理论或进行经济预测，这就是一般所说的经济计量学。定量分析使经济学更能运用于实际。数学是经济学的重要分析工具，这一点应该十分注意。

（五）边际分析法和增量分析法

边际分析法是现代经济学又一常用的分析方法，属于数量分析的一种。所谓边际分析法，是指当一个或几个自变量发生微小变动时，来看因变量如何随之变动的方法，这个分析方法是从微积分学中引进的。自从数理经济学产生后，边际分析法被广泛地运用于经济分析之中，特别是用这个方法来分析经济的变化趋势，分析各种经济变量的增加量之间的关系。例如，假定某种产品的价格增加或减少了一个单位，然后测定该产品需求量的变动情况，即边际需求分析，这就是边际分析法的运用。至于在效用分析、收入分析、成本分析及其他理论分析中，都可使用边际分析法，由此也产生了一系列极为重要的边际概念和边际法则，例如：边际效用、边际收入、边际成本、边际利润、边际产量、边际生产力、边际效用递减规律、边际收益递减规律等。

在经济学中，边际分析法可以说与增量分析法是一回事，因为它们都分析某自变量的变动所引起的因变量的变动情况。但边际分析主要是分析单位变量的改变而导致因变量的变动率，而增量分析既可分析某一变量的大量（不仅是单位量）变动所导致的结果，又可分析非数量的某一因素变动所引起的变化，所以增量分析的含义比边际分析广泛。

（六）建立经济模型

经济学家在研究社会经济问题时，除了采用上述经济分析方法以外，在经济分析的基础上，为了阐述经济理论，主要采用建立经济模型的方法。经济理论是客观经济现象和经济活动的高度概括，经济模型则是经济理论的简明表述。

经济模型的表达形式有三种，即文字叙述、几何图形和数学表达式。这三种表达形式各有特点：文字叙述表达比较浅显、细腻；几何图形表达比较直观、简明；数学表达式表达比较严谨、精练。

第二章　供求、消费与生产理论

第一节　供求理论

一、需求理论

(一) 需求与需求规律

需求是指消费者在某一特定时期内，在某一价格水平上愿意并且能够购买的一定数量的物品和劳务。需求要具备两个条件：第一，有购买的欲望；第二，有购买能力。两者缺一不可。例如：有关购买房子的问题，当人们想购买而无力购买的时候，这就只是一种购买的欲望，而不能构成需求；虽然有购买能力却没有购买欲望，同样不能构成需求。

消费者对于商品的需求，受商品价格的影响很大。就单个消费者而言，商品价格高时买的商品少些，商品价格低时买的商品多些。就整个消费者群体而言，一部分人可能因为比较富裕，也可能因为需求迫切，价格高时也要买；另一部分人却可能要在价格低一些的时候，才愿意购买或才有能力购买。所以，无论就单个消费者而言还是就整个消费者群体而言，对商品的需求，都表现出价格越高需求量越小，价格越低需求量越大的规律。价格与需求量之间这种呈反向变动的关系，称为需求规律。

(二) 影响需求的因素与需求函数

1. 需求表

表 2-1 为消费者在不同价格水平下对某商品的需求量。这种表明商品的价格

与需求量之间关系的表称为需求表。

表 2-1 列示了在每一价格水平上，消费者购买商品的数量。例如在商品价格为 6 元时，需求量为 2000 件。在价格较低时，消费者购买的数量会较多。例如：在商品价格为 5 元时，需求量为 3000 件；在商品价格降为 3 元时，需求量为 5000 件。

表 2-1　消费者对某商品的需求表

单位价格/元	需求量/件
6	2000
5	3000
4	4000
3	5000
2	5500
1	6000

2. 需求曲线

将需求表用图形表示出来就是需求曲线，图 2-1 中横轴表示商品的需求量，纵轴表示商品的价格，D 表示商品的需求曲线。需求曲线就是根据需求表画出来的表示价格与需求量关系的曲线。

从图 2-1 中可以看出，需求曲线是一条从左上方向右下方倾斜的曲线，这表明价格与需求量之间存在着反方向变动的关系。为什么需求曲线一般总是向下倾斜呢？一方面是收入效应，即价格的变化导致消费者实际收入的变化，从而引起需求量的变化（商品价格上升意味着实际收入的减少，导致这种商品需求量下降；商品价格下降意味着实际收入的增加，导致这种商品需求量上升）；另一方面是替代效应，即当一种商品价格上升时，人们会用类似的商品去替代它。

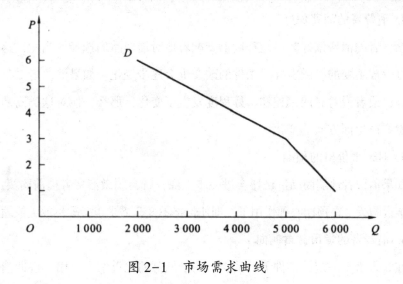

图 2-1 市场需求曲线

(二) 影响需求数量的因素与需求函数

需求表和需求曲线表示的是商品的价格和需求量之间的关系，它们将价格视为影响需求量的唯一因素。但实际上，还有其他众多的因素影响需求。

1. 消费者的收入

消费者收入越高，消费者对一定价格条件下的某种商品需求量就越大，这种需求与收入为正相关函数的商品称为正常商品。另外，消费者对某些粗劣商品的需求却会随着收入的增加而减少。这种需求与收入为负相关函数的商品称为低档商品。

2. 相关商品的价格

相关商品包括替代品和互补品。替代品是指具有相同功能和用途的商品，如牛肉和鸡肉。由于商品之间相互替代，当一种商品价格升高，而另一种替代品价格保持不变时，消费者就会减少对该商品的需求量而增加对价格不变的商品的需求量。例如，当牛肉的价格提高而鸡肉的价格不变时，消费者会减少对牛肉的需求量，增加对鸡肉的需求量。互补品是相互补充才能使用的商品，如汽车和汽油。互补品之间存在着相互依存的关系，一种商品的价格上升，其需求量下降，会导致另一种商品的需求量也随之下降。如汽油价格下降会提高汽车的需求量。

3. 消费者的消费偏好

消费者的消费偏好在一定程度上支配着他对消费品的选择。当然，这种偏好并不是一成不变的，随着外界条件的改变也会逐步变化。如果消费者对某一商品的偏好，或者说对它的兴趣和喜好程度发生了变化，那么，他对这类商品的需求量自然会产生同方向的变化。

4. 对未来价格的预期

如果消费者预期商品价格还会进一步上涨，就会刺激消费者提前购买；反之，则会推迟购买。在预期心理作用下，即使价格不变，需求也会骤然放大或缩小。

5. 消费者的货币储蓄倾向

在收入水平一定的条件下，消费者用于储蓄的比重增大，用于现期消费的比重则会减少；反之，用于现期消费的比重则会增加。随着我国改革的深入，原来许多属于福利分配的范畴，如住房、医疗等，将逐步走向商品化。为适应这种变化，人们将增加储蓄在收入中的比重，这在一定程度上会抑制人们现期消费的扩大。

影响商品需求量的因素还有很多，例如人口增减、国民收入分配状况等。由此可见，商品需求的变化受多种因素的影响，其中有客观的物质因素，也有主观的心理因素，甚至还有政治、社会风尚的因素等。

如果把影响需求的因素作为自变量，把需求量作为因变量，则可以用函数关系来表示影响需求的因素与需求量的关系，这种函数就是需求函数。用 D 代表需求，a，b，c，d，$\cdots$，n 代表影响需求的因素，则需求函数为：

$$D = f(a,\ b,\ c,\ d,\ \cdots,\ n) \tag{2-1}$$

如果假定其他因素不变，只考虑商品本身的价格与该商品的需求量的关系，并以 P 代表价格，则需求函数为：

$$D = f(P) \tag{2-2}$$

（三）需求的变化

需求曲线是指商品的需求量随价格变化而变化的曲线。通过进一步分析需求的变化，可将其区分为需求量的变化和需求水平的变化。需求量的变化是指在决定需求的其他因素，如消费者的收入、相关商品的价格、偏好等不变的情况下，由于商品本身的价格变化所引起的对该商品需求的变化。在需求曲线上，需求量的变化的表现形式为同一条需求曲线上点的移动，如图2-2所示。当价格从 P_1 下降到 P_2 时，需求量从 Q_1 增加到 Q_2。

需求水平的变化或需求状况的变化是指在商品本身的价格保持不变的情况下，由于其他因素的变化，如消费者收入等变化所引起的需求的变化。在需求曲线上，需求水平的变化的表现形式为整条需求曲线的移动，左移或右移，如图2-3所示。当消费者的收入降低或提高时，需求曲线 D_0 左移至 D_1，或右移至 D_2，需求量 Q_0 减少到 Q_1 或增加到 Q_2。

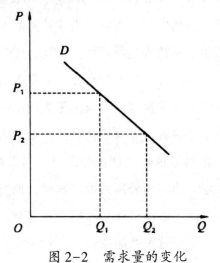

图 2-2　需求量的变化

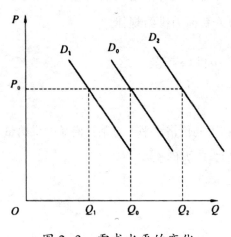

图 2-3　需求水平的变化

二、供给理论

（一）供给与供给规律

所谓供给是指生产者在某一特定时期内，在每一价格水平上愿意并且能够出售的商品或劳务的数量。供给包含两个不可缺少的条件：生产者出售的愿望和具有的供给能力。例如，面包、可乐的供给量表示的是在每一个价位上面包、可乐可供销售的量。

由于管理水平、技术水平和经济环境的差异，即便是生产同样的商品，不同的厂商也可能需要不同的成本。所以，当这种商品的市场价格比较高的时候，众多厂商都愿意生产和销售这种商品。相反，如果这种商品的市场价格比较低，有些厂商就会面临价不抵本的局面，不得不退出市场；有些厂商虽说还不至于价不抵本，但是觉得利润太薄，失去激励，也会退出市场。即使在某个范围局限于一个供给者，也有价格高则供给量大的倾向。例如，某人是一栋公寓的房主，他自己也住在这栋公寓里。当市场公寓租价较低时，他宁愿自家住得宽敞一些。当市场公寓租价较高时，他则乐于自家住得挤一点，多向市场提供几个客间，趁价格高多收取一些租金。所以，无论就生产某种商品的个别厂商还是生产这种商品的整个行业来说，对商品的供给，都表现出价格越低供给量越小，价格越高供给量越大的规律。这种价格与供给量之间呈正向变动的关系称为供给规律。

（二）供给曲线和供给函数

1. 供给表

表2-2为供给者在不同价格水平下对某种商品的供给量。这种表明商品的价格与供给量之间关系的表称为供给表。

表 2-2　市场供给表

单位价格/元	供给量/件
6	7000
5	6500
4	6000
3	5000
2	4000
1	3000

表 2-2 列示了在每一价格水平上，生产者供应某商品的数量。例如：在商品价格为 2 元时，供给量为 4000 件；当商品价格上升到 4 元时，供给量增加为 6000 件。

2. 供给曲线

将供给表用图形表示出来就是供给曲线，图 2-4 中横轴表示商品的供给量，纵轴表示商品的价格，S 表示商品的供给曲线。供给曲线就是根据供给表画出来的表示价格与供给量关系的曲线。

从图 2-4 中可以看出，供给曲线是一条从左下方向右上方倾斜的曲线。为什么供给曲线总是向右上方倾斜呢？一是因为较高的价格意味着较多的利润，厂商会增加供给；反之价格下降，利润下降，厂商会减少供给。二是在一定的技术和生产规模条件下，产量达到一定程度之后收益会递减。例如，消费者钟情于无公害蔬菜，这就会促使更多的劳动投入到无公害蔬菜的生产中，但是土地资源是有限的，在此情况下，新增的每一单位劳动所增加的产量是递减的。因此，为刺激产量增加就必须使价格上升，只有提高商品的价格，才能促使生产者生产并出售更多的商品。

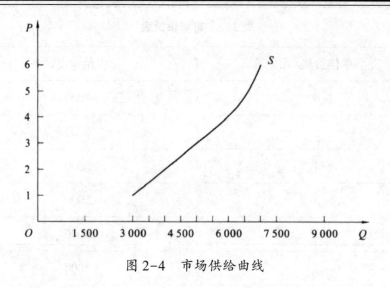

图 2-4　市场供给曲线

3. 影响供给数量的因素与供给函数

除了商品本身的价格外，影响商品供给数量的因素还有如下四个方面：

（1）厂商的目标

厂商经营的目标不同，对供应的影响也不同。若厂商以扩大市场占有率为目标，即使商品价格不变，也会努力扩大产量，增加供应，以提高本企业的市场占有率；若厂商以获取短期高额利润为目标，则势必控制产量，限量供应，以维持高价。

（2）生产成本的变化

一般来说，生产成本呈下降趋势的商品，供应量会增加。因为成本的下降使利润增大，这不仅会刺激原有生产者增加产量，而且还会刺激其他投资者投资于该商品的生产；反之，生产成本呈上升趋势的商品，在价格不变的情况下，供应量会减少。

（3）生产技术水平

生产技术进步意味着劳动生产率提高，单位产品成本下降。在商品售价不变的情况下，成本下降会给厂商带来更多的利润。因此，生产技术越进步，厂商一般就越愿意并能够提供更多的商品。

（4）厂商对未来价格的预期

如果某种商品的行情看涨，厂商就会减少现在的供应量，等着行情上涨后增加供给；如果某种商品的行情看跌，厂商就会把现有的存货尽快抛售出去，从而增加现在的供给。

影响商品的供给量的因素还有很多，例如气候的影响（农作物最为明显）、新资源的开发或旧资源的耗竭等，都会给供给带来巨大的影响。

如果把影响供给的因素作为自变量，把供给作为因变量，则可以用函数关系来表示影响供给的因素与供给量之间的关系，这种函数就是供给函数。用 S 代表供给，用 a，b，c，d，$\cdots$，n 代表影响供给的因素，则供给函数为：

$$S = f(a, \ b, \ c, \ d, \ \cdots, \ n) \tag{2-3}$$

如果假定其他因素不变，只考虑商品本身的价格与该商品供给量的关系，并以 P 代表价格，则供给函数为：

$$S = f(P) \tag{2-4}$$

三、均衡价格

（一）均衡价格的决定

1. 均衡价格的概念

均衡是物理学中的名词，当一物体同时受到方向相反的两个外力的作用，且这两种力恰好相等时，该物体将处于静止的状态，这种状态就是均衡。均衡价格论认为，在价格问题上也存在这样一种相反的力量，即在一个市场内，买者和卖者对某一商品的要求与控制的程度及能力，或者说存在需求和供给两种力量，这两种力量相互冲击和制约，分别影响与推动需求价格和供给价格的变动。

当供求双方力量达到均势时，所形成的价格便是均衡价格。也就是说，均衡价格是一种商品的需求价格和供给价格相一致时的价格，表现在直角坐标系上，就是这种商品的市场需求曲线和供给曲线相交时的价格。

2. 均衡价格的分类

根据均衡时间的长短，均衡价格可分为三类，不同类型的均衡价格，供给和需求的作用也不相同。

（1）暂时的市场均衡

所谓暂时，其经济学的意义是指因时间短暂而无法改变生产量和供给量。这时，均衡价格的高低将取决于需求状况，或者说，需求对均衡价格的形成起主导作用。

（2）短期的市场均衡

所谓短期，是指在该期间内可在现有的技能、生产组织和机器设备的基础上增减产量，但无足够的时间来增加设备、更新技术、改变组织和增加新的生产能力，以适应需求的变动。在这种情况下，均衡价格的形成将取决于供给和需求的均衡。换言之，在短期的市场均衡中，供给和需求对均衡价格的形成起着同等重要的作用。

（3）长期的市场均衡

所谓长期，是指在该期间内，除土地外，一切生产要素均可以改变，包括技术改造、调整生产组织结构、更新设备或提高劳动者素质等，从而导致供给量的变动以适应需求变动。在这种情况下，供给对均衡价格的形成起着主导作用。

（二）均衡价格的变动

在现实的经济生活中，各种商品的价格无时不处在变化之中。均衡价格在形成之后，受多种因素的影响，也经常处于不停的位移运动中。导致均衡价格发生位移的根本原因是影响供求曲线发生位移的各种因素会经常变动。下面，将分别从需求和供给的角度来分析这种位移的状况。

1. 需求因素的变动对均衡价格的影响

需求曲线由于偏好、收入、其他商品价格等变化而变化，会产生两种位移，即向右或向左移动。当供给曲线不变时，需求曲线右移使均衡价格提高，均衡数量增加；需求曲线左移使均衡价格降低，均衡数量减少。

2. 供给因素的变动对均衡价格的影响

同理，影响供给的因素发生变化，也会导致供给曲线及均衡价格的位移。当需求曲线不变时，供给曲线右移引起均衡价格下降，均衡数量增加；供给曲线左移会使均衡价格提高，均衡数量减少。

将以上两个方面的分析概括起来，就是供求定理：需求水平的变动引起均衡价格和均衡数量同方向变动；供给水平的变动引起均衡价格反方向变动，引起均衡数量同方向变动。

注意，在实际上，供给和需求会同时变动。此时，均衡价格和均衡数量变动的程度和方向，取决于供求两个方面各自变动程度的大小和方向。

（1）需求的增加大于供给的增加时，价格上升，均衡数量增加；

（2）需求的增加小于供给的增加时，价格下降，均衡数量增加；

（3）需求的减少小于供给的减少时，价格上升，均衡数量减少；

（4）需求的减少大于供给的减少时，价格下降，均衡数量减少；

（5）只有当供求变动方向和程度都相同时，无论供求增加还是减少，价格不变，只有均衡数量的改变。

四、需求与供给的价格弹性

供求规律揭示了商品价格调节供求的一般规律，即价格上升会使供给量增加和需求量减少，价格下降会使供给量减少和需求量增加。但是，价格变动究竟会引起供求多大程度的变动，则需要借助于价格弹性理论的分析。

所谓弹性，一般是指反应程度，即在两个函数关系的变量之间，其因变量对自变量变化的反应灵敏度，或者说，因变量的变动幅度（变动的百分比）对自变量变动幅度的比例关系。需求弹性可以分为需求的价格弹性、需求的收入弹性和需求的交叉弹性，分别说明需求量变动与价格、收入和其他商品价格变动之间的关系。

（一）需求弹性

1. 需求价格弹性

（1）需求价格弹性定义

需求价格弹性也称为需求弹性，是指需求量的变化与价格变化的百分比之间的比值，反映了市场需求量或销售量对价格变动的敏感程度。其公式为：

$$需求价格弹性 = \frac{需求量变动的百分比}{价格变动的百分比} \tag{2-5}$$

如果以 E_d 代表需求弹性系数，P 代表价格，ΔP 代表价格的变动量，Q 代表需求量，ΔQ 代表需求的变动量，则需求弹性的公式为：

$$E_d = \frac{\dfrac{\Delta Q}{Q}}{\dfrac{\Delta P}{P}} \tag{2-6}$$

例如，某商品的价格从每单位 5 元下降为 4 元（$P = 5$ 元，$\Delta P = -1$ 元），需求量由 20 单位增加到 30 单位（$Q = 20$ 单位，$\Delta Q = 10$ 单位），则该商品的需求弹性为：$E_d = -2.5$ 这里我们要注意，因为需求量变动的方向与价格变动的方向相反，因此需求价格弹性值始终为负值。为使用方便，一般省略负号而用其绝对值表示。

（2）需求价格弹性的分类

需求价格弹性按系数值大小不同，可分为需求富有弹性、需求单一弹性、需求缺乏弹性、需求完全弹性和需求完全无弹性五种类型。

①当 $E_d > 1$ 时，需求富有弹性，需求变动的百分比大于价格变动的百分比，即如果价格变动 1% 将导致需求量的变动大于 1%。

②当 $E_d = 1$ 时，需求单一弹性，需求变动的百分比等于价格变动的百分比，即如果价格变动 1% 将导致需求量变动 1%。

③当 $0 < E_d < 1$ 时，需求缺乏弹性，需求变动百分比小于价格变动百分比，即如果价格变动 1%，则引起需求量的变动小于 1%。

④当 $E_d = \infty$ 时，需求完全弹性，价格的微小变动引致需求量无穷大的变化，表示某种商品在某一既定价格水平上，需求量无穷大，需求曲线是与横轴平行的平线。

⑤当 $E_d = 0$ 时，需求完全无弹性，价格的变动不引起需求量的丝毫变化，需求曲线是与横轴垂直的一条直线。

上述几种类型，在现实经济生活中，①、③两种类型比较常见，其余三种类型则较罕见。

（3）影响需求价格弹性的因素主要表现在以下五个方面：

①人们对这种商品的需求程度的大小。一般来说，生活必需品的需求弹性

小，而奢侈品的需求弹性大。

②商品本身的可替代程度。一般来说，越易于被替代的商品其需求弹性越大，而越不易于被替代的商品其需求弹性越小。

③商品的用途是否广泛。一般来说，用途广泛的商品需求弹性大，而用途少的商品需求弹性小。

④商品使用时间的长短。一般来说，非耐用品的需求弹性小，而耐用品的需求弹性大。

⑤商品在家庭支出中所占的比例。在家庭支出中占比例小的商品，价格变动对需求的影响小，所以其需求弹性也小；在家庭支出中占比例大的商品，价格变动对需求的影响大，所以其需求弹性也大。

（4）需求价格弹性与销售收入的关系

销售收入等于单位商品售价乘以销售量。各种商品的需求弹性不同，即价格变动对销售量的影响程度不同，因而销售收入的变化不同。正因为如此，才使得对需求弹性的研究显得更有意义。

①需求富有弹性商品价格变动对销售收入的影响。当商品需求富有弹性时，即 $E_d > 1$ 时，价格下降会使销售收入增加；反之则使销售收入减少，两者运动方向相反。这是因为单位商品售价虽然降低，但由于销售数量增幅更大，不仅能弥补降价损失，还能盈余。

②需求单一弹性商品价格变动对销售收入的影响。当商品需求单一弹性时，即 $E_d = 1$ 时，价格无论如何变动，销售收入均不变。这是因为单位商品价格变化所增减的收入，恰好被销售量减增的收入所抵消。

③需求缺乏弹性商品价格变动对销售收入的影响。当商品需求缺乏弹性时，即 $0 < E_d < 1$ 时，价格下降则使销售收入减少；反之则使销售收入增加，两者运动方向相同。这是因为降价后销售量的微小增加，不足以抵消降价损失，故销售收入减少。

④需求完全弹性商品价格变动对销售收入的影响。当商品需求完全弹性时，即 $E_d = 1$ 时，价格下降会使销售收入无限增加；反之则使销售收入无限减少，两者运动方向相反。

⑤需求完全无弹性商品价格变动对销售收入的影响。当商品需求完全无弹性时，即 $E_d = 0$ 时，价格升降会使销售收入同幅度增减。这是因为价格无论如何变动，销售量都保持不变，在"销售收入＝价格×销售量"的公式中，销售量为一固定常数，故销售收入与价格同幅度增减。

2. 需求收入弹性

需求收入弹性是商品需求量对消费者收入变动的反应灵敏度，或者说，是商品需求量变化的百分比对消费者收入变化的百分比的比值。其公式可表示为：

$$需求收入弹性 = \frac{需求量变动的百分比}{收入变动的百分比} \tag{2-7}$$

如果以 E_m 代表需求收入弹性的弹性系数，I 代表收入，ΔI 代表收入的变动量，Q 代表需求量，ΔQ 代表需求的变动量，则需求的收入弹性的公式为：

$$E_m = \frac{\dfrac{\Delta Q}{Q}}{\dfrac{\Delta I}{I}} \tag{2-8}$$

与需求价格弹性大致相同，低收入弹性的商品属于必需品，而收入弹性远远大于 1 的商品，可以认为是奢侈品。

应当注意，收入变化对需求量的影响，有可能是同方向变动，也有可能是反方向变动。因此，需求收入弹性有可能是正数，也有可能是负数。对于大多数商品来说，收入增加，将导致消费者对其需求量的增加，收入弹性为正数，这类商品称为正常商品，如咖啡、耐用消费品等；但有些低档商品，收入增加，反而会使其需求量减少，收入弹性为负数，如低劣食品等。

3. 需求交叉弹性

需求交叉弹性是指商品需求量对其他某一相关商品价格变动的反应灵敏度，或者说，是指商品需求量变动的百分比对其他某一相关商品价格变动百分比的比值。其公式可表示为：

$$需求交叉弹性 = \frac{X 商品需求量变动的百分比}{Y 商品价格变动的百分比} \tag{2-9}$$

如果以 E_{XY} 代表需求交叉弹性的弹性系数，P_Y 代表 Y 商品的价格，ΔP_Y 代表 Y

商品价格的变动量，Q_x 代表 X 商品的需求量，ΔQ_x 代表 X 商品需求的变动量，则需求交叉弹性的公式为：

$$E_{XY} = \frac{\dfrac{\Delta Q_X}{Q_X}}{\dfrac{\Delta P_Y}{P_Y}} = \frac{\Delta Q_x}{\Delta P_Y} \cdot \frac{P_Y}{Q_X} \tag{2-10}$$

这里应当注意，相关商品有两种情况：一是互补商品，由于它的需求量变动与其相关商品的价格变动呈反方向变化，因此，需求交叉弹性为负数；二是替代商品，由于它的需求量变动与其相关商品价格变动呈同方向变化，因此需求交叉弹性为正数。

（二）供给价格弹性

1. 供给价格弹性的含义

供给价格弹性亦称供给弹性，是指某一商品的供给量对其自身价格变化的敏感程度，即用来衡量价格变动比率所引起的供给量变动的比值，等于供给量变化百分比与价格变化百分比的比值。其公式可表示为：

$$供给价格弹性 = \frac{供给量变动的百分比}{价格变动的百分比} \tag{2-11}$$

如果以 E_s 代表供给弹性系数，P 代表价格，ΔP 代表价格的变动量，Q 代表供给量，ΔQ 代表供给的变动量，则供给弹性的公式为：

$$E_s = \frac{\dfrac{\Delta Q}{Q}}{\dfrac{\Delta P}{P}} \tag{2-12}$$

根据供给规律，供给量的变动与价格的变动呈同方向变动，因此，供给弹性系数 E_s 始终为正值。

2. 供给价格弹性的分类及与销售收入的关系

供给价格弹性按系数值大小不同，可分为以下五种类型：

①当 >1 时，供给富有弹性，即供给量变动的幅度大于价格变动的幅度。

②当 =1 时，供给单一弹性，即供给量变动的幅度等于价格变动的幅度。

③当 0<<1 时，供给缺乏弹性，即供给量变动的幅度小于价格变动的幅度。

④当 = ∞ 时，供给完全弹性，即价格既定，供给量无限。

⑤当 E_s = 0 时，供给完全无弹性，即无论价格如何变化，供给量都不会发生变化。

对于供给者来说，市场价格越高，其愿意提供的商品数量就越多，销售收入就越高；反之则越低。因此，不管商品供给是否富有弹性，其销售收入与价格变动的方向总是一致的，只是变动的幅度不同而已。从这个意义上说，需求弹性能给企业的收益变动提供某种预兆，而供给弹性则不能。

3. 影响供给价格弹性的因素

（1）价格变动的时间长短。一般来说，价格变动时间短，供给弹性较小；反之，供给弹性较大。这是因为在短期内，生产者不可能调整生产规模，供应量也难以有太大变化；而在长期内，生产者则可以根据价格变动的情况，扩大或缩小生产规模，使供应量出现较大的变化。价格变动时间的长短对供应量的影响，还与商品再生产周期的长短密切相关。再生产周期越长，供应量在短期内增长的可能性就越小；反之，则供给弹性越大。如农产品生产，因受生产周期的影响，短期内价格波动，生产者无法根据价格变动去调整生产，价格对其供应量的影响往往需要经过一年甚至更长时间才能表现出来。因此，在短期内，其供给弹性几乎为零。

（2）生产的技术装备规模。一般来说，生产商品的技术装备越简单，形成新的生产能力所费的时间就短，对价格变动的反应也越快，其供给弹性相对就较大，如劳动密集型产品等；反之，资本密集型产品技术装备复杂，资金需求量大，增减供给量较难，其供给弹性就较小。

（3）生产所须耗费的资源品种和数量。一般来说，生产某种商品所须耗费的稀缺资源品种和数量越少，供给弹性就越小；反之就越大。这是因为稀缺资源供给量有限，限制了以稀缺资源为投入要素商品对价格变动做出反应的能力。

（4）生产成本的增加量。若因扩大生产所引致的成本增加量大于价格上升额，生产者就不愿意扩大生产，因而其供给弹性较小；反之，生产者就会积极增产，因而其供给弹性较大。

第二节 消费理论

一、效用论概述

(一) 效用

效用是一个抽象概念，在经济学中用它来表示商品和劳务满足人们欲望或需要的能力。满足程度高则效用大，满足程度低则效用小。

理解效用的概念时，必须注意两点。第一，一种物品有效用不一定具有价值或价格。这主要是由于物品的价值或价格是由稀缺程度决定的，如空气，其效用很大，但不一定有价格，因为商品的价格是用机会成本来衡量的。所以经济学中所讲的效用，实际上是物品的使用价格。第二，效用本身并不含有伦理学的意义。这就是说，一种商品或劳务是否具有效用，取决于它能否满足人的欲望或需要，而不论这一欲望或需要是好是坏。

效用大小因人、因地、因时而不同，同一物品对不同的人，效用的大小是不可比的。比如，一支香烟对吸烟者来说可能有很大的效用，而对不吸烟者则可能完全没有效用；又如，冷气在夏天降温是有效用的，而在冬天则没有什么效用。

(二) 总效用和边际效用

总效用。总效用是消费者消费一定量商品或劳务所得到的边际效用的总和，也就是从消费一定量商品或劳务中得到的总的满足程度。随着消费量增加，总效用也增加，但总效用按递减比率增加，达到最大值后，继续增加消费量，将会使总效用减少，边际效用出现负数。

边际效用。边际效用是指当某种商品的消费量增加一单位时所增加的满足程度。"边际"一词是经济学中的一个关键术语。所谓"边际"就是"增加量"的意思，边际效用的概念对于理解使总效用达到最大的条件是必不可少的。例如，一个人从第一块面包所获得的总效用为 10 个单位，再消费一块面包，即他消费两块面包所获得的总效用为 17 个单位，这表示他因增加第二块面包的消费所增加的效用，即边际效用是 7 个单位。

边际效用分析在发展过程中有基数效用和序数效用之别。基数效用是指消费者的满足程度可以像距离、重量一样用"1，2，3，…"这样的基数衡量其绝对大小。比如，某消费者吃第一块面包所得到的满足程度是 2 个效用单位，吃第二块面包所得到的满足程度是 1 个效用单位，消费者消费这两块面包所得到的满足程度就是 3 个效用单位。这就是所谓的基数效用论。序数效用是指消费者的满足程度不能用基数来衡量其绝对大小，但可以用"第一，第二，第三……"这样的序数来衡量不同满足程度的相对高低。比如，尽管你不知道，从吃一块面包或者看一场电影中所得到的满足程度到底是多大，但是，你却可以比较这两个行为的满足程度究竟谁大谁小。为了做到这一点，只需要让你在这两种行为中进行选择就行了。如果你选择了吃面包，那么说明吃面包的满足程度更大。这就是所谓的序数效用论。消费者购买并消费商品或劳务的目的是实现效用最大化。在消费者收入既定的条件下，如何实现效用最大化，经济学家曾在基数效用论和序数效用论的基础上研究过这个问题，这两种理论又分别采用了边际效用分析法和无差异曲线分析法。

二、基数效用论

（一）边际效用递减规律

随着消费者对某种物品消费量的增加，他从该物品连续增加的消费中所得到的边际效用是递减的。也就是说，随着一个人所消费的某种物品的数量增加，其总效用虽然相应增加，但物品的边际效用（即所增加的一定量的物品中最后增加的那一个单位所增加的效用，或最后一个单位物品提供的效用），随所消费物品数量的增加而有递减的趋势。总效用有可能达到一个极大值，超过这一极大值，物品的边际效用等于零或变为负数。所谓边际效用是负数，意指对于某种物品的消费超过一定量以后，其不但不能增加消费者的满足和享受，反而会引起消费者的讨厌和损害。这个规律对我们理解消费者的消费行为非常重要。

(二) 边际效用递减规律与需求规律的关系

需求规律表明，消费者愿意购买的任一商品的数量与该商品的价格呈反方向变化，即：价格提高，需求量减少；反之，价格降低，需求量增多。为什么消费者对商品的需求量与其价格之间有这样一种反向变动关系呢？在经济学中，可以用边际效用递减规律来解释。既然存在边际效用递减趋势，那么当一个人要购买商品时，他就要衡量自己的货币收入及该商品所能产生的边际效用。如果他的货币的边际效用固定不变，那么他对该商品所愿意付出的价格就以其边际效用为标准。如果其边际效用大，则愿意多付；反之则少付。但根据边际效用递减规律，一种商品的边际效用是随其数量增多而递减的。因此，当他所拥有的该商品数量越多时，其边际效用就越小，这时他所愿意支付的价格就越低；反之，当他所拥有的该商品数量越少时，其边际效用就越大，这时他所愿意支付的价格就越高。由此可见，决定商品价格的是它的边际效用。当一个消费者已经拥有较多的某种商品时，如果希望他再购买，只有降低该商品的价格；反之，当他拥有的某种商品的数量较少时，提高价格也无妨。由此可见，需求曲线应该向右下方倾斜。

(三) 消费者均衡

消费者在商品市场上可以在多种商品中间进行选择，自由地改变消费的方向。为此，需要了解，一个消费者在什么条件下，可以从消费品的市场组合中得到最大满足，即消费者怎样实现效用最大化。

满足效用最大化的基本条件是：在消费者的收入固定和他面临的各种商品的市场价格既定的条件下，当花费在任何一种商品上的每1元钱所得到的边际效用等于花费在其他任何一种商品上的每1元钱所得到的边际效用时，该消费者就得到最大的满足或效用。这是因为，如果消费者发现多花1元钱在一种商品上所得到的边际效用，比多花1元钱在另外一种商品上所得到的边际效用小，那么，他就会把得到边际效用较小的那种商品的花费转移到较大的边际效用的商品上，直到边际效用递减规律使得花费在该商品上的1元钱的边际效用降到与其他商品的边际效用相等为止。

现在假设，消费者在市场上用其收入只选购两种商品，即面包和咖啡，那么边际效用均等和消费者均衡可以用这样一个表达式来表示：

$$\frac{面包的边际效用}{面包的价格} = \frac{咖啡的边际效用}{咖啡的价格} = 每1元收入的边际效用 \quad (2-13)$$

即所购商品带来的边际效用与其价格之比相等，也就是说，每1单位货币不论用于购买面包，还是用于购买咖啡，所得到的边际效用都相等。

上述表达式还可写为：

$$\frac{面包的边际效用}{咖啡的边际效用} = \frac{面包的价格}{咖啡的价格} = 每1元收入的边际效用$$

$$(2-14)$$

上式说明两种一商品之间的边际效用之比，必定等于它们的价格之比。如果咖啡的边际效用是面包的边际效用的两倍，那么，咖啡的价格也必定是面包价格的两倍。

消费者按照消费者均衡的原则来购买物品，在收入既定的条件下，多购买面包就要少购买咖啡；反之亦然。只有当消费者购买最后1单位面包带来的边际效用与价格之比等于购买最后1单位咖啡带来的边际效用与价格之比时，总效用达到最大，这时，消费者不再调整购买面包和咖啡的数量，从而实现了消费者均衡。

三、消费者行为理论的应用

边际效用递减规律表示在不同数量临界点上增加一个单位商品消费给消费者带来的额外效用不断下降，用货币表示，则是消费者愿意为边际增加消费一个单位商品所支付的货币量不断下降，这就是消费者剩余的概念。

消费者追求效用最大化，因而可假定消费者试图把某种商品的消费量调整到其相对价格等于边际效用的数量水平上。随着某种商品消费数量上升，它的边际效用下降，因而需要商品价格下降到较低水平，才能使消费者在边际上增加消费。换句话说，对应于不同消费量临界点，人们愿意为新增一个单位消费而支付不同的价格。问题在于，对于给定时点的某个市场来说，不同消费者往往以同一价格购买不同数量的商品。

经济学告诉我们，市场上某种商品的实际价格是由整个市场对该商品的供求状况决定的，并不以某一位或某几位消费者的意愿为转移。所以，某商品的实际价格并不必然等于消费者愿意支付的价格。在大多数情况下，消费者愿意为某种商品支付的价格与他实际支付的价格差额，就是消费者剩余。其用公式表示为：

消费者剩余=消费者愿意支付的价格-消费者实际支付的价格 （2-15）

（一） 消费者剩余的应用

经济学家提出消费者剩余概念的目的是对市场结果的合意性做出规范性判断。生产者会想办法增加消费者剩余，并将消费者剩余的一部分转化为自己的利润。增加消费者剩余的途径就是提高消费者对商品的评价，从而提高消费者愿意支付的价格水平。这时生产者即使提高价格以增加自己的利润，但消费者仍然感到他的福利提高了，他的消费者剩余也随之增加了。

因此，一个人之所以愿意购买某些商品是因为他认为这些商品对他是有效用的，所以消费者是按商品效用的高低评价来决定他愿意支付的价格；一个人之所以愿意出售某些商品也同样是因为这些商品对他是有效用的，所以销售者是根据自己对商品效用的评价来决定出售的价格。

这就告知人们，当别人买某件商品时，最好不要从坏的方面去评价，因为这会降低消费者原来的效用评价，而应送上一句"真漂亮""真合身"或者"真会买"，由此提高买者的效用评价，从而使其感到消费者剩余很高，心理感觉良好，得到一种快乐满足感。

（二） 消费者行为理论的局限性

消费者行为理论有三个假设：第一，消费者是完全理性的，即他们对自己消费的物品有完全的了解，而且自觉地把效用最大化作为目标；第二，存在消费者主权，即消费者决定自己的消费，而消费者的消费决策决定了生产；第三，效用仅仅来源于物品的消费。根据这些假设，消费者行为理论所得出的结论就是：消费者自行决定消费就可以实现效用最大化，政府不用干预消费者的行为。

现在一些经济学家认为，以下三个假设条件不现实：

第一，在现实中消费者并不具有完全理性，完全理性仅仅是一种理论上的假设。消费者由于受修养、文化、风俗、思想意识等的影响，不可能具有完全的理性，也不能自觉地追求满足程度最大化。

第二，消费者的需求要受到许多社会因素的影响，在现代社会中，特别是受广告宣传的影响。一些公司不惜花费巨资通过各种形式来宣传自己的产品，这种宣传在一定程度上左右了消费者的需求。从表面上看消费者是完全自由的，消费者主权是至高无上的，实际上消费者主权受到生产者的操纵。生产者从利润最大化的目的出发，生产出产品并通过广告"强迫"消费者接受。生产者主权实际上代替了消费者主权，这就是现代社会的消费特点。

第三，传统的消费理论把物品消费作为消费者满足的唯一源泉。现在经济学家认为，人们在物品消费之外，还有许多享受，如闲暇、文化艺术欣赏、清新而安静的环境等。如果只片面强调消费物品的增加，则有时不仅不能给消费者带来幸福，反而会引起环境污染、自然环境受到破坏、社会风尚败坏等问题。

总之，传统消费者行为理论认为，只要确保消费者的个人自由，就可以实现满足程度的最大化，只要每个消费者都实现了满足程度最大化，社会福利也就实现了最大化。但事实上，消费者并不是真正自由的，消费者的行为需要社会的引导和保护，这就需要有各种消费政策。

（三）保护消费者的政策

为了指导消费者的消费行为，并保护消费者的权益，各国一般都采取了一些政策，主要包括以下七个方面：

第一，确保商品的质量。由政府及有关组织颁布商品最低限度的质量标准，规定任何商品都必须符合相应的质量标准，并由政府的有关机构对商品进行检验。同时，厂商要把商品的成分和商品可能的效用向消费者公布，不得保密，这样使消费者能享受到合乎标准的产品。

第二，正确的消费宣传。首先要求商品广告和商品说明书必须诚实可靠，对广告要有一定的限制。例如，对烟和烈性酒等不利于健康的商品不得进行广告宣传，广告要对商品做如实的介绍，等等。其次，要通过规范教育和其他宣传形式向公众进行有关商品效用的教育，指导消费者正确地进行消费。

第三，禁止不正确的消费。例如，禁止儿童进入成人影院，禁止出售给儿童一些不健康的玩具或书刊，等等。

第四，对某些特殊消费给予强制。有一些消费，例如，教育、医疗、保险等，对整个社会和个人都是十分必要的，社会要通过法律或经济手段来强制人们进行这类消费。

第五，对某些行业的从业人员的素质进行必要的规定，这主要是指对提供医疗服务的医生、提供法律服务的律师和提供教育服务的教师的资历和素质做出规定，并要求其进行职业资格考核，考核合格方可从事这类职业。

第六，在价格管制政策中的限制价格政策也是一种对消费者的保护政策。这种政策可以防止消费者受到垄断厂商的侵害，并能保证人们得到基本生活品。对粮食、公用事业服务、廉租房等商品和劳务的限制，在保护消费者方面，还是有一定作用的。

第七，建立"消费者协会"这类组织，保护消费者的利益。这种组织是半官方的，它可以接受消费者对商品和劳务质量、价格等方面的申诉，代表消费者向厂商提出诉讼，以及通过各种形式，为保护消费者的利益服务。

这些政策对保护消费者的利益，指导正确消费起到了积极作用。但是，这些政策的实施也会有不利的影响。例如，政府为此要有一定的支出，企业受到的限制较多会不利于生产效率的提高，等等。还有些措施在执行中会有许多困难，效果也并不十分理想。因此，政府在消费政策方面应有一个适度的范围，不管不行，管得太多太死也会不利于消费者和整个社会。

（四）消费外在化的干预政策

从传统的消费者行为理论来看，消费完全是个人的问题。但实际上，个人的消费对社会是有影响的。首先，个人的消费影响社会资源的配置与利用。为了保护社会资源，尤其是某些比较稀缺的资源，需要用法律或经济手段限制某些消费。例如，用资源保护法禁止或限制人们对某些珍稀动物的消费，用提高水价的方法来限制人们对水资源的浪费，等等。其次，个人的消费会给社会带来一些不利的影响，对于这些消费也应进行限制。例如，小汽车的普及会使环境污染严重，造成交通拥挤，因此，在一些国家对小汽车的消费进行了必要的限制。再如，吸烟不仅不利于个人健康，也会危害他人健康，这就要对吸烟这种消费进行限制。最后，还应该注意个人消费对社会风气的影响。

消费者行为理论完全是一种心理分析。不能否认心理因素在消费中的重要地位，但要强调的是，心理是离不开经济基础的。人的消费不仅受心理的支配，更受经济地位的支配。

第三节　生产理论

一、厂商与生产函数

（一）厂商

生产理论研究的是生产者行为，生产者行为决定了产品的供给。经济分析中的生产者又称为厂商或企业，是指能够做出统一生产决策的单个经济单位。在微观经济学中，根据理性人的基本前提，一般总是假设厂商的生产目标是追求自身的最大利润。

（二）生产函数

生产函数表示在一定时期内，在生产技术状况给定的条件下，厂商生产中所使用的各种生产要素的数量与所能生产的最大产量之间的关系。一般来说，生产要素包括劳动、资本、土地、企业家才能。劳动是劳动力在生产中所提供的服务；资本是生产中使用的厂房、设备、原料等；土地指各种自然资源；企业家才能是指企业家对整个生产过程的组织与管理工作。如果用 Q 代表总产量，用 L 代表劳动，K 代表资本，N 代表土地，E 代表企业家才能，生产函数的公式为：

$$Q = f(L, \ K, \ N, \ E) \tag{2-16}$$

一个生产函数表达多种生产要素以一定数量的组合在给定技术条件下可能产出的最大产量。因此，假如由于生产技术进步，以致一定量投入会产出更多产品，或者既定产量所需投入较前减少，则其表现为另一个生产函数。

一般来说，在生产要素中，自然资源是既定的，企业家才能虽然在生产中非常重要，但难以计算，因此，考虑生产要素与产量之间的关系实际上就是考察劳动和资本与产量之间的关系。这样，生产函数的公式可表示为：

$$Q = f(L, \ K) \tag{2-17}$$

如果再假定资本是固定不变的，因而产量 Q 随 L 的变动而变动，生产函数可表示为：

$$Q = f(L, \ K) = f(L) \tag{2-18}$$

但大多数产品的生产，劳动与资本的组合比例是可以变动的，这种生产函数称为可变比例生产函数，而各种生产要素可以改变的配合比例则称为可变技术系数。可变比例生产函数中的各种生产要素则可以相互替代。那么，为了生产出一定数量的产品，可以采用多用劳动少用资本的劳动密集型生产方法，也可以采用多用资本少用劳动的资本密集型生产方法。如对洗衣服而言，洗衣机和洗衣工可以相互替代，洗同样数量的衣服，可以多用洗衣机少用洗衣工，也可以多用洗衣工少用洗衣机，洗衣机和洗衣工的比例是可变的。

二、短期生产函数

微观经济学的生产理论可以分为短期生产理论和长期生产理论。短期是指生产者无法调整全部生产要素的数量，至少有一种生产要素的数量是固定不变的时间周期；长期是指生产者可以调整全部生产要素的数量的时间周期。相应地，在短期内，生产要素投入可以区分为固定要素和可变要素。生产者在短期内无法进行数量调整的那部分要素投入是固定要素。例如，机器设备、厂房等。生产者在短期内可以进行数量调整的那部分要素投入是可变要素。例如，劳动力、原材料、燃料等。在长期中，生产者可以调整全部的要素投入。

微观经济学通常以一种可变生产要素的生产函数考察短期生产理论，以两种可变生产要素的生产函数考察长期生产理论。

(一) 边际收益递减规律

边际收益递减规律又称边际产量递减规律，是指在技术水平不变的情况下，把一种可变的生产要素投入到一种或几种不变的生产要素中时，当这种可变要素的投入量小于某一特定值时，增加该可变要素的投入所带来的边际产量是递增的；当这种可变要素的投入量连续增加并超过这个特定值时，增加该要素的投入所带来的边际产量是递减的。边际收益递减规律之所以存在，是因为在生产过程中，可变生产要素和不变生产要素之间存在着一个最佳的配合比例，并且它们在生产中通过相互结合、相互协作而发挥效能。

边际收益递减规律是从科学实验和生产实践中得出来的，在农业中的作用最明显。如有些地方在有限的土地上盲目密植，造成减产的事实就证明了这一规律。这一规律同样存在于其他部门，如工业部门中劳动力增加过多，会使生产率下降。俗话所说的"一个和尚挑水吃，两个和尚抬水吃，三个和尚没水吃"，正是对边际收益递减规律的形象表述。

边际收益递减规律是研究一种生产要素合理投入的出发点。为了说明一种生产要素如何投入，要根据边际收益递减规律分析该生产要素投入时对总产量、平均产量和边际产量的影响。

(二) 短期生产的三个阶段

在确定一种生产要素的合理投入时，我们根据总产量、平均产量和边际产量之间的关系，把图 2-5 分为三个阶段。第 I 阶段是劳动量从零增加到 A 这一阶段，这时平均产量一直在增加，边际产量大于平均产量。这说明，在这一阶段，相对于不变的资本量而言劳动量不足，所以劳动量的增加可以使资本得到充分利用，从而产量递增。由此看来，劳动量最少要增加到 A 点才行，否则资本无法得到充分利用。第 II 阶段是劳动量从 A 增加到 B 这一阶段，这时平均产量开始下降，边际产量递减，即增加劳动量仍可使边际产量增加，但增加的比率是递减的。由于边际产量仍然大于零，总产量仍在增加。在劳动量增加到 B 点时，总产量可以达到最大值。第Ⅲ阶段是劳动量增加到 B 点以后，这时边际产量为负数，总产量减少。由此看来，劳动量的增加超过 B 点之后是不利的。从以上的分析可以看出，劳动量的增加应在第Ⅱ阶段（A ~ B）为宜。但在第Ⅱ阶段的哪个点上，就还要考虑到其他因素。首先，要考虑厂商的目标，如果厂商的目标是使平均产量达到最大值，那么，劳动量增加到 A 点就可以了；如果厂商的目标是使总产量达到最大值，那么，劳动量就可以增加到 B 点。其次，如果厂商以利润最大化为目标，那就要考虑成本、产品价格等因素。因为平均产量为最大值或总产量为最大值时，利润并不一定是最大值。劳动量增加到哪一点所达到的产量能实现利润最大化，还必须结合成本和产品价格来分析。

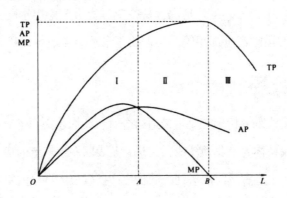

图 2-5　总产量曲线、平均产量曲线和边际产量曲线

三、长期生产函数

（一）生产要素最适组合的边际分析

厂商为了实现生产要素最适组合，一定要考虑购买各种生产要素所能获得的边际产量与所付出的价格。这样，生产要素最适组合的原则是：在成本与生产要素价格既定的条件下，应该使所购买的各种生产要素的边际产量与价格的比例相等，即要使每一单位货币无论购买何种生产要素都能得到相等的边际产量。

假设所购买的生产要素是资本和劳动。我们用 K 代表资本，MP_K 代表资本的边际产量，P_K 代表资本的价格，Q_K 代表购买的资本量；用 L 代表劳动，MP_L 代表劳动的边际产量，P_L 代表劳动的价格，Q_L 代表购买的劳动量；M 代表货币，MP_M

代表货币的边际产量。则生产要素最适组合条件可写成：

$$P_K Q_K + P_L Q_L = M \qquad (2\text{-}19)$$

$$\frac{MP_K}{P_K} = \frac{MP_L}{P_L} = MP_M \qquad (2\text{-}20)$$

式 $P_K Q_K + P_L Q_L = M$ 是限制条件，说明厂商所拥有的货币量是既定的，购买资本和劳动的支出不能超过这一货币量，也不能小于这一货币量。超过这一货币量是无法实现的，而小于这一货币量的购买也达不到在既定资源时的利润的最大化。式 $\dfrac{MP_K}{P_K} = \dfrac{MP_L}{P_L} = MP_M$ 是生产要素最适组合的条件，即所购买的生产要素的边际产量与其价格之比相等，也就是说，每一单位货币不论用于购买资本，还是购买劳动，所得到的边际产量都相等。生产要素最适组合也可以称为生产者均衡。

（二）等成本线

在运用等产量线来分析生产要素最适组合时，我们还必须了解另一个概念：等成本线。等成本线又称为企业预算线，它是一条表明在生产者的成本与生产要素价格既定的条件下，生产者所能购买到的两种生产要素最大数量的组合的曲线。

假定某企业有货币成本 600 元，劳动的价格为 2 元，资本的价格为 1 元。如果全部购买劳动，可购买 300 个单位，如果全部购买资本，可购买 600 个单位，如图 2-6 所示。

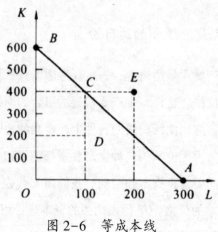

图 2-6　等成本线

在图 2-6 中，连接 A、B 两点则为等成本线。该线上的任何一点，都是在货币与生产要素价格既定条件下，企业所能购买到的劳动和资本的最大数量的组合。例如，在 C 点，企业购买 100 个单位劳动和 400 个单位资本，正好用完 600元（2 元×100＋1 元×400＝600 元）。企业在该线内的任何一点所购买的劳动和资本的组合，都可以实现，但其并不是最大数量的组合，即货币没有用完。例如，在 D 点，企业购买 100 个单位劳动和 200 个单位资本，只用了 400 元（2 元×100＋1 元×200＝400 元）。企业在该线外的任何一点所购买的资本和劳动的组合都无法实现，因为所需要的货币超过了既定的成本。例如，在 E 点，企业购买 200 个单位劳动和 400 个单位资本，大于 C 点的 100 个单位劳动和 400 个单位资本，但这时企业要支出 800 元，无法实现。等成本线是用等产量分析研究生产要素最适组合的限制条件。

四、规模报酬原理

（一）规模报酬

两种（或多种）生产要素按原来的技术系数增加，也就是生产规模扩大。企业在规模扩张过程中，会产生规模收益的问题。所谓规模收益也称规模报酬，是指在技术水平和要素价格不变的条件下，当所有要素都按同一比例变动时，产量或收益变动的状态。

在理解这一规律时，要注意三点。其一，这一规律发生的前提也是技术条件不变。其二，这一规律所指的是在生产中使用的两种生产要素都在同比例地增加。例如，在农业生产中土地与人力的同时增加，或把若干小农场变为大农场；在工业生产中设备与人力的同时增加，或把若干小厂合并为大厂；等等。其三，两种生产要素增加所引起的产量或收益变动的情况可以分为三个阶段：第一阶段为规模收益递增阶段，即产量增加的比率大于生产规模扩大的比率；第二阶段为规模收益不变阶段，即产量增加的比率与生产规模扩大的比率相同，这是由规模收益递增到规模收益递减的短暂的过渡阶段；第三阶段为规模收益递减阶段，即产量增加的比率小于生产规模扩大的比率，或者产量减少。

一个企业在发展过程中，会经历规模收益递增、不变和递减阶段。当企业规模较小时，扩大生产规模表现为规模收益递增，一定的要素投入会产生多倍的产出。这样，企业产品的平均成本就会降低，这种情况称为规模经济。随着企业规模的持续扩大，当企业大规模生产的优越性已经充分发挥出来后，就会出现规模收益不变的情况，再增加更多的要素投入也不能使产出成倍地增加，规模收益难以提高，停留在一个点。如果此时企业还继续扩大规模，那么就会出现规模收益递减的情况，导致企业生产效率降低，产品的平均成本提高，从而产生规模不经济的效应。

（二）内在经济与外在经济

内在经济与外在经济可以解释规模经济变动问题。

生产规模的扩大之所以会引起产量的不同变动，可以用内在经济与内在不经济来解释。内在经济是指一个厂商在生产规模扩大时从自身内部所引起的收益增加。例如，当一个厂商在生产规模扩大时，可以使用更加先进的设备以实现有利于技术提高的精细分工；可以充分发挥管理人员的效率；可以对副产品进行综合利用；可以以更有利的条件采购原料或推销产品等，这些因素产生内在经济，使收益增加。但是，生产规模并不是越大越好。如果一个厂商由于本身生产规模过大而引起产量或收益减少，就是内在不经济。内在不经济是指厂商在生产规模过大时，由自身内部因素引起的收益减少。例如，一个厂商的生产规模过大，会引起生产管理成本提高，管理效率降低等。

以上我们分析了一个厂商的生产规模扩大对其产量与收益的影响，但是对一个厂商产量与收益产生影响的，不仅有它本身的生产规模，还有两个行业的生产规模。一个行业是由生产同种产品的厂商所组成的，它的大小影响着其中每一家厂商的产量与收益。整个行业规模扩大给个别厂商所带来的收益增加称为外在经济。引起外在经济的原因是：个别厂商可以从整个行业的扩大中得到更加方便的交通辅助设施、更多的信息与更好的人才，从而使产量与收益增加。例如，电脑行业生产规模扩大使得生产电脑的厂商在人才、信息等方面获得某些优势而增加收益。但是，一个行业的生产规模过大也会使个别厂商的产量与收益减少，这被称为外在不经济。引起外在不经济的原因是：一个行业规模过大会使各个厂商之间竞争激烈，各个厂商为了争夺生产要素与产品销售市场，必须付出更高的代价。例如，整个彩电行业生产规模过大引起彩电供大于求，彩电厂商竞相压价，收益减少。

（三）适度规模

由以上的分析来看，一个厂商和一个行业的生产规模不能过小，也不能过大，即要实现适度规模。对一个厂商来说，两种生产要素的增加应该适度。适度规模就是使两种生产要素的增加，即生产要素的扩大正好使收益递增达到最大。当收益递增达到最大时，厂商就不再增加生产要素，并使这一生产规模维持下去。

对于不同行业的厂商来说，适度规模的大小是不同的，并没有一个统一的标准。厂商在确定适度规模时应主要考虑两个因素。第一，本行业的技术特点。一般来说，需要的投资量大，所用的设备复杂、先进的行业，其适度规模也就相对大一些。例如，冶金、机械、汽车制造、造船、化工等重工业厂商，其生产规模越大经济效益越高。相反，需要投资少，所用的设备比较简单的行业，其适度规模也相对小一些。例如，服装、服务等行业的生产规模如能灵活地适应市场需求的变动，对生产更有利。第二，市场条件。一般来说，生产市场需求量大、标准化程度高的产品的厂商，适度规模也应该大，如重工业行业等。相反，生产市场需求量小、标准化程度低的产品的厂商，适度规模也应该小，如服务行业等。

当然，厂商在确定适度规模时要考虑的因素还很多。例如，某一采矿厂商在确定规模时，不仅要考虑矿藏量的大小，其他诸如交通条件、能源供给、原料供给、政府政策等，都在其考虑范围。

第三章 收入、分配与决定

第一节 收入与分配

一、生产要素的需求与供给

(一) 生产要素的需求

1. 生产要素需求的概念

同消费者对商品的需求类似，生产要素需求是指厂商对一定价格水平下的生产要素愿意并且能够购买的数量。最基本的生产要素包括劳动力、土地、资本和企业家才能四种，随着科技的发展和知识产权制度的建立，技术、信息也作为相对独立的要素投入生产。因此，以上各种要素共同构成生产要素市场的需求对象。与产品市场的需求相比，生产要素需求有其自身特点。

2. 生产要素需求的特点

(1) 生产要素的需求是引致需求或派生需求

商品市场上的需求和生产要素市场上的需求具有不同的性质。在商品市场上，需求来自消费者。消费者为了直接满足自己的吃、穿、住、行等需要而购买商品。因此，对商品的需求是所谓的"直接"需求。与此不同，在生产要素市场上，需求不是为了消费，而是为了生产和出售产品以获得收益。厂商之所以需要购买劳动力、原材料、机器和其他生产要素，不是为了他们自身消费的需要，而是为了利用这些生产要素生产出产品出售给消费者，满足消费者的消费欲望，以便从中获得利润。因此，生产要素的需求不是直接需求，而是"间接"需求。

进一步来看，厂商通过购买生产要素进行生产并从中获得收益，部分取决于消费者对其所生产的产品的需求。如果不存在消费者对产品的需求，厂商就无法从生产销售产品的过程中获得收益，从而也不会去购买生产资料并生产产品。例如，如果没有人去购买汽车，就不会有厂商对汽车工人有需求。由此可见，厂商对生产要素的需求是从消费者对产品的直接需求中派生出来的。从这个意义上讲，生产要素的需求又是所谓的"派生"需求或"引致"需求。

（2）生产要素的需求有"联合性"

生产要素的需求有"联合性"，即生产要素的需求是共同的、相互依赖的需求，出于技术上的原因，生产要素往往不是单独发挥作用，任何生产行为所需要的都不是一种生产要素，而是多种生产要素，多种生产要素相互依赖、相互补充，共同完成生产任务。一个赤手空拳的人不可能生产任何产品；同样，只有机器本身也无法创造产品。只有人与机器（及原材料等）相互结合起来才能达到目的。

生产要素需求的派生性与联合性，决定了它的需求比产品的需求要复杂得多，在分析生产要素需求时要注意以下四个问题：

第一，产品市场结构的类型是完全竞争还是不完全竞争。

第二，一家厂商对生产要素的需求与整个行业对生产要素的需求的联系与区别。

第三，只有一种生产要素变动的情况。

第四，生产要素本身的市场结构是完全竞争的还是非完全竞争。

3. 完全竞争市场上的生产要素需求

厂商购买生产要素不是为了自己消费，而是为了实现利润最大化。这样，它就必须使购买最后一个单位生产要素所支付的边际成本等于其所带来的边际收益、根据前面的知识，在完全竞争市场上，边际收益等于平均收益，等于价格。因此，厂商对生产要素的需求就是要实现边际收益、边际成本和价格相等，即 $MR = MC = P$。

在完全竞争市场上，对某一家厂商来说，要素价格是不变的。由此可见，厂商对生产要素的需求就取决于生产要素的边际收益，生产要素的边际收益取决于该要素的边际生产力。在其他条件不变的前提下，每增加一单位的某种要素的投入所增加的产量（或者这种产量所带来的收益）就是该生产要素的边际生产力；如果以实物形态来表示生产要素的边际生产力，则称为边际物质产品，如果以货币来表示生产要素的边际生产力，则称为边际收益产品，或者边际产品价值。边际收益产品等于生产要素的边际物质产品和边际收益的乘积。

完全竞争条件下要素市场的需求曲线。对单个厂商而言，生产要素的需求取决于生产要素的边际收益，而生产要素的边际收益又取决于边际生产力（边际收益产品）。根据边际收益递减规律，在其他条件不变的情况下，生产要素的边际收益曲线是一条向右下方倾斜的曲线，这条曲线同时也是生产要素的需求曲线。

4. 不完全竞争市场上的生产要素需求

在不完全竞争市场上，对单个厂商来说价格也是可变的，所以，边际收益并不等于价格。边际收益取决于生产要素的边际生产力与价格水平，这时，生产要素的需求仍取决于 $MR = MC$，因此，生产要素的需求曲线是一条向右下方倾斜的曲线。与完全竞争市场上的需求曲线相比，差别在于需求曲线的斜率不同，从而在生产要素为同一价格时，对生产要素的需求量不同。一般而言，不完全竞争市场上的生产要素的需求量小于完全竞争市场上的需求量。

（二）生产要素的供给

生产要素各种各样，不同种类的生产要素各有自己的特点。一般来说，可以把生产要素分为三类：第一类是自然资源，在经济分析中假定这类资源的供给是固定的；第二类是资本品，这种生产要素的供给与一般产品的供给一样，与价格同方向变动，供给曲线向右上倾斜；第三是劳动力，这种生产要素的供给有其特殊性。

1. 要素供给数量的特点

一是要素供给者拥有要素数量的有限性。如果从一个较短的时间来看，一个要素供给者拥有的生产要素有一个明显的特点，就是它的数量是有限的。假设一个要素供给者拥有 10 亩地、每年的收入是 10 万元，他每天可以支配的时间只有 24 小时，所以供给者的决策只能在这有限的资源范围内进行。比如，这个供给者每天用于劳动的时间不可能超过 24 小时（由于他要睡觉、吃饭，所以他能够供给市场的时间实际不超过 16 小时），他每年的新增储蓄不可能超过 10 万元（除非他获得别人的馈赠），他可以出租的土地也不会超过 10 亩。

二是要素供给者对于他所拥有的生产要素有各种各样的用途，但都可以归入两大类用途中：第一类是把他拥有的生产要素提供给市场，从而获得租金、工资、利息等收入；第二类是把他拥有的生产要素"保留自用"，比如，把时间用于娱乐和休闲，把收入用于即时的消费，把土地修成花园、草地供自己欣赏等。这样，所谓要素供给问题实际上成为消费者在一定的要素价格水平下，将其全部既定资源在"要素供给"与"保留自用"两种用途上进行分配以获得最大效用的问题。

2. 生产要素的供给原则

要素供给的原则就是要素供给者实现效用最大化的条件，从基数效用论的角度出发，这个条件可以表述为：要素供给者提供给市场的要素的边际效用和其"保留自用"的要素的边际效用相等。因为如果该要素提供给市场的边际效用大于保留自用的边际效用，那么要素供给者增加要素的供给而减少保留自用的资源数量将能够使他的总效用增加；如果该要素提供给市场的边际效用小于保留自用的要素边际效用，那么理性的供给者将会减少提供给市场的要素而增加保留自用的要素，从而提高自己的总效用。最终的均衡状态必然使要素供给者将提供给市场的生产要素和将保留自用的生产要素所获得的边际效用相等。

生产要素的价格也是由其供求关系决定的，以下各节将介绍各种生产要素价格的决定。

二、工资及其决定

工资是劳动力所提供劳务的报酬，也是劳动这种生产要素的价格，工资由劳动的需求和供给决定。

（一）工资的种类

工资按照不同的标准可以划分为不同的种类。从计算方式上，工资可分为按劳动时间计算的计时工资和按劳动成果计算的计件工资；从支付手段上，工资可分为以货币支付的货币工资和以实物支付的实物工资；从购买力上，工资可分为按货币单位衡量的名义工资与按实际购买来衡量的实际工资。

（二）劳动的需求

厂商对劳动的需求，是指在各种可能的工资水平下，厂商愿意而且能够雇用的劳动力数量。这种需求取决于多种因素，例如，市场对产品的需求、劳动的价格、劳动在生产中的重要性等。但劳动的需求主要还是取决于劳动的边际生产力。劳动的边际生产力是指在其他条件不变的情况下，增加一单位劳动所增加的产量。劳动的边际生产力水平直接影响到社会对劳动的需求，即劳动的边际生产力水平越高，对劳动的需求越多；反之，劳动的边际生产力水平越低，对劳动的需求越少。同时，根据收益递减规律，劳动的边际生产力是递减的，决定了厂商对劳动的需求曲线是向右下方倾斜的。

（三）劳动的供给

劳动的供给是指在各种可能的工资水平下，劳动者愿意并且能够提供的劳动数量。它主要取决于劳动的成本，这种成本包括两类：一类是实际成本，即维持劳动者及其家庭生活必需的生活资料的费用，以及培养、教育劳动者的费用；另一类是心理成本，劳动是以牺牲闲暇的享受为代价的，劳动会给劳动者心理上带来负效用，补偿劳动者这种心理上的负效用的费用就是劳动的心理成本。因此，劳动的供给就涉及消费者对其拥有的既定时间资源的分配。消费者可以把 24 小时中的一部分供给市场（也就是消费者提供劳动），而把其他部分用于睡觉、吃饭、娱乐、休闲等项活动，不妨把劳动之外的时间都称作闲暇。消费者提供劳动可以带来收入，收入用于消费可以提高消费者的效用，闲暇本身就可以给消费者带来效用，所以消费者会把他每天 24 小时的时间在劳动供给和闲暇之间进行权衡。消费者会把多少时间用于闲暇，把多少时间提供给市场，实际就是消费者的效用最大化决策。影响劳动供给的主要因素有：第一，能够工作的总人数，包括劳动者的性别、年龄和教育程度；第二，劳动报酬率的高低。当工资达到一定水平之后，劳动者的生活提高到一定程度以后，更高的劳动报酬率可能导致他们愿意提供的劳动反而减少，从而使劳动的供给曲线呈向后弯曲形态。

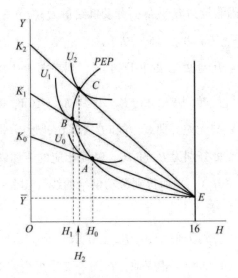

图 3-1 时间资源在闲暇和劳动供给之间的分配

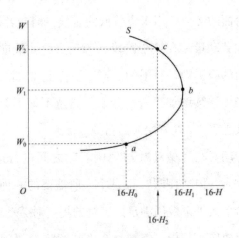

图 3-2 消费者劳动供给曲线

单个消费者的劳动供给曲线可参见图 3-1 和图 3-2。在图 3-1 中，横轴 H 表示闲暇，纵轴 Y 表示收入。消费者的初始状态点 E 表示的是非劳动收入 $\bar{Y}$ 与时间资源总量 16 小时的组合。假定劳动价格即工资为 W_0，则最大可能的收入（劳动收入加非劳动收入）为 $K_0 = 16W_0 + \bar{Y}$。于是消费者在工资 W_0 条件下的预算线为

连接初始状态点 E 与纵轴上点 K_0 的直线 EK_0。EK_0 与无差异曲线 U_0 相切，切点为 A，与 A 对应的最优闲暇量为 H_0，从而劳动供给量为（$16-H_0$），于是得到劳动曲线（见图 3-2）上一点 $a(W_0, 16-H_0)$。

现在让劳动价格上升到 W_1，再上升到 W_2，则在图 3-1 中消费者的预算线将绕初始状态点 E 顺时针旋转到 EK_1 和 EK_2，其中 $K_1 = 16W_1 + \bar{Y}$，$K_2 = 16W_2 + \bar{Y}$。预算线 EK_1 和 EK_2 分别与无差异曲线 U_1 和 U_2 相切，切点分别为 B 和 C。均衡点 B 和 C 对应的最优闲暇量分别为 H_1 和 H_2，从而相应的劳动供给量一个为（$16-H_1$），另一个为（$16-H_2$）。从而得到劳动供给曲线（图 3-2）上两点：$b(W_1, 16-H_1)$、$c(W_2, 16-H_2)$。

重复上述过程，可得到类似于 A、B、C 的其他点。这些点连接起来可得到 PEP（劳动价格扩展线）曲线。相应地，在图 3-2 中可得到类似 a、b、c 的其他点，将这些点连接起来，即得到消费者的劳动供给曲线 S。

与一般的供给曲线不同，图 3-2 描绘的劳动供给曲线具有一个明显的特点，即它具有一个向后弯曲的部分。当工资较低的时候，消费者被较高的工资吸引将减少闲暇时间，增加劳动量。在这个阶段，劳动供给曲线向右上方倾斜。但是，工资上涨对劳动供给的吸引力是有限的。当工资涨到 W_1 时，消费者的劳动供给量达到最大。此时如果继续增加工资，劳动供给量不但不会增加，反而会减少，于是劳动供给曲线从工资 W_1 处开始向后弯曲。

西方经济学用劳动者在"劳动"与"闲暇"之间进行选择来解释其中的原因。劳动可以带来收入，但"闲暇"也是个人所需要的一种"消费品"，二者具有替代关系，也都给个人带来效用满足。工资的提高对劳动供给具有替代效应和收入效应。所谓替代效应，是指工资越高，也就意味着"闲暇"的机会成本高，或者说"闲暇"作为一种消费品的价格上涨，个人将选择提供更多的劳动量；所谓收入效应，是指工资越高，个人的实际收入和购买力上升，因而能够"购买"更多的"闲暇"，从而减少劳动供给量。替代效应与收入效应对劳动供给具有相反的影响，其综合净效应取决于两种效应的相对强度。一般地，在劳动提供量不大时，替代效应大于收入效应，劳动供给将会随着工资上升而上升，劳动供给曲线向右上方倾斜；而当个人提供的劳动量已经较高时，收入效应往往占了上风，这时，随着工资的继续上升，个人反而减少劳动提供量，于是，劳动供给曲线"弯"向左边。符合劳动力供给"向后弯曲"假说的一个基本事实是，从历史统计数据看，20世纪初到现在，个人真实收入逐渐增加，而周劳动小时数却在逐渐减少，由50~60小时下降到35~40小时。

尽管个人的劳动供给曲线可能因收入效应和替代效应而向后弯曲，但劳动的市场供给曲线一般还是随着工资上升而向右上方倾斜。这是因为高工资可以吸引新的工人加入。

三、利息及其决定

利息是指资本这种生产要素的价格。利息的决定取决于资本的需求与供给。

（一）资本的概念和特点

所谓资本，指的是用于生产的基本生产要素，即资金、厂房、设备、材料等物质资源。资本具有以下三个特征：第一，其数量是可以改变的，也就是说，资本可以由人们的经济活动生产出来；第二，资本被生产出来的目的是依靠它进一步获取更多的商品和劳务；第三，资本是一种投入要素，要得到更多的商品和劳动就必须把其投入到生产中。总之，资本既是一种投入也是一种产出，是由经济制度本身产生并被用作投入要素以便进一步生产更多的商品和劳务的物品。

（二）利息

资本作为一种重要的生产要素，与其他要素一样在市场上可以被租借出去。资本所有者提供了资本，就可以获得利息，所以利息是资本这种生产要素的价格。

利息与工资的计算方法不同，它不是用货币的绝对量来表示，而是用利息率（i）来表示。利息率简称利率，是利息在每一单位时间内（通常为一年或一个月）在货币资本中所占的比率。用公式可表示为：

$$i = Z/P \qquad (3-1)$$

其中，Z ——-资本的年收入；

P ——资本数量。

（三）资本的需求和供给

1. 资本的需求

资本的需求方主要是厂商，厂商购买资本品的目的是使用这些资本品以生产更多的产品和劳务从而实现自己的利润最大化。厂商购买资本品的行为称为投资，因此，投资形成了资本的需求。所以，研究资本的需求问题可以转化为研究厂商的投资决策问题。

2. 资本的供给

资本的供给来自消费者的储蓄。人们把消费者的货币收入中除消费以外的部分叫作储蓄，消费者的储蓄被企业借贷之后用于购买资本品，便转化为资本。为了将问题简化，假定储蓄全部转化为资本。这样资本供给问题就转化为消费者的储蓄决策问题。所以，资本的供给主要取决于消费者的储蓄决策。消费者会把他收入的一部分消费掉，而把另一部分储蓄起来，留待以后消费。假设消费者今年储蓄 100 元，明年他能够得到 110 元，那么这增加的 10 元就是利息，以 10 元利息除以储蓄额 100 元，得到利息率 10%，这个利息率就是资本供给的价格。这里可以看出，消费者之所以没有把他的所有收入都在今年消费掉，而是储蓄了一部分，正是为了获取利息，这样今年他减少消费 100 元，明年他可以消费 110 元，可见消费者今年减少一些消费正是为了以后能够多消费。

资本品是利用其他资源生产出来的，也是和其他产品一样的产品。在经济分析中，某一行业的产品往往是另一行业的生产要素。因此，这种生产要素的供给与一般产品的供给一样，与价格同方向变动。

消费者对于消费和储蓄的决策实际是一种跨时期决策，他要决定的是今年消费多少、明年消费多少，而消费者对土地和劳动的决策则是一种即期决策。消费者直接把收入消费掉，当然也直接地增加了他的效用；他把收入的一部分储蓄起来明年消费，可以得到一个额外的收入即利息，可以提高他的效用水平。消费者的目的是实现他的效用最大化，在这里就是要实现今年效用和明年效用总和的最大化。

（四）利息率的决定

利息率取决于对资本的需求与供给。资本的需求主要是厂商对企业投资的需求，因此，可用投资代表资本的需求。资本的供给主要是储蓄，因此，可用储蓄代表资本的供给，这样就可以用投资和储蓄来说明利息率的决定。

企业借入资本进行投资，是为了实现利润最大化，这样投资就取决于利润率与利息率之间的差额。利润率与利息率的差额越大，即利润率高于利息率，纯利润就越大，企业也就越愿意投资；反之，利润率与利息率的差额越小，即利润率越接近于利息率，纯利润就越小，企业也就越不愿意投资。这样，在利润既定时，利息率就与投资呈反方向变动，从而资本的需求曲线是一条向右下方倾斜的曲线。

人们进行储蓄，放弃现期消费是为了获得利息。利息率越高，人们越愿意增加储蓄；利息率越低，人们就越会减少储蓄。这样，利息率与储蓄呈同方向变动，从而资本的供给曲线是一条向右上方倾斜的曲线。

可贷资金的需求与供给也可以说明利息率的决定。可贷资金的需求包括企业的投资需求、个人的消费需求与政府支出的需求。可贷资金的供给包括个人与企业的储蓄，以及中央银行发行的货币。可贷资金的需求与利息率呈反方向变动，可贷资金的供给与利息率呈同方向变动。可贷资金的需求与供给决定利息率的原理等同于投资与储蓄决定利息率的原理。

应该注意的是，这里所说的由资本供求关系所决定的利息率一般称为"纯利率"，它反映资本的净生产力。但在资本市场上债权人对债务人所收取的利息中还包括了贷款时的风险收入。例如，不能偿还的风险，或者通货膨胀使货币贬值的风险等，对这些风险，债权人要收取一定的费用。这种包括风险收入在内的实际收取的利息称为借贷利息，这两种利息在量上是有差别的。

（五）利息的作用

利息在经济学中有什么作用？在经济学中，通过利率的调节作用，资本市场实现了均衡。这也是价格调节经济作用的一种表现。利息是资本的价格，它所调节的是资本市场。其调节作用就在于当资本的需求大于供给时，利息率会上升，从而减少对资本的需求，增加对资本的供给；当资本的需求小于供给时，利息率会下降，从而增加对资本的需求，减少资本的供给。所以，利息率调节会使资本市场处于均衡状态。具体地讲，利息的作用表现在以下三个方面：

1. 利息能诱导和增加储蓄

任何国家的经济发展都有赖于资金的投入，增加储蓄是发展经济的关键，而刺激储蓄的最有力的手段就是提高利率。一般国家在经济开始发展时总是要实施高利率的政策。

2. 利息的存在可以使资本得到最有效的利用

如果社会的利率水平是既定的，那么，人们就会把资本用于获得利润率最高的部门，利润率高的部门也就是资本能最好地发挥作用的部门。

3. 企业在支付利息的情况下就要更节约、更高效地使用资本

国民经济各个部门都需要发展、都需要资金，但多少资源用于某一行业？多少资金用于某些原有产业的设备更新？资金应该如何分配？利息率在分配过程中起着作用。任何一个项目只有当其收益不低于利息时，才能进行这个项目，否则必须放弃这个项目。因此，资金市场的利息率如同一个裁判，凡是投资收益率高于利息率的项目就能成立，否则不会投资，这就为资源流向何处提供了调节机制。

因此，利息的存在是刺激企业有效利用资本的最好手段。此外，当一个社会出现通货膨胀时，提高利率可以压抑对可贷资金的需求，刺激可贷资本的供给，从而抑制通货膨胀。正因为利息有这样的作用，所以，用利息率来调节经济是很重要的。

四、地租及其决定

地租是土地生产要素的价格。和其他生产要素一样，土地的所有者提供了土地，就应该获得报酬，这种报酬就是地租，是由土地的供给和需求来共同决定的。与其他生产要素不同的是，土地有其自身的特点，因此，关于地租的讨论，应从了解土地的特征开始。

（一）土地的概念与特征

在经济学中，土地泛指地面、矿山、地下水和河流湖泊等数量固定且可以多次使用的自然资源。土地既是一种自然资源，又是一种社会经济资源，它具有自然和社会经济两个方面的特点。

1. 土地的自然特性

（1）土地的数量有限。就目前来看，土地是一种不可再生资源，土地的绝对数量受地球表面面积所限制。

（2）土地位置不可移动。土地是自然生成物，它总是固定在地球表面某一个具体的位置上。人们可以在一定程度和一定空间范围内改变土地的形态特征，但土地的位置却不可能像其他自然资源或物品那样移动。

（3）土地肥沃程度和土地位置具有差异性。土地的肥沃程度主要是由土壤的构成、温度、日照时间、地温、地形等因素，以及土地的适宜程度决定的。社会生产力社会生产力与科学技术固然可以缩小土地的肥沃程度，同时也可以扩大它们的差距。土地位置的优劣是由土地距离市场的远近及运输状况等条件所决定的。交通及通信业的不断发达，虽然能够缩短距离，但土地位置之间的差别却是始终不会消失的。

（4）土地使用的耐久性或土地使用价值的永久性。土地无折旧，同时对土地在开发和使用过程中连续不断的合理投资与保护，能够使土地的投资效益具有积累性，不会因时间的推移而消失。

2. 土地的经济特性

（1）土地的稀缺性及由此所形成的土地经营的垄断性。从经济学意义上讲，土地稀缺性不只是指土地的总量是有限的，主要是指某一地区用于某种特定目的的土地的数量是有限的，是不能满足所有对它的需要的。尤其是在现代城市中，土地数量的制约性更加明显。同时，由于土地在上述自然特征方面的特性又决定了土地一旦被某一企业或业主所占用，很容易形成土地在经营上的垄断。

（2）在一定条件下，土地报酬具有递减的可能性。在技术不变，或在一定技术水平下，对同一块土地连续投资，可能会引起土地报酬（收益）递减。由于土地具有肥力，因此在农业生产中连续对同一块土地进行投资而出现报酬递减的可能性很大。建筑业中这一现象也很明显，即当建筑物、构筑物超过一定高度或地表以下一定深度时，土地的边际生产力将会降低，甚至是负增长。

（3）变更土地使用方向的困难性。土地有多种用途，但变更土地的使用方向往往是困难而缓慢的。城市土地一般用于建设建筑物和构筑物，这些建筑物与构筑物一旦建成，在一个相当长的时期内，或者说在建筑物、构筑物的有效使用年限内，其使用方向是相对稳定、不易变动的；即便是在农业生产中，农用地可以根据农产品市场上各种农产品价格的变动而改变它的使用方向，但调整不同作物的栽种，也会因为农作物对生长季节、土壤和气候的要求等而遇到很多困难，因此改变土地的使用方向代价很大。

（二）土地的供求

如上所述，由于土地具有稀缺性、有限性和固定性等特点，因而一定时期内土地在生产要素市场上供给与需求的特点将主要表现在供给方面，即无论土地的价格（地租）如何变化，土地供给的总体水平相当固定，土地的供给缺乏弹性，这意味着土地的总供给曲线是一条接近垂直的线。

当然，总供给曲线的垂直并不意味着在某个具体行业中土地的供给也一定是接近于垂直的线，它可能会相当有弹性。例如，当房价上涨时，房地产行业会更加有利可图，则更多的土地将会从其他行业转到房地产行业中，从而出现房地产行业的土地供给增加，形成房地产行业土地供给富有弹性。

土地需求是指在各种可能的地租下，人们对土地的需求量。同其他生产要素的需求一样，生产者对土地的需求取决于土地的边际生产力。因此，其需求曲线也是一条向右下方倾斜的曲线。

一般来说，地租越高，人们对土地的需求量越小；地租越低，人们对土地的需求量越大。

（三）地租的决定

地租是土地这种生产要素的价格。土地所有者提供了土地，得到了地租。这里，土地可以泛指生产中使用的自然资源，地租也可以理解为使用这些自然资源的租金。

地租的产生，首先在于土地本身具有生产力。地租是利用土壤的自然肥力和经济肥力时所获取的报酬。其次，土地作为一种自然资源具有数量有限、位置不变及不能再生的特点。这些特点决定了使用土地必须支付报酬。土地的这些特点与资本和劳动不同，因此，地租的决定就具有不同于其他生产要素的特点。

地租由对土地的需求与土地的供给决定。土地的需求由土地的边际生产率决定，而土地的边际生产率是递减的。所以，土地的需求曲线是一条向右下方倾斜的曲线。但土地的供给是固定的。在每个地区，可以利用的土地总有一定的限度。这样，土地的供给曲线就是一条与横轴垂直的线。在单一用途条件下，土地的价格只与土地的市场需求曲线有关，即地租由需求决定。需求越大，地租越高；需求越小，地租越低。

（四）级差地租、准地租

根据地租发生原因的不同可以将地租大致分为两个层次，由于所有权制度的存在及土地所有权与经营权、使用权的可分离，使租用土地成为一种有偿行为，即租用别人的任何土地，包括租用劣等土地都必须缴纳地租，这种地租叫作绝对地租，这是对土地所有者的补偿；但同时，土地本身因质量与位置的差异而有优等土地、中等土地、劣等土地之分，因此租用不同的土地所产生的收益便会有等级上的差别，这就是级差地租。级差地租是与土地的不同等级收益相联系的地租。

1. 级差地租

由于土地的肥沃程度、地理位置的不同，同样面积的土地投入同样的生产要素所得到的实物产量将不同，因而地租也就不一样。级差地租产生的原因一般有两个方面：土地质量与位置不同、土地投资回报率不同。

2. 准地租

准地租也称作准租金，是指有些生产要素的租金在一定条件下类似地租，它们主要取决于该生产要素的需求方面。土地之所以能获得地租，是因为无论从长期还是从短期考察，土地都是一种完全缺乏弹性的生产要素。而土地以外的一些生产要素，如设备、房屋、车、船等人工制造产品，在短期中数量来不及变动，因而形成短期供给缺乏弹性。但如果对它们的需求增加，相应所取得的报酬也要增加，这虽然不是地租，但有些类似。一般而言，准租金是某些素质较高的生产要素在短期内供给不变的情况下所产生的一种超额收入。此外，准地租原理还适用于人们的某些特殊才能，如一些影视明星、知名运动员的高收入便是由于他们的特殊才能所获得的准租金。

五、利润及其决定

利润，通常指的是企业总收益与总成本的差额，即利润＝总收益－总成本。这里主要介绍正常利润和超额利润。

（一）正常利润

正常利润是企业家才能的价格，也是企业家才能这种生产要素所得到的收入。它包括在成本之中，其性质与工资相类似，也是由企业家才能的需求与供给决定的。企业家才能的需求与供给的特点，决定了企业家才能的报酬—正常利润必然是很高的。可以说，正常利润是一种特殊的工资，其特殊性就在于其数额远远高于一般劳动所得到的工资。

正因为正常利润包括在成本之中，而且往往作为一种隐含的成本，所以，收支相抵后就获得了正常利润。在完全竞争条件下，利润最大化实际上就是获得正常利润。超过正常利润以后的那一部分利润在完全竞争之下并不存在。

（二）超额利润

超额利润是指超过正常利润的那部分利润，又称为纯粹利润或经济利润。在完全竞争的条件下和静态社会中，不会有这种超额利润产生。只有在动态的社会中和不完全竞争条件下，才会产生超额利润。动态的社会涉及创新和风险，不完全竞争条件下存在垄断。可以从以下三个角度分析超额利润的产生与性质。

1. 创新与超额利润

创新是指企业家对生产要素实行新的组合。它包括五种情况：第一，引入一种新产品；第二，采用一种新的生产方法；第三，开辟一个新的市场；第四，获得一种原材料的新来源；第五，采用一种新的企业组织形式。这五种形式的创新都可以产生超额利润。引入一种新产品、采用一种新的生产方法和新的企业组织形式，都可以提高生产效率，降低成本。一种原材料的新来源也可以降低成本。这样，产品在按市场价格出售时，由于成本低于同类产品的成本，就获得了超额利润。开辟一个新的市场可以通过提高价格而获得超额利润。创新是社会进步的动力，因此，由创新所获得的超额利润是合理的，是社会进步必须付出的代价，也是社会对创新者的奖励。

2. 承担风险的超额利润

风险是从事某项事业时失败的可能性。由于未来具有不确定性，人们对未来的预测有可能发生错误，风险的存在就是普遍的。在生产中，由于供求关系的变动、自然灾害及其他偶然事件的影响，企业存在经营风险（并不是所有的风险都可以通过保险的方式加以弥补）。这样，从事具有风险的生产就应该以超额利润的形式得到补偿。社会中充满了不确定性，风险需要有人承担，因此由风险而产生的超额利润也是合理的，可以作为社会保险的一种形式。

3. 垄断的超额利润

由垄断而产生的超额利润，又称为垄断利润。垄断的形式可以分为两种：卖方垄断和买方垄断。卖方垄断也称垄断和专卖，指对某种产品出售权的垄断。垄断者可以抬高销售价格以损害消费者的利益而获得超额利润。买方垄断也称专买，指对某种产品或生产要素购买权的垄断。在这种情况下，垄断者可以压低收购价格，以损害生产者或生产要素供给者的利益而获得超额利润。垄断所引起的超额利润是垄断者对消费者、生产者或生产要素供给者的剥削，是不合理的。这种超额利润也是市场竞争不完全的结果。

六、社会收入分配与分配政策

(一) 收入分配不等的原因

在任何一个社会都存在不同程度的收入分配不平等，市场经济社会中这一问题更突出。各个社会引起收入分配不平等的原因既有共同之处，又有不同之处。收入分配差距拉大，既有社会原因，又有个人原因，必须具体分析。

1. 收入分配不平等的状况与一个社会的经济发展状况相关

根据美国经济学家库兹涅茨的研究，一个社会收入分配状况的变动规律是，在经济开始发展时，收入分配不平等随经济发展而加剧，只有发展到一定程度之后，收入分配才会随经济发展而较为平等，他根据一些国家的资料做出了反映这种收入分配变动规律的库兹涅茨曲线。

2. 要素所有权的分布不均

生产要素所有权分布不均，必然会造成收入分配的不均等。

3. 收入分配不平等的个人原因

收入分配不平等的个人原因包括个人的能力、受教育程度、个人的勤奋程度、个人的机遇不同等。

4. 收入分配不平等的社会原因

收入分配不平等的社会原因包括户籍制度、福利政策等。

5. 其他因素

地区之间经济发展的不平衡、经济体制中的不完善及市场经济中风险与机遇的存在，都可能导致人们收入上的巨大差异。

(二) 公平与效率

1. 公平

公平是指待人处事中合乎人的正当情感和正义之理，是调节人们相互关系的一种行为准则，是分配社会权利和义务时必须遵循的价值尺度。一般是对分配关系而言的，它属于道德范畴。就我国而言，是指每一个公民在政治、经济、文化、思想等各个方面都真正地拥有同等的权利。这种平等，是社会主人翁之间的平等的实际权利和义务，是建立在社会主义公有制的经济和政治体系及社会主义价值观念基础上的社会公平。从横向看，公平包括经济利益公平、政治利益公平、社会公共产品享有的公平；从纵向看，公平包括机会公平、起点公平、过程公平、结果公平。

在经济学中，公平是指一定社会中人们之间利益和权利分配的合理化，社会公平是指收入和投入的对称性与一致性，但公平不是指平均。

2. 效率

效率是指劳动、工作中所消耗的劳动与所获得的劳动效果的比率，它属于生产力范畴。对一个企业或社会来说，最高效率意味着资源处于最优配置状态，从而使特定范内的需要得到最大满足或福利得到最大增进或财富得到最大增加。社会已经做到人尽其才、物尽其用，不存在任何浪费资源的现象，以至于每个劳动者都实现了经济收入最大化。

在分配中重视效率就是要贯彻正确的分配政策，鼓励和保证企业及个人充分地发挥积极性、创造性，在促进整个社会经济活动的效率不断提高的基础上使个人收入增多。

3. 公平与效率的矛盾

公平与效率一直是经济学家争论不休的话题。两者之间是存在矛盾的，为了效率就要牺牲某些公平，同样，为了公平也会牺牲某些效率。

在市场经济中，要获得效率，就必须付出报酬作为代价，即给生产要素所有者以相应的报酬，这些报酬构成他们的收入。由于生产要素的占有状况不同，人们的收入必然有差别。相反，为了实现收入公平，则必然损害效率。这样就会降低人们工作的积极性，因此两者之间存在着矛盾。

效率优先，兼顾公平，是党和国家现行分配政策的一条重要原则。强调效率优先，符合市场经济要求，强调兼顾公平，符合社会主义要求。人与人之间、行业与行业之间、单位与单位之间，素质优劣、能力大小、生产效益好坏是不一样的，因此，其生产效率和贡献是不可能一样的。按劳分配也好，按生产要素分配也好，所得报酬也是不可能一样的。在分配问题上，只考虑公平，不讲效率，不利于调动人们的积极性和创造性；而只考虑效率，又会过分拉大收入差距，不利于实现社会公平。所以正确的做法是，重效率，但不唯效率；讲公平，但不搞一刀切。

4. 如何处理公平与效率

（1）在市场上追求效率

在市场经济条件下，应当以公平竞争为主要准则，以追求效率为主，即应该是效率优先。效率优先意味着人们以经济建设为中心，以实现生产力的发展为目标。只有效率优先才能提供公平的物质基础，没有效率，公平只是一句空话。而且，效率上去了，可以用其经济成果来支持公平。在二者的关系中要以效率为先，兼顾公平。

（2）在管理上以公平促进效率

在组织的运行中，管理的目标是以实现效率为导向的活动。管理中虽然要体现出投入产出的效率，体现出经济效益的优先性，但公平是一种重要的途径。与市场领域中体现竞争公平不同，管理领域中主要体现机会均等和组织内成员的平等感。

（3）在社会制度上追求公平

在社会制度和社会价值方面，公平是首要的价值取向，因此，实现公平可能对效率产生不利的影响，但无论如何，不能牺牲公平只顾效率。正确的做法是，在发展经济方面要追求效率，在处理社会关系方面、在社会整体制度上力求公平。

因此，要使每个人都享有平等地参与竞争、平等的劳动就业机会。国家在大力发展经济方面要以效率为先，以发展生产力、富国利民为总体目标。同时，效率并不是在二者关系中必然处于优先地位的，在社会整体制度上要努力体现公平，保障公平在社会基本权利和人道待遇上的平等与公平。这就需要国家通过各种收入转移等办法，用政策对直接收入加以调节，保障特殊群体作为社会公平的基本权利和人道待遇。总之，在公平与效率之间，既不能只强调效率忽视了公平，也不能因为公平而不要效率。

（三）收入分配政策

市场经济是按效率优先原则进行个人收入分配的。但每个人在进入市场之前所拥有的生产要素量不同，即每个人的能力与资产不同。在市场竞争中，每个人的机遇也不同。这样收入差别很大，甚至贫富对立是不可避免的。如果收入差距过大，则不利于社会安定，因此，政府有必要通过收入分配政策来缓和或纠正分配不公平现象，在一定程度上促进收入分配平等化。收入分配政策的主要手段是税收政策和社会保障与福利政策。

1. 税收政策

税收政策的目的在于通过税收手段来减少富人的收入，缩小收入差距。用于这种目的的税收政策包括个人所得税、遗产税、财产税及消费税。

个人所得税是最重要的税收政策之一，它通过累进所得税制度来调节社会成员收入分配的不平等状况。所谓累进所得税制就是根据收入高低确定不同的税率，对高收入者按高税率征税，对低收入者按低税率征税，低于一定水平的收入免征所得税。

遗产税和财产税都是针对富人的，因为低收入者没有什么财产，也谈不上给子孙后代留遗产，这种税的税率一般都是较高的，普遍在50%以上。有些国家的遗产税甚至达到80%~90%，其目的就在于减少由遗产所引起的收入不平等。消费税是对某些奢侈性商品和劳务征收高税收。这些物品主要由高收入者消费，对其征税主要也是为了让高收入者缴纳更多的税。

2. 社会保障与福利政策

如果说税收政策是通过对富人征收重税来实现收入分配平等的话，那么，社会保障与福利政策则是通过给穷人补助来实现收入分配平等化。因此，在经济学中把社会福利政策作为实现收入分配平等化的一项重要内容。社会福利政策主要包括以下六个方面的内容：

（1）各种形式的社会保障与社会保险，主要包括：失业救济金制度，即对失业工人按一定标准发放能使其维持生活的补助金；老年人年金制度，即对退休人员按一定标准发放补助金；对有未成年子女家庭的补助金；对收入低于一定标准（即贫困线）的家庭与个人的补助金。这些补助金主要是货币形式，也有发放食品券等实物的。其资金来源，或者是个人或企业缴纳的保险金，或者是政府的税收。

（2）向贫困者提供就业机会与培训。收入不平等的根源在于贡献大小，而贡献大小与个人机遇和能力相关。这样，政府就可以通过改善穷人就业的能力与条件来实现收入分配的平等化。在这方面，首先是实现机会均等，尤其是保证所有人的平等就业机会，并按同工同酬的原则支付劳动报酬；其次是使穷人具有就业的能力，包括进行职业培训，实现文化教育计划，建立供青年交流工作经验的青年之家，实现半工半读计划，使穷人有条件读书，等等。这些都有助于提高穷人的文化技术水平，使他们能从事收入较高的工作。

（3）医疗保险与医疗援助。医疗保险包括住院费用保险、医疗费用保险及出院后部分护理费用的保险，这种保险主要由保险金支付。医疗援助则是政府出钱资助医疗卫生事业，使每个人都能得到良好的医疗服务。

（4）对教育事业的资助，包括兴办学校，设立奖学金和大学生贷款，帮助学校改善教学条件和资助学校的科研，等等。从社会福利的角度来看，对教育事业的资助有助于提高公众的文化水平与素质，这样也有利于实现收入分配的平等化。

（5）各种保护劳动者的立法，包括劳动法，以及环境保护法、食品和医药卫生法等。这些都可以增进劳动者的收入，改善他们的工作与生活条件，从而也减少了收入分配不平等的程度。

（6）改善住房条件，包括以低房租向穷人出租由政府兴建的住宅；对私人出租的房屋实行房租限制；资助无房者建房，如提供低利息的长期贷款，或低价出售国家建造的住宅；实行住房补贴等，这种政策改善了穷人的住房条件，也有利于实现收入分配的平等化。

当然，各种收入平等化的政策对于缩小贫富之间的差距，改善穷人的地位和生活条件，提高他们的实际收入水平，确实起到了相当大的作用，对于社会安定和经济发展也是有利的。但是，这些政策有一些严重的后果：一是降低了社会生产效率，增加了个人所得税，各种各样的社会保障使人们生产的积极性下降，社会生产效率下降；二是增加了政府的负担。

第二节　国民收入核算与决定

一、国民收入核算

（一）国民收入核算指标

1. 核心指标：国内生产总值（*GDP*）

对经济活动总量最宽泛的测量是对国内生产总值的测度。国内生产总值亦称国内总产值，是指在一定时期内（通常为一年）在本国领土上生产的各种最终产品和劳务的市场价值总和。

对于国内生产总值这一概念的理解，应该注意以下五个问题：

（1）国内生产总值是用最终产品来计量的，即最终产品在该时期的最终出售价值。一般根据产品的实际用途，可以把产品分为中间产品和最终产品。*GDP* 必须按当期最终产品计算，中间产品不能计入，否则会造成重复计算。

所谓最终产品，是指在一定时期内生产的可供人们直接消费或者使用的物品和服务。这部分产品已经到达生产的最后阶段，不能再作为原料或半成品投入其他产品和劳务的生产过程中去，例如，农民收获了价值 50 元的小麦，被送到加工厂制成了价值 100 元的面粉，面粉随后又被做成了价值 200 元的包子。那么在计算 *GDP* 时，只能将最后的 200 元计入，而之前的 50 元和 100 元都不能计入。

中间产品是指为了再加工或者转卖用于供别种产品生产使用的物品和劳务，例如，一年内生产的用于制造面包的面粉即是中间产品；运送面粉到面包房的卡车公司提供的服务也是中间产品。

（2）国内生产总值是一个市场价值的概念。各种最终产品的市场价值是在市场上达成交换的价值，都是用货币来加以衡量的，通过市场交换体现出来。一种产品的市场价值就是用这种最终产品的单价乘以其产量获得的。

使用市场价值的好处在于它使不同的产品能够加总。使用市场价值的意义在于它考虑了不同产品在经济重要性上的相对差别。

（3）国内生产总值一般仅指市场活动导致的价值。那些非生产性活动以及地下交易、黑市交易等不计入 GDP 中，如家务劳动、自给自足性生产、赌博和毒品的非法交易等。

（4）GDP 是计算期内生产的最终产品价值，因而是流量而不是存量。所谓流量，指的是一定时期内发生的变量，而存量则是某个时点上的量。例如，你通过中介购买了一套价值 200 万元的二手房，那么这 200 万元不能计入 GDP，因为它是过去就建好的，其价值不是现在产生的。但是，在交易过程中所产生的中介佣金作为劳务价值，则需要被计入 GDP。

（5）GDP 不是实实在在流通的财富，它只是用标准的货币平均值来表示财富的多少。但是生产出来的产品能否完全转化成流通的财富，这个是不确定的。

2. 国民生产总值与国内生产总值

这是两个最重要又有密切关系的总量指标。国民生产总值（GNP）亦称国民总产值，是指一个国家在一定时期内（通常为一年）生产的各种最终产品和劳务按当年市场价格计算的价值总和。而国内生产总值亦称国内总产值，是指在一定时期内（通常为一年）在本国领土上生产的各种最终产品和劳务的市场价值总和。二者的差异来自生产要素在国家之间的流动，前者以人口为统计标准，是指本国常住居民生产的；后者以领土为统计标准，只要是在本国领土上而不管谁生产的。二者的关系是：

国民生产总值＝国内生产总值＋国外净要素收入

国外净要素收入＝本国公民在国外生产的最终价值的总和－外国公民在本国生产的最终产品的价值总和

国外净要素收入如为正值时，GNP > GDP；如为负值时，GDP > GNP；

在理解国民生产总值这一定义时，要注意以下四个问题。

（1）国民生产总值是指一定时期内生产出来的产品总值，因此，在计算时不应包括以前所生产的产品的价值。例如，以前所生产而在该期所产出的存货，或以前所建成而在该期转手出售的房屋等。

（2）国民生产总值是指最终产品的总值，因此，在计算时不应包括中间产品产值,以避免重复计算。

最终产品是指不需要再进一步加工,最后供人们使用的产品,中间产品是在以后的生产阶段作为投入的产品。在实际经济中,许多产品既可以作为最终产品使用,又可以作为中间产品使用,要区分哪些是最终产品,哪些是中间产品是很困难的。如煤炭在用作电力、冶金等行业的燃料或化工等行业的原料时就是中间产品,而用在人们生活中的燃煤时就是最终产品。这样,把哪一部分煤炭作为最终产品,哪一部分作为中间产品就不容易了。

(3)国民生产总值的最终产品既包括有形的产品,又包括无形产品—劳务,即要把旅游、服务、卫生、教育广播电视、公用事业、旅游等行业提供的劳务,按其所获得的报酬计入国民生产总值中。

(4)国民生产总值指的是最终产品市场价值的总和,这就要按这些产品的现行价格来计算,这样就引出两个值得注意的问题:其一,不经过市场销售的最终产品(如自给性产品、自我服务性劳务等)没有价格,也就无法计入国民生产总值中;其二,价格是变动的,所以,国民生产总值不仅受最终产品数量变动的影响,而且还受价格水平变动的影响。

3. 名义国内生产总值与实际国内生产总值

国内生产总值的定义表明它是一个价格与数量的乘积关系。也就是说,价格与数量都影响国内生产总值,但是数量因素更加令人关注。因为国内生产总值增加如果是由产品与劳务的增加而带来的,意味着在一定的时期内一个国家与地区之内的人们可以享受到更多的产品与劳务,因此福利水平提高。而如果国内生产总值的增加是由价格因素导致的,则意味着一定时期内一个国家与地区之内的人们面临着通货膨胀的威胁,福利水平将大幅降低。因此,如何剔除国内生产总值变化中的价格因素影响就成为一个重要问题。经济学家通过引入实际国内生产总值的概念,成功地剔除了价格因素的影响,使得国内生产总值成为衡量福利水平的重要指标。

首先,选定一个时点作为基期,此时国内生产总值就可以分为实际国内生产总值和名义国内生产总值。所谓名义国内生产总值是指用当期价格乘以当期数量而得到的国内生产总值。而实际国内生产总值是用基期价格乘以当期数量而得到的国内生产总值。显而易见，实际国内生产总值剔除了价格因素的影响。实际国内生产总值的大小表明了商品与劳务数量的多少，同时也代表着不同的福利水平。

更进一步地，实际国内生产总值概念的引入还构建了一个衡量社会总体价格水平变动的指标，即国内生产总值折算数。国内生产总值折算数是名义国内生产总值与实际国内生产总值之比。国内生产总值折算数是衡量一国通货膨胀程度的重要指标，用公式表示为：

$$国内生产总值折算数 = \frac{某国名义国内生产总值}{某国实际国内生产总值} \times 100\% \qquad (3-2)$$

4. 其他总量指标

（1）国民生产净值（NNP）

国民生产净值是国民生产总值减去折旧，是指在一定时期内（通常为一年）在本国领土内新创造的价值总和，用公式表示为：

$$国民生产净值 = 国民生产总值 - 折旧 \qquad (3-3)$$

（2）国民收入（NI）

国民收入是指一个国家在一定时期内（通常为一年）用于生产产品和提供劳务的各种生产要素（土地、劳动、资本与企业家才能），所获得报酬（收入）的总和。

国民收入与国民生产净值的区别是：从理论上讲，前者是从分配的角度考察的，后者是从生产的角度考察的；从数量上讲，国民收入等于国民生产净值减去企业间接税再加上政府补贴。间接税从形式上看是由企业负担的，实际上间接税支出附加在成本上，在销售产品中转嫁出去了；间接税作为产品的价格附加，既不是任何生产要素提供的，也不能为任何生产要素所获得，因此计算国民收入时要扣除。政府补贴是国家对产品售价低于生产要素成本价格的企业的补贴，目的是弥补企业的损失来维持这种产品的生产。这种补贴可看作一种负税（即倒付的税），属于企业生产要素收入。因此计算国民收入要从间接税中扣除政府补贴，用公式表示：

国民收入 = 国民生产净值 - 企业间接税 + 政府补贴 = 工资 + 利润 + 利息 + 租金 + 补贴

$$(3-6)$$

（3）个人收入（PI）

个人收入是指一个国家所有个人在一定时期内（通常为一年），从各种来源所得到的收入总和，它包括劳动收入、企业主收入、租金收入、利息和股息收入、政府转移支付和企业转移支付等。个人收入的构成可用公式表示：

个人收入＝国民收入－（公司未分配利润＋公司利润税＋公司和个人缴纳的社会保险费）＋（政府对个人支付的利息＋政府对个人的转移支付＋企业对个人的转移支付）＝工资和薪金＋企业主收入＋个人租金收入＋个人利息收入＋政府和企业对个人的转移支付＋公司和个人缴纳的社会保险费　　（3-4）

个人收入与国民收入的不同在于，国民收入中有一部分不分配给个人，如公司未分配利润、公司利润税等，这不构成个人收入。而个人收入中通过再分配渠道的部分，如政府和企业对个人的转移支付，则不属于国民收入。

（4）个人可支配收入

个人可支配收入是指一个国家所有的个人在一定时期内（通常为一年）所得到的收入总和中减去个人或家庭纳税部分可以实际得到的由个人自由使用的收入。个人收入并不是人们实际得到的可任意支配的款项，它必须扣除个人税和非税支付之后，才能归个人自由支配，个人税包括个人所得税、财产税、房地产税等；非税支付包括罚款、教育费和医疗费等。

个人可支配收入一是用于个人消费，包括食品、衣物、居住、交通、文娱和其他杂项；二是个人储蓄，包括个人存款、个人购买债券等。个人可支配收入用公式表示为：

个人可支配收入＝个人收入－（个人税＋非税支付）＝个人消费支出＋个人储蓄

（3-5）

（二）国民收入核算的基本方法

国民收入核算的基本方法有生产法、收入法和支出法三种。用三种方法计算出的当前经济活动的总量应该是一致的。生产法、收入法、支出法三种方法计算的结果之所以相等，在于三种方法的内在逻辑使它们必然得出相同的答案。由于三种方法的等同性，在任何特定的时期都存在以下关系：

总产出＝总收入＝总支出

当生产、收入和支出都以同样的单位（如美元、人民币）核算时，上述公式被称为国民收入核算的基本恒等式，并构成国民收入核算的基础。

1. 支出法

支出法是指通过加总产品的最终购买者的支出来计算经济活动总量的方法。这种核算方法，是把一个国家在一年内投入的生产要素生产出来的物品和劳务按购买者（需求者）支出的金额（因而也是这些产品和劳务的销售金额）分类汇总而成。如果用 Q_1，Q_2，…，Q_n 分别代表各种最终产品的数量，用 P_1，…，P_n 分别代表各种最终产品的价格，则支出法的计算公式为：

$$Q_1 \times P_1 + Q_2 \times P_2 + \cdots + Q_n \times P_n = GDP \tag{3-6}$$

产品和劳务的需求在国民收入核算体系中分为四类，即个人消费、投资、政府购买和出口（外国购买者需求的产品和劳务），用这种核算方法计算的国内生产总值如下：

国内生产总值（GDP）＝个人消费（C）＋投资（I）＋政府购买（G）＋净出口［出口（X）－进口（M）］即：

$$GDP = C + I + G + (X - M) \tag{3-7}$$

2. 收入法

收入法是指通过加总收入（包括工人的工资和企业主的利润）来计算总体经济活动的方法。这种核算方法，是从居民户向企业出售生产要素获得收入的角度看，也就是从企业生产成本角度看社会在一定时期内生产了多少最终产品的市场价值。但严格来说，产品的市场价值中除了生产要素收入构成的生产成本，还有间接税、折旧、公司未分配利润等内容。用收入法核算国内生产总值，可以把核算项目归纳为生产要素收入和非生产要素收入两大类。

生产要素包括劳动、资本、土地和企业家才能，因此，按照收入法计算的国内生产总值中的生产要素收入应该是工资、利息、地租和企业家才能的报酬（利润）的总和。

非生产要素的收入包括企业转移支付、企业间接税和折旧。首先是企业转移支付和企业间接税，前者指公司对非营利组织的社会慈善捐款和消费者赊账。后者指企业缴纳的货物税或销售税、周转税。这些税收虽然不是生产要素创造的收入，但要通过产品加价转嫁给购买者，所以也应看作企业的产出总值的构成部分。这和直接税不同，因为直接税（公司所得税、个人所得税等）都已包括在工资、利润及利息中，所以不能再计算到 GDP 之中。其次是资本折旧。这是资本的耗费，也不是生产要素的收入，但由于包括在支出法中的总投资中，所以在这里也应计入 GDP 中。这样，按收入法核算所得的国内生产总值如下：

$$GDP = 工资 + 利息 + 租金 + 利润 + 间接税和企业转移支付 + 折旧 \qquad (3-8)$$

3. 生产法

生产法也叫增值法，通过加总产品的市场价值，同时扣减中间消耗的产品来计算经济活动总量。该方法运用了增加值概念。增加值是生产者的产出总价值减去投入的价值。生产法通过加总所有生产者的增加值来计算经济活动总量。

这种核算方法是从生产者的角度出发，把所有厂商投入的生产要素新创造出来的产品和劳务在市场上的销售价值，按产业部门分类汇总计算国民生产总值，也称为部门法。从全社会的角度来看，一国一年内所生产的最终产品（包括产品和劳务）的市场价值总和，就是国内生产总值，因此在计算时不应包括中间产品产值，只计算其增值额，以避免重复计算。但在实际经济活动中，最终产品和中间产品是很难分清的，因此采用增值法，只计算在生产各阶段上所增加的价值。

（三）国民收入核算中的恒等关系

从支出法、收入法与生产法所得出的国内生产总值（GDP）的一致性，可以说明国民经济中的一个基本平衡关系，即总支出等于总收入或总产量。总支出代表了社会对最终产品的总需求，而总收入和总产量代表了社会对最终产品的总供给。因此，从国内生产总值的核算方法中可以得出这样一个恒等式：

$$总需求（AD）= 总供给（AS） \qquad (3-9)$$

这种恒等关系在宏观经济学中是十分重要的，可以从国民经济的运行来分析这个恒等式。理论研究是从简单到复杂、从抽象到具体的，所以，这里从两部门经济入手研究国民经济中的恒等关系，进而研究三部门经济与四部门经济。

1. 两部门经济的恒等关系

两部门经济是指由厂商和居民户这两种经济单位所组成的经济社会，这是一种最简单的经济。

在两部门经济中，居民户向厂商提供各种生产要素、得到相应的收入，并用这些收入购买和消费各种产品与劳务；厂商购买居民户提供的各种生产要素进行生产，并向居民户提供各种产品与劳务。

在包括居民户与厂商的两部门经济中，总需求分为居民户的消费需求与厂商的投资需求。消费需求与投资需求可以分别用消费支出与投资支出来代表，消费支出即为消费，投资支出即为投资，所以：

$$总需求 = 消费 + 投资 \tag{3-10}$$

如果以 AD 代表总需求，以 C 代表消费，以 I 代表投资，则可以把上式写为：

$$AD = C + I \tag{3-11}$$

总供给是全部产品与劳务供给的总和，产品与劳务是由各种生产要素生产出来的，所以，总供给是各种生产要素供给的总和，即劳动、资本、土地和企业家才能供给的总和。生产要素供给的总和可以用各种生产要素相应得到收入的总和来表示，即用工资、利息、地租和利润的总和来表示。工资、利息、地租和利润是居民户所得到的收入，这些收入分为消费与储蓄两部分。所以：

$$总供给 = 消费 + 储蓄 \tag{3-12}$$

如果以 AS 代表总供给，以 C 代表消费，以 S 代表储蓄，则可以把上式写为：

$$AS = C + S \tag{3-13}$$

总需求与总供给的恒等式就是：

$$AD = AS \tag{3-14}$$

即：$C + I = C + S$

如果两边同时消去 C，则可以写成：

$$I = S \tag{3-15}$$

2. 三部门经济的恒等关系

三部门经济是指由厂商、居民户与政府这三种经济单位所组成的经济社会。

在三部门经济中，政府的经济职能是通过税收与政府支出来实现的。政府通过税收与支出和居民户、厂商发生经济上的联系。

在三部门经济的总需求中，除了居民户的消费需求与厂商的投资需求之外，还有政府的需求，政府的需求可用政府支出来代表。即：

$$总需求 = 消费 + 投资 + 政府支出 \tag{3-16}$$

如果 G 代表政府支出，则可以把上式写成：

$$AD = C + I + G \tag{3-17}$$

在三部门经济的总供给中，除了居民户供给的各种生产要素之外，还有政府的供给。政府的供给是指政府为整个社会提供了国防、立法、基础设施等"公共物品"。政府要提供这些"公共物品"，必须得到相应的收入税收。所以，可以用政府税收来代表政府的供给。即：

总供给 = 消费 + 储蓄 + 税收

如果以 T 代表政府税收，则可以把上式写成：

$$AS = C + S + T \tag{3-18}$$

三部门经济中总需求与总供给的恒等式就是：

$$AD = AS \tag{3-19}$$

即：$I + G = S + T$

3. 四部门经济的恒等关系

四部门经济是指由厂商、居民户、政府和国外部门这四种经济单位所组成的经济社会。

在四部门经济中，国外部门的作用是：作为国外生产要素的供给者，向国内各部门提供产品与劳务，对国内来说，这就是进口；作为国内产品与劳务的需求者，向国内进行购买，对国内来说，这就是出口。

在四部门经济中，总需求不仅包括居民户的消费需求、厂商的投资需求与政府的需求，而且还包括国外的需求。国外的需求对国内来说就是出口，所以可以用出口来代表国外的需求。即：

$$总需求 = 消费 + 投资 + 政府支出 + 出口 \tag{3-20}$$

如果以 X 代表出口，则可以把上式写为：

$$AD = C + I + G + X \tag{3-21}$$

四部门经济的总供给中，除了居民户供给的各种生产要素和政府的供给外，还有国外的供给。国外的供给对国内来说就是进口，所以可以用进口来代表国外的供给。即：

$$总供给 = 消费 + 储蓄 + 政府税收 + 进口 \qquad (3-22)$$

如果以 M 代表进口，则可以把上式写为：

$$AS = C + S + T + M \qquad (3-23)$$

在四部门经济中总需求与总供给的恒等式就是：

$$AD = AS \qquad (3-24)$$

即：$I + G + X = S + T + M$

在国民收入核算中，这种恒等式是一种事后的恒等关系，这种恒等关系，也是国民收入决定理论的出发点。但是，在一年的生产活动过程中，总需求与总供给并不总是相等的。有时总需求大于总供给，也有时总供给大于总需求。

二、国民收入决定

（一）消费、储蓄与投资

消费、储蓄和投资是影响国民收入的主要变量，了解这些变量的特点和规律是分析国民收入的决定及其变化的基础。对消费、储蓄、投资的分析可以通过消费函数、储蓄函数和投资函数来进行。

1. 消费函数

消费函数是描述消费与收入之间依存关系的函数，其基础是消费理论，这里主要介绍凯恩斯（John Maynard Keynes）的消费理论。凯恩斯的消费理论建立在以下三个假设或三个前提之上：

一是边际消费倾向递减规律。凯恩斯从心理规律角度考察了消费倾向的变动规律，提出"边际消费倾向递减规律"，即随着人们收入的增长，人们的消费随之增长；但消费支出在收入中所占比重却不断减少。边际消费倾向（MPC）是指消费的增量 ΔC 和收入的增量 ΔY 之比率，也就是增加的 1 单位收入中用于增加消费部分的比率，边际消费倾向的公式为：

$$MPC = \frac{\Delta C}{\Delta Y} \text{ 或 } \beta = \frac{\Delta C}{\Delta Y} \qquad (3-25)$$

按照这个规律，在人们不断增加的收入中，用于消费支出的比例会越来越小；相反，储蓄部分会越来越多。一般来说，边际消费倾向总是大于 0 而小于 1 的，即 $0 < MPC < 1$。由于对一般正常的理性人来说，收入增加，消费不大可能下降或不变，所以边际消费倾向大于 0；增加的消费一般也只是增加的收入的一部分，不会是全部收入，所以边际消费倾向小于 1。

二是认为收入是决定消费的最重要的因素，其他因素都可看作在短期内变化不大或影响轻微。因此，可以把消费看作收入的函数。就是在假定其他因素不变的条件下，消费是随着收入的变动而相应变动的。

三是认为平均消费倾向（APC）会随着收入的增加而减少。平均消费倾向（APC）是指消费总量 C 在收入总量 Y 中所占的比例，用公式表示为：

$$APC = \frac{C}{Y} \qquad (3-26)$$

平均消费倾向可能大于、等于或小于 1，因为消费可能大于、等于或小于收入。

根据以上三个假设，如果消费和收入之间存在线性关系，则边际消费倾向于一常数，这时凯恩斯的消费函数可以用下列方程表示：

$$C = \alpha + \beta Y \qquad (3-27)$$

上述消费函数公式中，α 代表必不可少的自发消费部分，就是当收入为 0 时，即使动用储蓄或借债也必须有的基本消费，β 为边际消费倾向，β 和 Y 的乘积表示由收入引致的消费。因此，上式的含义就是，消费等于自发消费和引致消费之和。

需要指出的是，边际消费倾向和平均消费倾向的关系是：边际消费倾向总是小于平均消费倾向，用公式表示就是：$MPC < APC$。这是因为，一般来讲，人们的消费可划分为自发消费和引致消费。自发消费是指无论收入多少，即便没有收入，也是必须进行的，因此一般来讲变动不大，可看作一个常数，即公式中的 α，反映在图形上就是函数在纵轴上有一个正的截距项，从而可推导出边际消费倾向总是小于平均消费倾向。

2. 储蓄函数

储蓄是收入减去消费的余额。从公式 $Y = C + S$（收入=消费+储蓄）可得：

$$S = Y - C \tag{3-28}$$

影响储蓄的因素虽然很多，但是，根据凯恩斯的假定，收入是决定储蓄最主要的因素，收入的变化决定着储蓄的变化。凯恩斯认为，随着收入的不断增加，消费增加会越来越少，而储蓄增加则会越来越多。储蓄与收入之间的依存关系被称为储蓄函数。

根据凯恩斯的消费函数的公式及消费与储蓄的关系，可以推导出储蓄函数的公式：

$$S = Y - C = Y - (\alpha + \beta Y) = -\alpha + (1 - \beta) Y \tag{3-29}$$

其中，$1 - \beta$ 为边际储蓄倾向（MPS），或用 S 表示。边际储蓄倾向与边际消费倾向相似：

$$MPS = \frac{\Delta S}{\Delta Y} \tag{3-30}$$

并且，$0 < MPS < 1$。

平均储蓄倾向和平均消费倾向是相似的：

$$APS = \frac{S}{Y} \tag{3-31}$$

消费函数和储蓄函数的关系是：消费函数和储蓄函数互为补数，二者之和总是等于收入，因此，APC 和 APS 之和恒等于1。这就是说，消费函数和储蓄函数中的一个确定，另一个也随之确定。当消费函数已知，就可求得储蓄函数；当储蓄函数已知，就可求得消费函数。

3. 投资函数

投资是购置物质资本（例如，厂房、设备和存货，以及住房建筑物）的活动，即形成固定资产的活动。投资一般不包括金融投资在内。在日常生活中，从个人角度看，人们用自己的收入去购买各种有价证券、房产、设备、土地等，可以看作投资；但从全社会角度看，这些购买不是投资，因为它仅仅是财产所有权的转移，即有价证券、房产、设备、土地从一个所有者手中转移到另一个所有者手中，而全社会的资本并没有增加。

决定投资的因素有很多，主要因素有实际利率、预期收益率和投资风险等。预期的通货膨胀率和折旧等也在一定程度上影响投资。

实际利率越低，投资量越大。企业有时以贷款进行投资，有时以自有资本进行投资。无论用什么方式投资，利率都是机会成本的一部分。以贷款的方式投资，所支付的利息就是直接成本，而自有资本可以按现行利率贷款给其他企业，那么用自有资本投资所放弃的利息就是投资的机会成本。利率越低，任何一项投资的机会成本就越低。因此利率越低，投资就越有利可图，投资水平就会提高了。

如果企业贷款进行投资，则投资的成本就是利息；如果企业用自有资本投资，利息是投资的机会成本，因此仍可认为投资的成本是利息。决定利息的直接因素即为实际利率。因此，投资的成本取决于实际利率。如果投资的预期收益率既定，则实际利率越高，利息越多，投资成本越高，投资就会减少；反之，实际利率越低，利息越少，投资成本越低，投资就会增加。因此，投资是利率的减函数，如果假设投资和利率之间呈线性关系，则投资函数可以写成：

$$I = I(r) = e - dr \qquad\qquad (3-32)$$

上式中，e 表示自主投资，指的是由人口、技术、资源等外生变量的变动所引起的投资，与利率无关，即使利率为零时也会存在。$-dr$ 表示引致投资，随利率的变化呈反方向变化。d 表示利率每上升或下降一个百分点，投资会减少或增加的数量。

(二) 简单国民收入决定

这里以两部门经济为例来分析国民收入是如何决定的。根据收入恒等于支出的原理，把消费函数、投资函数或储蓄函数代入收入恒等式后，就可以解得均衡时的国民收入。

两部门经济中总需求与总供给组成部分中的任何一项，都会对国民收入产生影响。如果假定投资为自发投资，即投资 I 是一个常数，不随收入的变动而变动，则可以分别依据消费函数与储蓄函数来求得均衡国民收入。

1. 消费与均衡国民收入的决定

已知两部门经济由消费和投资组成，假定投资为常数，将消费函数代入收入

恒等式 $Y = C + I$ 中。

由于收入恒等式为 $Y = C + I$，$C = \alpha + \beta Y$，将这两个方程联立并求解，就得到均衡收入：

$$Y = \frac{\alpha + I}{1 - \beta} \qquad (3-33)$$

根据上述公式，如果已知消费函数与投资，便可求出均衡的国民收入。

2. 储蓄与均衡国民收入的决定

由于 $Y = C + I$，$Y = C + S$，得：

$I = Y - C = S$，而

$$S = -\alpha + (1 - \beta) Y \qquad (3-34)$$

将以上两个方程联立并求解，就得到均衡收入。

上例中，$C = 600 + 0.8Y$，$S = -600 + (1-0.8) Y = -600 + 0.2Y$，$I = 200$，令 $I = S$，即 $200 = -600 + 0.2Y$，得 $Y = 4000$（亿元）。这一结果体现出来，即 $Y = 4000$ 亿元时，投资 I 与储蓄 S 正好相等，从而实现了均衡。可以看到，这一结果与使用消费决定均衡收入的方法得到的结果是一样的。

三、乘数原理

（一）乘数的定义

乘数（Multiplier）又译作倍数，经济活动中某经济变量的增减，会引起其他经济变量发生连锁反应，成倍地增加或减少，这种增加或减少的倍数就是乘数，反映此经济现象的理论称为乘数原理。

乘数原理随其运用范围不同而有不同的乘数。分析经济变量间的相互关系时，常使用投资乘数、政府支出乘数、消费支出乘数、政府转移支付乘数、税收乘数、平衡预算乘数、对外贸易乘数等。

(二) 投资乘数

1. 投资乘数的含义

投资的变动会引起国民收入成倍数变动，如果投资增加，则增加的投资所引起国民收入的增加会成倍数地超过最初的投资增加量，即除了初始的投资直接导致收入增加外，还会引起由此产生的一系列连锁反应：收入增加引起消费的增加，消费增加又会引起收入的增加。若边际消费倾向已定，总投资量增加时，总收入若干倍于投资量增加。这是因为，增加投资就要增加投资品的生产，从而导致就业量和社会上收入的增加，而收入的增加将伴随着消费的增加（虽然可能小于收入的增加），消费增加又会导致消费品生产的增加，这样又会增加就业量和收入。因此，增加一定量的投资最终引起总收入的增加额，不仅包括因增加该投资而直接增加的收入，而且还包括因间接引起的由消费需求的增加而增加的收入。这样，所得到的总收入增量和投资增量之比，就是投资乘数。故投资乘数可以定义为：国民收入的变动量与引起这种变动的最初投资量之间的比例。如果用 K、$\triangle Y$ 和 $\triangle I$ 分别代表乘数、收入增量和投资增量，则投资乘数的公式为：

$$K = \frac{\triangle Y}{\triangle I} \tag{3-35}$$

假定新增 5 单位的投资导致了 15 单位的收入，这时收入增量为投资增量的 3 倍，则投资乘数为 3；如果新增 5 单位的投资而带来 20 单位的收入，这时收入增量 4 倍于投资增量，则投资乘数为 4。

投资的增加之所以会有乘数作用，是因为社会经济各部门之间存在着互相依存、互相影响和互相促进的有机联系。也就是说，某部门的投资不仅增加了投资品生产部门的收入，而且还会在社会经济其他部门引起连锁反应，从而其他部门的收入亦随之增加，最终导致国民收入成倍数增长。此外，根据凯恩斯的观点，投资乘数与边际消费倾向的关系十分密切，即增加的收入中用于消费的比例越大，投资引起的连锁反应越大，总收入增加越多；反之则反是。

2. 投资乘数的作用

西方经济学家认为，投资乘数具有两面作用，即当投资增加时，其所引起的收入增加，要成倍数地大于所增加的投资；当投资减少时，其所引起的收入减少，要成倍数地大于所减少的投资。根据投资乘数的这种两面作用，人们一般又称投资乘数是一把"双刃剑"。

3. 投资乘数发生作用的前提条件

投资的乘数作用并非无条件的，而是要受许多客观条件所限制，这些条件主要如下：

（1）以一定数量的特别是适合经济发展需要的熟练劳动力的存在为前提，否则投资增加后，并不会使产量和收入成倍地增加。

（2）要以一定数量的闲置的生产资料特别是技术设备的存在为前提。因为虽然投资增加所需要的技术设备可以采取用更多的劳动力来代替，但这毕竟有限，只要经济活动中起关键性作用的技术设备存货不足，投资的乘数作用就很难发挥出来。

（3）要以一定数量的消费资料的存货为前提，否则即使新增就业者和居民户增加了收入，但仍购置不到所需要的消费品，从而必将导致漏出量扩大和边际储蓄倾向提高，这样，投资的乘数作用就要受限制。

（4）要以消费函数或储蓄函数既定为前提。按照凯恩斯的观点，收入可以分解为投资和消费或消费和储蓄，而由于收入与消费之间的关系（即消费函数）在较长的时期内是稳定的，从而作为收入与消费之间的差额的储蓄同收入之间的关系（储蓄函数），在较长时期内也是稳定的。这样，在消费函数或储蓄函数既定的条件下，增加一定量的投资则可导致收入的某种程度的增加，即投资的乘数作用才能得以顺利地发挥出来，否则投资乘数也是无效的。

总而言之，只有在社会上的各种资源没有得到充分利用时，总需求增加才会使各种资源得到利用，产生乘数作用。如果社会上各种资源已经得到充分利用，或者某些关键部门（如能源、交通或原料）存在着制约其他资源利用的瓶颈状态，乘数就无法发挥作用。

（三）其他乘数

1. 政府支出乘数和消费支出乘数

（1）政府支出乘数

政府支出乘数是指政府的支出能使国民收入增加的倍数。以 K_G 代表政府支出乘数，则其计算公式为：

$$K_G = \Delta Y / \Delta G \qquad\qquad (3-36)$$

在其他条件不变的情况下，

$$K_G = \Delta Y / \Delta G = 1/(1 - MPC) \qquad\qquad (3-37)$$

政府支出乘数和投资乘数一样，可以把政府支出看成最初的一个增量，即一个自发性支出，该增量会在社会经济活动中产生一系列的连锁反应，从而产生引致支出的变化。

（2）消费支出乘数

消费支出乘数是指消费支出能使国民收入增加的倍数。以 K_c 代表消费支出乘数，则其计算公式为：

$$K_C = \Delta Y / \Delta C \qquad\qquad (3-38)$$

从以上可以看出，政府支出乘数、消费支出乘数和投资乘数的计算方法完全一样，其原因是它们都是构成总需求的要素，即总需求 $= C + I + G + (X - M)$，因而无论是其中哪一种支出变化，都会使总需求发生同样的变化，其对均衡国民收入所产生的影响也完全相同。所以，当其他条件不变时，有：

$$K_G = K_C = K_I = 1/(1 - MPC) \qquad\qquad (3-39)$$

2. 政府转移支付乘数和税收乘数

政府转移支付乘数和税收乘数的计算与上述三种乘数不同。因为当转移支付和税收变动一个量时，对总需求产生的作用要受到边际消费倾向的影响，即边际消费倾向乘以转移支付和税收的数量，从而使得转移支付和税收变动的数量与总需求变动的数量不一致。

（1）政府转移支付乘数

政府转移支付乘数是指政府转移支付增加时，对国民收入和总支出的影响程度。以 ΔT_r 代表转移支付的增量，K_{T_r} 代表转移支付乘数，则：

$$K_{T_r} = \Delta Y/\Delta T_r = MPC/(1 - MPC) \tag{3-40}$$

可见，转移支付与国民收入同方向变动，政府转移支付增加会使得国民收入增加，政府转移支付减少会使得国民收入减少。

（2）税收乘数

税收乘数是指由于政府增加或减少税收所引起的国民收入变动的倍数。以 ΔT_x 代表税收的增减量，K_{T_x} 代表税收乘数，则：

$$K_{T_r} = \Delta Y/\Delta T_x = - MPC/(1 - MPC) \tag{3-41}$$

需要注意的是，税收乘数与政府转移支付乘数的绝对值相等，但税收乘数为负值，也就是说，税收与国民收入是反向变动的，政府增加税收会导致国民收入减少；相反，政府减少税收会使得国民收入增加。

3. 平衡预算乘数

假如政府支出一个量（ΔG），同时又增加相同量的税收（ΔT_r），由于增加的税收在受到边际消费倾向的作用之后使消费减少的量小于政府支出的量，因此，对国民收入的变动也会产生影响，表示这种影响程度的乘数，叫作平衡预算乘数。以 K_b 代表平衡预算乘数，t 代表税收与国民收入之间的某一固定比例（无论是累进税、累退税还是比例税，与国民收入总有一定的比例关系，国民收入高，税收也多；反之则反是），则在其他条件不变的情况下，有：

$$K_b = \Delta Y/\Delta G = (1 - MPC)/(1 - MPC + MPC \cdot t) < 1 \tag{3-42}$$

4. 对外贸易乘数

对外贸易乘数的作用是指进出口数量的变化会使国民收入水平发生倍数变化。这就是说，进出口差额给国民收入总量带来的影响大于进出口差额本身的数量。由于这种变化是对外贸易作用的结果，因此反映这种关系的倍数就叫作对外贸易乘数。在进出口均为自发性变量的情况下，对外贸易乘数与前面所讲的消费乘数、投资乘数及政府转移支付乘数是一样的。因为进出口之间的差额 $(X - M)$ 同 C、I、G 一样，都是总需求的组成部分。

假如一国在出口所获得的收入中，一部分用于进口商品的购买，其余则全部用于国内商品的购买。在这种情况下，对外贸易乘数的大小取决于"边际进口倾向"。所谓边际进口倾向，是指所获得的收入中用于购买进口商品数量的比例。以 K_F 代表对外贸易乘数，m 代表边际进口倾向，则：

$$K_F = 1/m \qquad (3-43)$$

显然，边际进口倾向越小，对外贸易乘数越大，因为新增收入中用于购买国内商品的数额越多，对本国国民收入总量创造则越多；反之，边际进口倾向越大，对外贸易乘数越小，因为新增收入中用于购买国外商品越多，乘数的作用则发生到其他国家去了。

以上对外贸易乘数公式仅仅是简单条件下的情况，如果加入其他条件，则对外贸易乘数不仅仅是边际进口倾向的倒数。因为一国对进口商品的购买，还与本国国民收入水平有极其密切的关系，如果国民收入水平较高，对进口商品的购买会增加；反之，则会减少。

第四章 经济理论与政策

第一节 经济增长与发展

一、经济增长理论

(一) 经济增长的含义和特征

1. 经济增长的含义

经济增长是指一个国家或一个地区在一定时期内生产产品和提供劳务总量的增加及能力的提高。一个国家的经济增长，可以定义为居民提供种类日益繁多的经济产品的能力长期上升，这种不断增长的能力是建立在先进技术及所需要的制度和思想意识之相应的调整的基础上的。

经济增长包含以下三个方面的含义：

(1) 经济增长集中表现在经济实力的增长上，而这种经济实力的增长就是商品和劳务总量的增加，即国民生产总值的增加。如果考虑到人口的增加和价格的变动，也可以说是人均实际国民生产总值的增加。所以，经济增长最简单的定义就是国民生产总值的增加。这里要注意的是，经济增长仅仅是国民生产总值的增加，而不是其他。例如，经济增长并不等于社会福利的增长或个人幸福的增加，因为国民收入增加当然是社会福利或个人幸福增加的基础，但在某些情况下，经济增长并不一定能增加社会福利或个人幸福。把经济增长严格限于国民收入人均增加，才有可能从不同的角度加以研究。

(2) 技术进步是实现经济增长的必要条件。这也就是说，只有依靠技术进步，经济增长才是可能的。在影响经济增长的各种因素之中，技术进步是第一位的。一部经济增长的历史就是一部技术进步的历史。

（3）经济增长的充分条件是制度和意识的相应调整。这也就是说，只有社会制度适合于经济增长的需要，技术进步才能发挥作用，经济增长才是可能的。社会制度的某种变革是经济增长的前提。例如，在历史上私有产权的确定实际上是经济增长的起点。只有在这种前提下，技术、资本等具体因素才能发挥作用。

2. 经济增长的特征

（1）按人口计算的产量的高增长。这一特征在经济增长过程中是十分明显的。

（2）生产率本身的增长迅速，包括所有投入生产要素的产出率是快速提高的，经济增长反映了由于技术进步所引起的生产效率的提高。这也是产量保持高增长率及在人口增长迅速的情况下，人均产量保持高增长率的原因。

（3）经济结构的变革速度较快。产业结构从农业转移到非农产业上，以及从工业转移到服务业，还包括生产规模的变化、劳动职业状况的变化和消费结构的变化等。

（4）社会结构的迅速改变，如城市化、传统风俗习惯的改变等。

（5）增长在世界范围内迅速扩大，经济增长快速的国家要向其他国家争取市场和原料。

（6）世界各国经济增长不平衡。经济增长慢的国家与经济增长快的国家之间的增长率有差距，不发达国家与发达国家之间的人均产出水平有很大差距，贫富差距在国际范围内拉大。

在这个六个特征中，前两个特征属于数量方面的变化，中间两个特征属于结构方面的变化，后两个特征属于世界范围的变化，这些特征是密切相关的。

（二）经济增长的源泉

1. 劳动

劳动是生产要素中能动性的要素，是经济增长的直接推动者，可以分为劳动力数量的增加与劳动力质量的提高。

劳动力数量的增加可以有三个来源：一是人口的增加；二是人口中就业率的

提高；三是劳动时间的增加。劳动力质量的提高则是文化技术水平和健康水平的提高。劳动力是数量与质量的统一。一个高质量的劳动力，可以等于若干低质量的劳动力。劳动力数量的不足，可以由质量的提高来弥补。

2. 技术进步

技术进步体现在生产率的提高上，即同样的生产要素可以提供更多的产品。随着经济的发展，技术进步的作用越来越大。

提高产出有两条途径：一是增加可供企业使用的资源数量，更具体地说，如果有更多的劳动、资本和自然资源供给的话，产出水平可以得到提高；二是使用更多更好的生产技术，如新技术、新方法等，也可以提高潜在的产出水平。

需要指出的是，这里所分析的经济增长的源泉是指经济因素，它所假定的前提是相应社会制度已经符合经济增长的要求。一个社会只有在具备了经济增长所要求的基本制度条件，有了一套能促进经济增长的制度之后，这些经济因素才能发挥其作用。

经济增长理论的内容实际上是围绕对这三种决定经济增长因素的分析展开的，经济增长模型是这三种因素之间量的关系的分析。

二、经济周期理论

（一）经济周期的定义及阶段

1. 经济周期的定义

经济周期是指国民收入及经济活动扩张与收缩交替的波动。对经济周期有两种不同的理解，古典经济学的经济周期是指实际 GDP 或总产量绝对量上升和下降的交替过程，但是现代经济发展的实际情况告诉人们，实际 GDP 或总产量的绝对量下降的情况是很少见的，所以现代宏观经济学认为，经济周期是经济增长率上升或下降的交替过程。根据这一定义，衰退不一定表现为 GDP 绝对量的下降，而主要是 GDP 增长率的下降，即使其值不是负值，也可以称为衰退，经济学中称之为增长性衰退。

在理解经济周期内涵时需要注意以下三点：第一，经济周期的中心是国民收入的波动，由于这种波动而引起了失业率、一般物价水平、利率及对外贸易活动的波动，所以研究经济周期的关键是研究国民收入波动的规律与根源；第二，经济发展的周期性波动是客观存在的经济现象，任何国家的经济发展都无法避免；第三，虽然每次经济周期并不完全相同，但它们却有共同之处，即每个周期都是扩张与收缩的交替。

2. 经济周期的阶段

一个完整的经济周期包括两个大的阶段：扩张阶段和收缩阶段。扩张阶段是总需求和经济活动增长的时期，通常伴随就业、生产、工资、利率和利润的上升；而收缩阶段则是总需求和经济活动下降的时期，通常伴随就业、生产、工资、利率和利润的下降。这两个阶段可以再细分，扩张阶段可以分为复苏和繁荣两个阶段，收缩阶段可以分为衰退和萧条阶段，其中，繁荣和萧条是两个主要的阶段，衰退和复苏是两个过渡性阶段。如图 4-1 所示，向右上方倾斜的直线代表经济的长期稳定增长趋势，曲线部分则用来表示经济活动围绕"长期趋势"上下波动的实际水平，图中 A—E 部分代表了一个完整的经济周期，其中 A—B 为繁荣阶段、B—C 为衰退阶段、C—D 为萧条阶段、D—E 为复苏阶段，B 点为扩张阶段到收缩阶段的转折点，是整个经济周期的峰顶，D 点为收缩阶段到扩张阶段的转折点，是整个经济周期的谷底。

从 A 到 B，是繁荣阶段：这个阶段经济形势很好，就业机会充分，工人工作任务饱满，利润丰厚，人们对未来乐观。20 世纪 90 年代美国经济的长期持续扩张，对于消费者来说是一种幸运，股票行情一路攀升，被人们称为由于全球化和信息化而出现的经济新纪元。

从 B 到 C，是衰退阶段：这个阶段是从繁荣到萧条的过渡期，是经济出现停滞或负增长的时期。严重的经济衰退会被定义为经济萧条，毁灭性的经济衰退则被称为经济崩溃。历史上最糟糕的经济衰退出现在 20 世纪 30 年代，当时的失业率大约是 25%，也就是说，4 个人中就有 1 个人失业。这段经济大萧条给人们带来的困难不仅仅是收入的减少，对某些人来说，它还破坏了正常生活和健康的家庭关系。然而，经济的衰退既有破坏作用，又有"自动调节"作用。在经济衰退中，一些企业破产，退出市场；一些企业亏损，陷入困境，寻求新的出路；一些企业顶住恶劣的环境，在逆境中站稳了脚跟，并求得新的生存和发展。这就是市场经济下"优胜劣汰"的企业生存法则。

从 C 到 D，是萧条阶段：这个阶段生产产品急剧减少，投资减少，工厂生产能力闲置，工人难以找到工作，利润微薄，人们对未来很悲观。通常这段经济低迷的时期是短暂而温和的。

衰退和萧条虽然都是指经济活动的下降，但在概念上有所区别。衰退阶段经济活动呈下降趋势，但从经济活动的水平看，仍在经济的长期平均增长水平以上，而萧条时期的经济活动水平却远低于长期经济活动的平均水平。

从 D 到 E，是复苏阶段：这个阶段是从萧条到繁荣的过渡期，经济开始从谷底上升。复苏阶段的特征包括被磨损的机器设备开始更新，就业率、收入及消费开始上升，由于投资增加促进生产和销售的增加，使企业利润有所提高，从而使人们开始对前景寄予希望，由悲观转为乐观，原先不肯进行的风险投资这时也开始出现。随着需求的增加，生产不断扩张，萧条时期闲置的设备及劳动和其他生产资源开始陆续使用。但是，由于萧条阶段的影响，社会经济在各方面都处于调整阶段，因而经济恢复的速度不会太快。随着经济恢复的不断完善，经济上升的速度也不断加快，到一定程度进入下一个高涨时期。至此，整个经济就完成了一个周期的循环，开始下一个周期。

历史上没有两个完全相同的经济周期，也没有任何精确的公式来预测经济周期的发生日期和持续时间，相反，经济周期就像天气一样变化无常。然而，它们通常具有一种家族式的相似性。每一个经济周期都可以分为扩张上升和收缩下降两个阶段，也可以更细分为四个阶段：繁荣、衰退、萧条和复苏。其中繁荣、萧条是两个主要阶段，而衰退和复苏是两个过渡性阶段。

从图 4-1 中可看出，经济周期波动有三个特点。第一，每一个经济周期都包括扩张和收缩两个阶段，细分下来是复苏、繁荣、衰退、萧条四个阶段。扩张和收缩是相互交替的，在交替中有两个不同的转折点，如果经济是由扩张阶段转向收缩阶段，则转折点是峰顶；如果经济是从收缩阶段转向扩张阶段，则转折点是谷底。由于扩张和收缩是相互交替的，因此，谷底和峰顶也是相互交替的。第二，虽然经济周期的四个阶段从逻辑上按照这个顺序排列，但它们在每次经济周期中的长度和实际形态有着很大的差异。例如，一次周期的谷底或峰顶可能仅仅持续几周，也可能持续几个月甚至是几年。第三，在一定时期内，存在着生产能力的增长趋势，所以在某一谷底阶段中，其实际的生产和就业水平有可能出现比以前周期的峰顶时期还要高的状况，这是正常的。

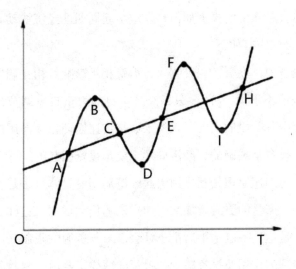

图 4-1　经济周期

（二）经济周期产生的原因

经济理论分析的目的不仅存于对人们经济行为和经济现象的描述，更重要的是对人们的经济行为和经济现象提出合理的解释与说明。对于经济周期这一个近代经济生活中的常见现象，经济学家们提出了多种解释，可以根据他们提出的原因的来源不同，将这些理论分成两大类型，即内生经济周期理论和外生经济周期理论。

1. 内生经济周期理论

内生经济周期理论认为，经济体系的内部因素导致了经济的周期性波动。这类理论并不否认经济体系外部因素对经济的冲击作用，但它强调经济中这种周期性波动是经济体系内的因素引起的。最具有代表性的内生经济周期理论是凯恩斯主义的乘数-加速原理的相互作用理论。此外，比较有名的内生经济周期理论还包括纯货币理论、投资过度理论、消费不足理论、心理周期理论等。

（1）乘数–加速原理的相互作用理论，是把投资水平和国民收入变化率联系起来解释国民收入周期波动的一种理论，是最具影响力的内生经济周期理论。乘数–加速原理相互作用理论是凯恩斯主义者提出的。凯恩斯主义认为，引起经济周期的因素是总需求，在总需求中起决定作用的是投资。这种理论正是把乘数原理和加速原理结合起来说明投资如何自发地引起周期性经济波动。具体地讲，乘数–加速原理包含的内容如下：

第一，在经济中，投资、国民收入、消费相互影响，相互调节。如果政府支出为既定（即政府不干预经济），只靠经济本身的力量自发调节，那么就会形成经济周期。周期中各阶段的出现，正是乘数与加速原理相互作用的结果。而在这种自发调节中，投资是关键的，经济周期主要是投资引起的。

第二，乘数与加速原理相互作用引起经济周期的具体过程是：投资增加引起产量的更大增加，产量的更大增加又引起投资的更大增加，这样，经济就会出现繁荣。然而，产量达到一定水平后由于社会需求与资源的限制无法再增加，这时就会由于加速原理的作用使投资减少，投资的减少又会由于乘数的作用使产量继续减少，这两者的共同作用又会使经济进入萧条。萧条持续一定时期后由于产量回升又使投资增加、产量再增加，经济因此进入另一次繁荣。正是由于乘数与加速原理的共同作用，经济中就形成了由繁荣到萧条，又由萧条到繁荣的周期性运动过程。

第三，政府可以通过干预经济的政策来影响经济周期的波动。即利用政府的干预（比如政府投资变动）就可以减轻经济周期的破坏性，甚至消除周期，实现国民经济持续稳定地增长。

（2）纯货币理论认为，经济周期是一种纯粹的货币现象。经济中周期性的波动完全是由银行体系交替地扩大和紧缩信用所造成的。在发达的市场体系中，流通工具主要是各种银行的信用工具，商人运用的资本主要来自银行信用。当银行体系降低利率、扩大信用时，商人就会向银行增加借款，从而增加向生产者的订货。这样就引起了生产的扩张和收入的增加，而收入的增加又引起对商品需求的增加和物价上升，经济活动继续扩大，经济进入繁荣阶段。但是银行扩大信用的能力并不是无限的，当银行体系被迫停止信用扩张，转而收缩信用时，商人得不到贷款，就会减少订货，由此出现了生产过剩的危机，经济进入了萧条阶段。在萧条时期，资金逐渐回到银行，银行可以通过某些途径来扩大信用，促进经济复苏。根据这一理论，其他非货币因素也会引起局部的萧条，但只有货币因素才能引起普遍的萧条。

（3）投资过度理论认为，由于各种原因的存在，导致了投资的增加，这种增加会引起经济的繁荣，繁荣首先表现在对投资品（即生产资料）需求的增加及投资品价格的上升上。这就更加刺激了对资本品的投资，资本品的生产过度发展引起了消费品生产的减少，从而形成结构的失衡。而资本品生产过多必将引起资本品过剩，于是出现了生产过剩的危机，经济进入了萧条。也就是说，过度增加投资引发了经济的周期性波动。

（4）消费不足理论认为，经济中出现萧条与危机是因为社会对消费品的需求赶不上消费品的增长，而消费需求不足又引起对资本品需求不足，进而使整个经济出现生产过剩危机。消费不足的根源主要是由国民收入分配不平等所造成的穷困人口购买力不足和富裕人口的过度储蓄。这是一种历史悠久的理论，主要用于解释经济周期中危机阶段的出现及生产过剩的原因，并没有形成解释经济周期整个过程的理论。

（5）心理周期理论强调心理预期对经济周期各个阶段形成的决定作用。这种理论认为，预期对人们的经济行为具有决定性的影响，乐观与悲观预期的交替引起了经济周期中的繁荣与萧条的交替。当任何一种原因刺激了投资活动，引起经济高涨之后，人们对未来预期的乐观程度一般总会超过合理的经济考虑下应有的程度。这就导致过多的投资，形成经济过度繁荣。而当这种过度乐观的情绪所造成的错误被觉察以后，又会变成不合理的过分悲观的预期，由此过度减少投资，引起经济萧条。

2. 外生经济周期理论

与内生经济周期理论不同，外生经济周期理论认为，是经济体系外部的因素导致了经济的周期性波动。这种理论并不否认经济中的内在因素（如投资、货币等）的重要性，但它们强调引起这种因素变动的根本原因在经济体系之外。比较有代表性的外生经济周期理论包括创新经济周期理论、太阳黑子理论等。

（1）创新经济周期理论

创新就是建立一种新的生产函数，是企业家实行对生产要素新的组合，即把一种从未有过的关于生产要素和生产条件的"新组合"引入生产流转。那么如何实现生产要素的新的组合呢？有两条途径：一是进行技术创新，导致生产要素比例变化，如机器生产代替手工生产；二是进行制度创新，通过制度创新来激发生产要素更大的生产潜力，如实施员工持股计划或者实行年薪制度等。

（2）太阳黑子理论

该理论认为，太阳黑子的活动对农业生产影响很大，而农业生产的状况又会影响工业生产和整个经济。太阳黑子活动的周期性决定了经济活动的周期性。具体来说，太阳黑子活动频繁就使农业生产减产，农业的减产影响到工业、商业、工资、货币的购买力和投资等诸多方面，从而引起整个经济萧条；相反，当太阳黑子活动减少时，农业会丰收，经济会繁荣。他们用中长期中太阳黑子活动周期与经济周期基本吻合的资料来证明这种理论，这种理论把经济周期的根本原因归结为太阳黑子的活动，是典型的外生经济周期理论。现代经济学家认为，太阳黑子对农业生产的影响是非常有限的，而农业生产对整个经济的影响更是有限的，因此，在现代社会中，这种理论缺乏足够的说服力。

三、经济发展

（一）经济发展的内涵

1. 经济发展的内涵分析

经济发展是指一个国家的社会经济活动或国民经济从低级到高级的演进过程，是改进人们生活质量的过程。一定时点上国民经济演进的状态就是经济发展的水平，其基本目标是满足基本需要、提高人类尊严、扩大选择自由。经济发展不仅包括经济增长的速度、增长的平稳程度和结果，而且还包括国民的平均生活质量，如教育水平、健康卫生标准等，以及整个经济结构、社会结构等的总体进步。

2. 经济发展的衡量指标

经济发展涉及经济社会的各个层面的变化，因此，衡量经济发展的指标不是单一的，既有总量指标，又有相对指标。

衡量经济发展的总量指标主要有：国内生产总值和人均国内生产总值；国民收入和人均国民收入。然而，国内生产总值或国民收入只是衡量一个国家或地区经济增长的综合指标，而经济发展是一个国家或地区基于经济增长的经济社会全面改革的过程，因此，国内生产总值或国民收入这样的单一性指标并不足以反映经济社会全面改善的过程，所以，人们一直在设法弥补这些缺陷，建立其他的综合指标体系。

3. 经济增长和经济发展的关系

在现实生活中，人们一般都把经济增长与经济发展混为一谈，认为经济增长了，就是经济发展了；GDP 高速增长了，就是经济快速发展了，其实这种认识是不正确的。经济增长与经济发展并不是一回事，二者既有一定的联系又有根本的区别。

（1）经济发展的关键，要求本国居民是经济发展主要的参与者，由他们带来诸多的结构变化，并分享发展带来的利益。如果增长只使极少数人受益，那将不能表示经济发展。

（2）现代经济增长是经济发展的基础，没有经济增长就不可能有经济发展。

（3）经济发展通常以工业化为标志。发展中国家大部分国家属于农业国，对于农业国来说，要使本国有大的发展，必须经历工业化的过程。

（4）经济增长和经济发展虽然都追求个人所得和国内生产总值的提高，但经济增长关心的重点是物质方面的进步、生活水准的提高。虽然在这种增长过程中也可能伴随结构的变化，但这种变化不是经济增长所追求的主要目标，它的主要目标是数量的增加而非质的变化。经济发展是指一个国家经济、政治、社会文化、自然环境、结构变化等方面均衡、持续和协调地发展。经济发展不仅关心国民生产总值的增长，更关心经济结构的改变，以及社会制度、经济制度、价值判断的变革。

（5）经济发展着眼长期而不是短期。在短期内一个国家的国民生产受自然因素影响很大，例如农业。农业可能因风调雨顺等条件而得以在一年内快速增长，也可能因为突发的自然灾害而造成负增长。因此，短期内生产的上升或下降不能作为测定发展的标准。

（6）经济增长以国内生产总值来测定，但它忽视了国内生产总值所表明的价值是以什么方式在社会成员中进行分配，也不能说明就业状况、职业保障、资源利用、生态环境、升迁机会及保健、教育等情况。如果某个国家国内生产总值和个人所得增加，但生产成果绝大部分归少数人享用，其结果会造成两极分化，富者越富，贫者越贫，基尼系数增长，收入越加不平等，这样的增长就不是真正意义上的发展。

综上所述，经济增长是经济发展的手段，经济发展是经济增长的目的和结果，国民生活水平的提高、经济结构的改变和社会形态等的进步也都很大程度上依赖于经济增长。离开经济发展这个目的去一味地追求经济增长速度，就会导致经济发展中的比例失调、经济大起大落、社会不公平及社会剧烈动荡。

（二）经济发展的影响因素

影响经济发展的因素很多，由于经济发展包含经济增长，影响经济增长的因素必然影响经济发展。但经济发展又不同于经济增长，因此，影响经济发展的还有另外一些因素。

1. 资源配置

资源配置是影响经济发展的重要因素。在社会经济发展各部门中，生产率有高有低，如果资源从生产率低的部门转移到生产率高的部门，那就会引起整个经济总生产率的提高，由此带来经济增长率的提高，从而促进经济发展。

2. 社会政治环境

社会政治环境优良与否，对社会经济发展至关重要。一个国家只有政局稳定，才能保证社会经济的快速发展。

3. 自然生态环境状况

自然生态环境包括人类赖以生存的土地、水、大气、生物等，它是经济发展的一个重要影响因素。工业革命以后，随着大工业的形成和人口的增加，人类改造利用自然环境和自然资源的规模与程度的扩大，环境问题随之凸显。如今，环境问题已经成为全人类共同面临的全球性问题。特别是许多发展中国家，由于在发展经济的过程中忽视了对环境的保护，加上一些发达国家转嫁环境污染危机，而使生态环境变得非常脆弱，严重制约了这些发展中国家的经济发展。

此外，人口、教育、文化、对外开放水平等，也都是影响经济发展的因素。

（三）经济发展模式

1. 传统经济发展模式

所谓经济发展模式，在经济学上是指在一定时期内国民经济发展战略及其生产力要素增长机制、运行原则的特殊类型，它包括经济发展的目标、方式、发展重心、步骤等一系列要素。通常所说的经济发展模式，指在一定地区、一定历史条件下形成的独具特色的经济发展途径，主要包括所有制形式、产业结构和经济发展思路、分配方式等。

经济发展模式是与一定的生产力水平、一定的经济体制和经济发展战略相适应、能反映特定的经济增长动力结构和经济增长目标的一个经济范畴。传统的经济发展模式主要特征有：

（1）它是一种以高速增长为主要目标的赶超型发展模式。

（2）它是一种借助政府的行政力量实施的发展模式。

（3）它是一种经济结构倾斜型的发展模式。这种发展模式实质上是以农业、轻工业等产业部门的缓慢发展为代价的。

（4）它是一种粗放型发展模式。这种发展模式的显著特征是追求外延型扩大再生产方式，通过大量的劳动力和资金的投入来不断增加产品数量。

（5）它是一种封闭式的经济发展模式。

2. 新经济发展模式

新经济发展模式是一种集约型、外向型的经济发展模式，主要是依靠科技进步和提高劳动者的素质来增加产品的数量与提高产品的质量，推动经济增长的方式。新经济发展模式有以下特征：

（1）以满足人民日益增长的物质文化生活需要，增进人民福利为根本目标，以提高人民的利益为根本出发点。

（2）以提高经济效益为中心。经济发展的主要途径是科技进步和劳动生产率的提高，实行内涵式扩大再生产。

（3）注重经济发展的平衡性和协调性，以实现平衡协调发展为重点。

（4）自力更生和对外开放相统一。在强调自力更生的基础上实行对外开放。

（5）积极利用外资，引进国外先进技术促进本国经济的发展。

（四）可持续发展理论

1. 可持续发展的内涵

可持续发展的内涵有两个最基本的方面，即发展与持续性。发展是前提、是基础，持续性是关键，没有发展，也就没有必要去讨论是否可持续了；没有持续性，发展就行将终止。发展应理解为两个方面：首先，它至少应含有人类社会物质财富的增长，因此经济增长是发展的基础；其次，发展作为一个国家或区域内部经济和社会制度的必经过程，它以所有人的利益增进为标准，以追求社会全面进步为最终目标。持续性也有两个方面的意思：首先，自然资源的存量和环境的承载能力是有限的，这种物质上的稀缺性和经济上的稀缺性相结合，共同构成经济社会发展的限制条件；其次，在经济发展过程中，当代人不仅要考虑自身的利益，而且应该重视后代人的利益，既要兼顾各代人的利益，又要为后代发展留有余地。

可持续发展是发展与可持续的统一，两者相辅相成，互为因果。放弃发展，则无可持续可言，只顾发展而不考虑可持续，长远发展将丧失根基。可持续发展战略追求的是近期目标与长远目标、近期利益与长远利益的最佳兼顾，经济、社会、人口、资源、环境的全面协调发展。可持续发展涉及人类社会的方方面面。走可持续发展之路，意味着社会的整体变革，包括社会、经济、人口、资源、环境等诸领域在内的整体变革。发展的内涵主要是经济的发展、社会的进步。

可持续发展是一项经济和社会发展的长期战略。其主要包括资源和生态环境可持续发展、经济可持续发展和社会可持续发展三个方面。首先，可持续发展以资源的可持续利用和良好的生态环境为基础。其次，可持续发展以经济可持续发展为前提。最后，可持续发展问题的中心是人，以谋求社会的全面进步为目标。

2. 可持续发展的特征

（1）可持续发展鼓励经济增长，因为它体现国家实力和社会财富。可持续发展不仅重视增长数量，更追求改善质量、提高效益、节约能源、减少废弃物，改变传统的生产和消费模式，实施清洁生产和文明消费。

（2）可持续发展要以保护自然为基础，与资源和环境的承载能力相适应。因此，发展的同时必须保护环境，包括控制环境污染，改善环境质量，保护生命支持系统，保护生物多样性，保持地球生态的完整性，保证以持续的方式使用可再生资源，使人类的发展保持在地球承载能力之内。

（3）可持续发展要以改善和提高生活质量为目的，与社会进步相适应。可持续发展的内涵均应包括改善人类生活质量，提高人类健康水平，并创造一个保障人们享有平等、自由、教育、人权的社会环境。

可持续可总结为三个特征：生态持续、经济持续和社会持续，它们之间互相关联而不可侵害。孤立追求经济持续必然导致经济崩溃；孤立追求生态持续不能遏制全球环境的衰退。人类共同追求的应该是自然–经济–社会复合系统的持续、稳定、健康发展。

3. 可持续发展理论的内容

在具体内容方面，可持续发展涉及可持续经济、可持续生态和可持续社会三个方面的协调统一，要求人类在发展中讲究经济效率、关注生态和谐和追求社会公平，最终实现人的全面发展。这表明，可持续发展虽然缘起于环境保护问题，但作为一个指导人类走向新时代的发展理论，已经超越了单纯的环境保护。它将环境问题与发展问题有机地结合起来，已经成为一个有关社会经济发展的全面性战略。

（1）经济可持续发展方面

可持续发展鼓励经济增长而不是以环境保护为名取消经济增长，因为经济发展是国家实力和社会财富的基础。但可持续发展不仅重视经济增长的数量，更追求经济发展的质量。可持续发展要求改变传统的以"高投入、高消耗、高污染"为特征的生产模式和消费模式，实施清洁生产和文明消费，以提高经济活动中的效益、节约资源和减少废物。从某种角度上，可以说集约型的经济增长方式就是可持续发展在经济方面的体现。

（2）生态可持续发展方面

可持续发展要求经济建设和社会发展要与自然承载能力相协调。发展的同时必须保护和改善地球生态环境，保证以可持续的方式使用自然资源和环境成本，使人类的发展控制在地球承载能力之内。因此，可持续发展强调了发展是有限制的，没有限制就没有发展的持续。生态可持续发展同样强调环境保护，但不同于以往将环境保护与社会发展对立的做法，可持续发展要求通过转变发展模式，从人类发展的源头、从根本上解决环境问题。

第二节　宏观经济政策

一、宏观经济政策的目标及工具

（一）宏观经济政策的目标

宏观经济政策是指政府有计划地运用一定的政策工具，调节和控制宏观经济的运行，以达到一定的政策目标而设计和推行的各种措施与原则。宏观经济政策的目标主要包括充分就业、经济增长和国际收支平衡。

1. 充分就业

充分就业是指包含劳动力在内的一切生产要素都以愿意接受的价格参与生产活动的状态。充分就业包含两种含义：一是指除了摩擦失业和自愿失业之外，所有愿意接受各种现行工资的人都能找到工作的一种经济状态，即消除了非自愿失业就是充分就业；二是指包括劳动在内的各种生产要素，都按其愿意接受的价格，全部用于生产的一种经济状态，即所有资源都得到充分利用。失业意味着稀缺资源的浪费或闲置，从而使经济总产出下降，社会总福利受损。因此，失业的成本是巨大的，降低失业率，实现充分就业就常常成为宏观经济政策的首要目标。

2. 经济增长

经济活动的最终目标是消费，而消费最大化以人均产量的最大化即经济增长为前提。因此，经济增长是宏观经济政策的重要目标。这里，经济增长是指一个特定时期内经济社会所生产的人均产量和人均收入持续增长，一般以实际国民生产总值的年平均增长率来衡量。但由于各国所处的经济发展阶段及资源和技术状况不同，经济增长的速度会有差别。一般来说，经济处于较低发展阶段的增长率较高，而处于较高发展阶段的增长率会较低。因此，很难用具体的增长率数值来规定经济增长。此外，经济增长在带来社会经济福利增加的同时，也要付出代价，如造成环境污染、扭曲经济结构、引起各种社会问题等。所以，经济增长的目标不仅在于提高人均收入水平，而且在于解决贫困问题和收入再分配问题。就某一个国家来说，经济增长的目标应该是实现与本国具体情况相符的适度增长率。

3. 国际收支平衡

所谓国际收支平衡，是指既无国际收支赤字又无国际收支盈余的状态。从长期看，无论国际收支是赤字还是盈余都对一国经济有不利影响，会限制和影响其他经济政策目标的实现。具体来说，长期的国际收支盈余是以减少国内消费与投资，从而不利于充分就业和经济增长为代价的，国际收支赤字要由外汇储备或借款来偿还，外汇储备与借款都是有限的，长期国际收支赤字会导致国内通货膨胀。在国际收支平衡中，贸易收支的平衡更为重要。

以上四种目标之间既有密切的联系，又存在矛盾。如充分就业和物价稳定往往是矛盾的，因为要实现充分就业，就必须运用扩张性的财政政策和货币政策，而这些政策又会由财政赤字的增加和货币供给量的增加而引起通货膨胀，物价上涨；要控制物价上涨，就要放慢经济增长速度，必然导致失业率上升。充分就业与经济增长既有一致的一面，也有矛盾的一面。这就是说，经济增长一方面会提供更多的就业机会，有利于充分就业；另一方面，经济增长中的技术进步又会引起资本对劳动的替代，相对缩小对劳动的需求，使部分工人，尤其是文化技术水平低的工人失业。此外，物价稳定与经济增长之间也存在矛盾，因为在经济增长过程中，通货膨胀是难以避免的。

经济政策之间的矛盾给制定宏观经济政策带来了一定的困难，但宏观经济政策是为了全面实现这四个宏观经济目标，而不仅仅是要达到其中的部分目标。这样，就需要考虑各种因素以便对各政策目标进行协调，从而成为宏观经济政策的重要内容。

（二）宏观经济政策工具

宏观经济政策工具是用来实现宏观政策目标的手段和措施。而如何根据所要达到的经济目标及各种宏观经济政策工具的性质、作用方式和作用特点来选择与运用各种政策工具，是实施宏观经济政策的关键。常用的宏观经济政策工具有需求管理、供给管理和对外经济政策等。

1. 需求管理

需求管理是指通过调节总需求来达到一定政策目标的政策工具。一些经济学家认为，经济波动的根源在于总需求的波动。总需求不足导致失业增加，经济萧条；总需求过大，导致物价上升，通货膨胀。需求管理政策就是要通过对总需求的调节，实现总需求与总供给的均衡，达到既无失业又无通货膨胀和经济稳定增长的目标。需求管理政策包括财政政策和货币政策。

2. 供给管理

供给管理是指通过对总供给的调节来达到一定的宏观经济目标的政策工具。在短期内，影响供给的主要因素是生产成本，特别是生产成本中的工资成推进供给侧结构性改革。因此，供给管理的政策主要有收入政策和人力政策。收入政策是政府为了影响货币收入或物价水平而采取的措施，其目的通常是为了降低物价的上涨速度；人力政策是通过改善劳动力市场的结构，建立更多的职业介绍机构，加强劳动力市场的信息交流，或管理劳动力的流动来降低自然失业率。在长期内，影响供给的主要因素是生产能力，即经济潜力的增长。因此，供给管理的政策主要是经济增长政策，即通过增加生产要素的数量，提高生产要素的效率来提高经济的生产潜力，促进经济增长。与需求管理不同，供给管理不受产量与通货膨胀率之间的竞争性关系的困扰，它着眼于增加社会潜在的生产能力，增加供给以消除通货膨胀。

3. 对外经济政策

任何一个国家的经济都是开放的，即一国经济不仅影响其他各国，而且要受其他各国的影响。开放经济中，各国是通过物品、资本与劳动力的流动来相互影响的，因此，对外经济政策的内容也就包括对这些方面的管理。这些政策主要包括对外贸易政策、汇率政策、对外投资政策及国际经济关系的协调等。

二、宏观财政政策

宏观财政政策是国家干预经济的主要政策之一。宏观财政政策的一般定义是：为促进就业水平提高，减轻经济波动，防止通货膨胀，实现经济稳定增长而对政府支出、税收和借债水平所进行的选择。

（一）宏观财政政策的内容及运用

1. 宏观财政政策的内容

宏观财政政策由政府收入和支出两个方面构成，其中政府支出包括政府购买和转移支付，而政府收入则包含税收和公债两个部分。

（1）政府支出

政府支出按支出方式可分为政府购买和转移支付。政府购买是指政府对商品和劳务的购买，如购买军需品、机关办公用品、政府雇员报酬、公共项目工程所需的支出等。政府转移支付是指政府在社会福利保险、贫困救济和补助等方面的支出，它是政府支出的重要组成部分，这类支出的共同特征是，政府在进行这些支出的同时，并未获得相应的产品和劳务。

（2）政府收入

在政府的收入中，税收是最主要的部分。经济学家普遍给税收这样定义：税收是个人和企业不能等价交换商品和服务而向政府非自愿的支付。国家财政收入的增长在很大程度上源自税收收入的增长。税收依据不同的标准可以进行不同的分类；根据课税对象的不同，税收可以分为财产税、所得税和流转税三类；根据收入中被扣除的比例，税收可分为累退税、累进税和比例税。

公债是政府向公众举借的债务，或者说是公众对政府的债权，它是政府财政收入的另一个组成部分。从公债发行的主体看，有中央政府公债和地方各级政府公债，通常将中央政府发行的内债称为国债，它是指本国公民持有的政府债券。公债分为短期公债、中期公债、长期公债三种形式。短期公债一般指偿还期在1年或1年以内的公债，短期公债最常见的形式是国库券，主要是为了弥补当年财政赤字或解决临时资金周转不灵的问题，利息一般较低。中期公债是指偿还期限在1~5年的公债，主要是为了弥补财政赤字或筹措经济建设资金。长期公债则是指偿还期限在5年以上的公债，但一般按预先确定的利率逐年支付利息，主要是为了筹措经济建设资金。

2. 宏观财政政策的运用

宏观财政政策的运用是通过政府开支和收入来调节经济，即通过财政支出和税收直接影响消费需求和投资需求，以使总需求和总供给相适应，从而稳定经济，防止经济波动。

（1）在经济萧条时期，总需求小于总供给，经济中存在失业，政府就要和积极财政政策用扩张性财政政策来刺激总需求，以实现充分就业。具体措施包括以下两个方面：

①减税。通过减税，使居民户留下较多的可支配收入，从而促使消费增加；减税和居民户增加消费的结果使企业增加投资。所以，减税能刺激私人消费与投资需求上升，有助于克服萧条。

②扩大政府财政支出。如增加公共工程开支、增加政府购买和政府转移支付等，以增加居民户的消费和促使企业投资，提高总需求水平。扩大政府财政支出也能刺激私人消费与投资需求上升，亦有助于克服萧条。

（2）在经济繁荣时期，总需求大于总供给，经济中存在通货膨胀，政府则要运用紧缩性财政政策来抑制总需求，以达到控制通货膨胀的目的。具体措施包括以下两个方面：

①增税。如增加个人税收，使居民户留下的可支配收入减少，从而使消费减少。增加公司税收，可以减少投资。这两项都可以使总需求水平下降，有助于抑制通货膨胀。

②减少政府财政支出。如减少公共工程投资、减少政府购买，都可以使政府

直接投资和私人间接投资减少。而减少转移支付，可以使个人消费减少。这两项都使总需求水平下降，亦有助于抑制通货膨胀。

财政政策的特点是"逆经济风向行事"，即在经济高涨时期对其进行抑制，使经济不会过度高涨而引起通货膨胀；在经济萧条时期则对其进行刺激，使经济不会严重萧条而引起失业，从而实现既无失业又无通货膨胀的稳定增长。

（二）　内在稳定器—财政体制本身的自动调节功能

一般认为，现代财政制度具有自动调节国民经济的功能，即通货紧缩时，具有阻止经济进一步衰退的功能；通货膨胀时，具有抑制经济进一步扩张的功能。这种无须改变政府政策就能使政府的财政收入和支出自动变动，从而自动减少国民经济波动，稳定经济的机制被称为内在稳定器。

内在稳定器是经济中一种自动的作用机制，它可以自动地减少由于自发总需求变动而引起的国民收入波动，使经济发展较为平稳。内在稳定器主要包括那些对国民收入水平的变化自动起到缓冲作用的财政调节工具，如政府税收、政府转移支付等，它的功能表现为：当经济繁荣时自动抑制通货膨胀，在经济出现萧条时自动减轻萧条，而不需要政府采取任何措施。内在稳定器是通过以下三项制度发挥其作用的：

1. 政府税收的自动变化

税收特别是个人所得税和公司所得税是重要的稳定器。在经济萧条时期，国民收入水平下降，个人收入减少，在税率不变的条件下，政府税收会自动减少，而人们的可支配收入也会因此自动地减少一些。虽然萧条时期的消费和需求有一些下降，但会下降得少一些。例如，在累进税制情况下，由于经济萧条会引起收入的降低，使某些原来属于纳税对象的人下降到纳税水平以下；另外一些人也被降到较低的纳税等级。结果，个人缴纳的税因为国民收入水平的降低而减少了，政府税收下降税收杠杆的幅度会超过个人收入下降的幅度，从而起到抑制经济萧条的作用。

反之，在通货膨胀时期，失业率较低，人们收入会自动增加，税收会因个人收入的增加而自动增加，使个人可支配收入由于税收的增加少增加一些，从而使消费和总需求自动增加得少一些。在实行累进税制情况下，经济的繁荣使人们收入增加，更多的人由于收入的上升自动地进入到较高的纳税等级。政府税收上升的幅度会超过个人收入上升的幅度，从而使得通货膨胀有所收敛。另外，公司所得税也具有同样的作用。

2. 政府转移支付的自动变化稳定器

这里的政府转移支付主要包括政府的失业救济金和其他的社会福利支出。在经济出现衰退和萧条时期，由于失业人数增加，符合领取失业救济金资格的人数相应增加，政府转移支付会自动增加，使得人们的可支配收入会增加一些，从而可以起到抑制经济萧条的作用；反之，当经济过热产生通货膨胀时，由于失业率降低，符合领取失业救济金和各种补贴资格的人数减少，政府的这笔支出会因此自动减少，从而可以自动抑制可支配收入的增加，使消费和总支出减少，内在稳定器在一定程度上可以起到降温和遏制通货膨胀的作用。

3. 农产品价格维持制度

经济萧条时期，国民收入水平下降导致价格水平降低，农产品价格也将下降，政府为了抑制经济的衰退，依照农产品价格维持制度，按支持价格收购农产品，使农民收入和消费维持在一定水平上，不会因国民收入水平的降低而减少太多，也起到刺激消费和总需求的作用。当经济繁荣时，由于国民收入水平提高使整体价格水平上升，农产品价格也因此上升，这时政府减少对农产品的收购并售出库存的农产品，平抑农产品价格，无形中抑制了农民收入的增加，从而降低了消费和总需求水平，起到抑制通货膨胀的作用。

总之，税收、政府转移支付的自动变动和农产品的价格维持制度在一定程度上对宏观经济运行起到了稳定的作用，成为财政制度的内在稳定器和防止经济大幅度波动的第一道防线。各种内在稳定器一直都在起减轻经济波动的作用，但效果有限。

（三）财政赤字政策

在经济萧条时期，实行的财政政策是增加政府支出，减少政府税收，这样就必然出现财政赤字。赤字财政政策是财政政策的一项重要内容。原因有三个方面。第一，债务人是国家，债权人是公众。国家与公众的根本利益是一致的。政府赤字与负债的财政赤字是国家欠公众的债务，也就是自己欠自己的债务。第二，政府的政权是稳定的，这就保证了债务的偿还是有保证的，不会引起信用危机。第三，债务用于发展经济，使政府有能力偿还债务，弥补财政赤字。这就是一般所说的"公债哲学"。

政府实行赤字财政政策是通过发行公债来进行的。公债并不是直接卖给公众或厂商，因为这样可能会减少公众与厂商的消费和投资，使赤字财政政策起不到应有的刺激经济作用。公债由政府财政部发行，卖给中央银行，中央银行向财政部支付货币，中华人民共和国财政部就可以用这些货币的准备金，也可以在金融市场上卖出。应该看到，财政赤字政策具有"双刃剑"的作用。如果国债发行合理适度，能够有效地刺激经济恢复和发展，达到促进经济增长和扩大就业的目的；反之，就会使经济进一步恶化。

（四）宏观财政政策的局限性

宏观财政政策实施中遇到的困难及局限性主要体现在以下三个方面：

1. 有些财政政策的实施会遇到阻力

如增税一般会遭到公众的普遍反对；减少政府购买可能会引起大垄断资本的反对；削减政府转移支付则会遭到一般平民的反对。

2. 财政政策会存在"时滞"

首先，财政政策的形成过程需要较长的时间。这样，在财政政策最终形成并付诸实践时，经济形势可能已经发生意想不到的变化。因此，就会影响其所要达到的目标。其次，财政政策发挥作用也有时滞。有些财政政策对总需求有即时的作用。如政府购买的变动对增加总需求有直接而迅速的作用，减税对增加个人可支配收入有即时的作用，但对消费支出的影响则要一定时间后才会产生效果。

3. 公众的行为可能会偏离财政政策的目标

如政府采取增支减税政策扩大总需求时，人们并不一定会把增加的收入用于增加支出，也可能转化为储蓄。除此之外，财政政策的实施，还受到政治因素的影响。

三、宏观货币政策

宏观货币政策是宏观经济政策的另一个重要组成部分。宏观货币政策的一般定义是：政府根据宏观经济调控目标，通过中央银行对货币供给和信用规模进行管理来调节信贷供给和利息率水平，以影响和调控宏观经济运行状况的方针、政策和措施的总称。

（一）宏观货币政策的基本知识

1. 银行制度

现代银行体系主要是由中央银行、商业银行和其他金融机构所组成。中央银行的主要职能是：作为商业银行的银行，接受商业银行的存款，向商业银行发放贷款，并领导与监督商业银行的业务活动；代表国家发行纸币和运用货币政策调节经济。商业银行的基本职能：信贷职能，即吸收存款，发放贷款；结算服务职能和投资理财职能。

2. 银行创造货币的机制

银行创造货币的机制是指商业银行体系发放贷款，能派生存款，创造货币的机制。商业银行的法定准备金、活期存款，作为贷款发放给客户，往往成为客户在银行的活期存款，是导致产生这一机制的主要因素。

（1）存款创造货币的前提条件

在金融体系中，商业银行具有创造货币的功能，原因是只有商业银行才允许接受活期存款，并可以签发支票，从而具有了创造货币的能力。商业银行创造货币应具备两个基本的前提条件：

其一，准备金制度。商业银行的准备金有法定准备金和超额准备金之分。在商业银行的经营过程中，银行除将客户的绝大部分存款贷放出去或购买短期有价证券以获取盈利外，只须留下一小部分的存款作为应付客户提款需要的准备金，这种银行经常保留的为应付客户随时提取存款的现金称为存款准备金。存款准备金占存款的比例叫存款准备金率或准备率。中央银行规定的存款准备金率叫法定存款准备金率。商业银行按法律规定，吸收一定比例的存款缴存中央银行，用于应付存款人随时支取称为法定存款准备金。法定存款准备金一部分是银行的库存现金，另一部分存放在中央银行的存款账户上。超额准备金指商业银行持有的超过法定存款准备金的部分。

其二，非现金结算制度。在非现金结算制度下，所有经济主体之间的往来均通过银行开具的支票形式或转账的方法进行结算，人们对现金的需要转而变成对存款的需要。只有满足这两个条件，银行才具有创造货币的功能。

（2）货币创造的过程

假定商业银行系统的法定存款准备率为 20%，出某种原因商业银行新增 1000 万元的存款，1000 万元新增货币究竟最终会增加多少银行存款呢？这里必须有两个假定：一是无论企业还是个人，都会将一切货币收入全部以活期存款的形式存入银行，不能将一分钱的现金放入自己的口袋中；二是银行接受客户的存款后，除法定准备金外，全部贷放出去，没有超额准备金的存在。在这种情况下，客户甲将 1000 万元存入 A 银行，银行系统因此增加了 1000 万元的准备金，A 银行按法定存款准备率保留 200 万元准备金存入自己在中央银行的账户，其余 800 万元全部贷放出去；得到这 800 万元贷款的客户乙将全部贷款存入与自己有业务往来的 B 银行，B 银行得到了 800 万元的存款，在留足 160 万元的法定准备金并将其存入自己在中央银行的账户以后，将剩余的 640 万元再贷放出去；得到这 640 万元的客户丙又将全部贷款存入与其有业务往来的 C 银行，C 银行留下其中的 128 万元作为法定准备金而把其余 512 万元再贷放出去。如此反复，以至于无穷，各商业银行的存款总额究竟是多少呢？可以按以下公式计算：

$$1000+1000\times0.8+1000\times0.8^2+1000\times0.8^3+1000\times0.8^4+\cdots=1000\ (1+0.8+0.8^2+0.8^3+0.8^4+\cdots)$$

从以上的例子可以看出，存款总额（用 D 表示）同原始存款（用 R 表示）及法定准备率（用 r_d 表示）三者之间的关系是：$D = R/r_d$。

（3）货币乘数

货币乘数就是表明中央银行发行的货币量所引起的实际货币供应量增加的倍数。中央银行发行的货币称为基础货币或高能货币，这种货币具有创造出更多货币量的能力，用 H 表示。货币供应量，即增加 1 单位高能货币所增加的货币量，

用 M 来表示，则货币乘数 mm 的公式为：

$$mm = M/H \qquad\qquad (4-1)$$

假如中央银行发行了 1 单位高能货币，社会货币供应量增加了 4 个单位，即货币乘数为 4。同样，根据已知的中央银行发行的高能货币量与货币乘数也可以计算出货币供应量会增加多少。

(二) 宏观货币政策的内容和传导机制

在凯恩斯主义货币政策中，政策的直接目标是利率，其货币政策机制包括两个相关联的论断：货币供应量能调节利息率；利息率的变动影响总需求。具体地讲，当货币供应量增加时，利率会下降，从而使投资成本降低，持有现金的机会成本也会下降。这样，投资需求和消费需求都会增加，而总需求的增加会带来国民生产总值的增加；反之，则会使总需求减少。所以，调节货币量是手段，调节利率的目的是要调节总需求。

货币政策的机制就是指货币政策发生作用的过程，亦称为货币的传导机制。其作用过程如下：中央银行通过公开市场业务、再贴现率、存款准备金率和其他政策工具等来调节商业银行的准备金，从而调节社会的货币供应量和利率，最终影响国民收入、通货膨胀率、失业率和国际收支平衡。

(三) 宏观货币政策工具

中央银行实施货币政策的工具主要包括公开市场业务、调整中央银行对商业银行的再贴现率和改变法定存款准备率等。

1. 公开市场业务

公开市场业务是指中央银行在公开市场上买卖政府债券以调节商业银行的储备金，从而调节货币供给量和利息率的一种政策手段。它是当代西方国家特别是美国实施货币政策的主要工具。中央银行在公开市场上购买政府债券，商业银行的准备金将增加，从而货币供应量增加；中央银行在公开市场上出售政府债券，商业银行的准备金将减少，从而货币供应量减少。

公开市场业务的具体操作是：在经济萧条时期，中央银行在公开市场上买进政府债券，把货币投入市场。商业银行将持有的一部分政府债券卖给中央银行获得货币，使商业银行的储备金增加；厂商和居民户将持有的政府债券卖给中央银行获得货币，并将货币存入商业银行，也会增加商业银行的储备金。通过银行系统的存款创造，会使存款多倍放大，货币供给量增加，导致利息率下降。与此同时，中央银行买进政府债券，使债券价格上升，利息率下降，利息率下降会刺激投资和消费扩张，使总需求扩大，从而带动生产就业和物价的增长，消除经济衰退和失业。

相反，在经济过热和通货膨胀时期，中央银行在公开市场上卖出政府债券，收回货币。商业银行买进政府债券，向中央银行付款，这样就减少了商业银行的储备金；厂商和居民户买进政府债券，减少了自己的活期存款，也会减少商业银行的储备金。商业银行储备金减少，会通过货币创造的乘数效应，使活期存款多倍收缩，货币供给量减少，利息率上升。同时，中央银行卖出政府债券也会导致债券价格下跌，利息率上升。利息率上升会导致投资需求下降，总需求下降，从而抑制总需求扩张，消除通货膨胀。

2. 调整再贴现率

再贴现率是指商业银行向中央银行借款时的利息率。中央银行调高或调低对商业银行发放贷款的利息率，以限制或鼓励银行借款，从而影响银行系统的存款准备金和利率，进而决定货币存量和利率，以达到宏观调控的目标。在 20 世纪 30 年代大危机以前，贴现率政策曾是中央银行实施货币政策的主要工具，通常是银行将其贴现的商业票据拿到中央银行再贴现，故有"再贴现"之称。20 世纪 30 年代以后，商业银行不再用商业票据而是用政府债券作为担保向中央银行借款，所以现在把中央银行这种贷款的利率称为再贴现率。

在经济衰退时期，中央银行降低再贴现率，扩大贴现数量，以增加商业银行的准备金，鼓励商业银行发放贷款，并通过货币创造的乘数效应增加货币供给、降低利息率，刺激投资需求，扩大总需求，消除经济衰退和失业；相反，在经济高涨或通货膨胀时期，中央银行提高再贴现率，收缩贴现的数量，减少商业银行的储备金，以限制商业银行发放贷款，并通过货币创造的乘数作用减少货币供给量，提高利息率，抑制投资需求，减少总需求，消除通货膨胀。

再贴现率政策和公开市场业务通常是相互配合的。中央银行在公开市场上买进或卖出政府债券使利率降低或提高时，就必须相应地改变再贴现率，使再贴现率与利息率大致相互适应。但与公开市场业务相比，由再贴现率变动引起的银行存款准备金变动的数额通常是比较小的。另外，由于再贴现率通常低于市场利率，中央银行对商业银行和存款机构的这种特权有必要加以限制，只能在确有需要时才能借款。事实上，有些银行为显示其稳健性，也不愿向中央银行借款或推迟使用这种借款特权。

3. 改变法定存款准备金率

法定存款准备金率（或银行准备率）是银行储备金对存款的比率。它是中央银行控制货币供给量的重要手段。银行创造货币的多少与法定存款准备金率成反比，即法定存款准备金率越高，银行创造的货币越少，从而货币供应量减少；反之，法定存款准备金率越低，银行创造的货币越多，从而货币供应量增加。其具体操作方法是：在经济衰退时期，中央银行降低法定存款准备金率，使银行能够创造出更多的货币，即商业银行扩张信贷，增加货币供给量，降低利息率，刺激投资需求的扩大，消除经济衰退；相反，在通货膨胀时期，如果调高法定存款准备金率，不仅使原先有着超额准备金的银行在中央银行的超额准备金消失或缩减，还由于它缩小货币乘数，从而缩小银行在原来超额储备金基础上的存款创造，因而能够在很短时期内导致较大幅度缩减货币存量和利率的提高。

在现实经济中，改变法定准备率的效果较猛烈，且经常改变法定存款准备金率会使银行正常信贷业务受到干扰而感到无所适从，因此，中央银行很少使用改变法定存款准备金率这种强有力的工具，而往往是采用公开市场业务与贴现率政策的配合来调节货币供给量和利息率。

（四）宏观货币政策的运用

在不同的经济形势下，中央银行要运用不同的宏观货币政策来调节经济，或者采取扩张性的货币政策，或者采取紧缩性的货币政策。

所谓扩张性的货币政策，就是通过提高货币供给的增长速度来刺激总需求的增长。在经济萧条时期，由于总需求小于总供给，在经济中存在着失业，经济增长速度减慢。这时就要运用这种政策，包括在公开市场上买进有价证券、降低贴现率并放松贴现条件、降低法定存款准备金率等，以此来增加货币供应量，从而降低利息率，刺激消费和投资，达到扩张总需求、扩大就业的目的。

所谓紧缩性的货币政策，就是通过降低货币供给的增长速度来使利息率上升，信用规模紧缩，抑制消费和投资的增长，降低总需求水平。在经济繁荣时期，由于总需求大于总供给，经济中存在通货膨胀，经济增长速度过快。这时就要运用这种政策，包括在公开市场上卖出有价证券、提高贴现率并严格贴现条件、提高法定存款准备金率等，从而提高利息率，抑制消费和投资，达到减少总需求、降低通货膨胀的目的。

第五章 经济社会学理论分析

第一节 社会转型中的经济社会学

所谓"转型",是指事物的结构形态、运转模型和人们观念的根本性转变过程。转型是主动求新求变的过程,是一个创新过程。转型是指"从一种国家或政体转变为另一种国家和政体。眼下,该词指这样一种制度变革,即从以生产资源集体所有制和党政机关控制生产资源的运用为主转变为以私人所有制以及按个人和私人团体的分散决策运用生产资源为主"①。该定义获得了大多数学者认同。社会转型就是社会经济结构、文化形态、价值观念等方面发生深刻变化的过程。社会转型(Social Transformation)是对生物学 Transformation 概念的转用。社会转型思想是西方社会结构功能学派现代化理论的经典思想,西方社会学家便借用该概念描述社会结构具有进化意义的转换和性变,说明传统社会向现代社会的转换。西方较早使用"社会转型"一词的是社会学者 D. 哈利生,在其著作 *The Sociology of Modernization and Development* 中多次使用。中国台湾社会学家范明哲在其著作《社会发展理论》中把"Social Transformation"直接翻译为"社会转型",并把发展与社会转型联系起来,认为"发展就是由传统社会走向现代化社会的一种社会转型与成长过程"②。社会转型理论很长时间以来是社会历史进步和发展理论讨论的一个中心论题,但直到文艺复兴时代以后,这一主题才开始在西方史学理论和历史哲学研究中逐渐受到关注。

经济转型与社会转型之间存在着内在的、必然的联系,经济学家、社会学家

---

① 柯武刚, 史漫. 制度经济学: 社会秩序与公共政策. 韩朝华, 译, 北京: 商务印书馆, 20023: 505.

② 范燕宁. 当前中国社会转型问题研究综述. 哲学动态. 1997 (1): 59~62.

都非常重视经济社会转型，对经济社会转型问题也展开了独特视角的研究，从国际经验判断，不论是发达国家还是新型工业化国家，都是在经济社会转型升级中实现持续快速发展。因此，经济转型与社会转型始终相互依存、相互影响、相互依赖及相互促进。

一、社会转型理论

社会转型期是指一个社会从一种社会形态向另一种社会形态过渡的时期。在这个时期，经济和社会结构发生了巨大的变化，有时候甚至会引发社会动荡和政治变革。社会转型期的经济社会学分析是研究该时期经济和社会变革的学科，通过对经济社会学的研究，我们可以更好地理解和应对这些变革。

在社会转型期，经济结构往往发生了巨大的转变。过去的经济形态可能不再适应社会的发展和需求，新的经济模式会逐渐兴起。例如，农业社会向工业社会转型的过程中，农业占主导地位的生产方式逐渐被机械化的工业生产方式取代。这种经济结构的变化会引发社会中不同群体的角色转变，农民可能会转行成为工人，或者进入城市从事服务业等。这种经济结构的变化对社会的其他方面也会产生深远的影响。

在社会转型期的经济社会学分析中，我们需要关注不同群体之间的社会关系。经济结构的变化可能导致社会中各个群体之间的地位和权力发生转变。例如，在工业化时期，工人阶级逐渐形成并获得了一定的社会地位和政治权力。类似地，不同阶层和群体之间的经济关系也在发生变化。在过去，土地可能是最重要的经济资源，而在转型期，资本和技术则成为主要的生产力。这种经济关系的变化会影响社会中各个群体的利益分配，引发社会矛盾和冲突。

另外，社会转型期的经济社会学分析还须考虑到文化和意识形态的变化。随着经济结构的转型，社会中的价值观念和文化传统也会发生变化。传统的价值观可能不再适应新的经济形态，导致社会中出现价值观念的碰撞和冲突。例如，在资本主义社会的兴起过程中，个人主义和利益最大化成为重要的价值观念，对传统的集体主义和公共利益观念形成冲击。这种文化和意识的变化对社会的经济发展和社会关系会产生重要的影响。

二、单一的经济转型与经济增长不能促进社会转型

社会经济转型与经济增长方式的选择不单单要依靠政府的制度约束，还需要根据市场经济的发展和市场环境的条件变化决定。从过去的发展经验看，不同类型的社会转型会带来不一样的经济增长；反之，经济增长方式会随着市场经济的变化而发生转变，不同的经济增长会促进社会转型。当今经济全球化日渐成熟，经济增长也应从全球化视角重新确定其转型方向，不仅要把握好时代赋予的时机和挑战，适应未来经济的进步与发展变迁，同时还要实现不同的经济增长模式以促进社会转型进程，实现经济发展与社会发展相统一的目标。

国内外经济社会发展的现实情况充分证明，物质生活的丰富并不必然地、自发地带动和实现精神文明的丰富与改善，也不会必然地导致社会的明显进步与发展。相反，如果不主动地创造新的社会结构，不主动地去应对与解决转型过程中出现的各种新的经济社会问题，不自觉地构造新的精神文化世界，不努力地提高社会全体民众的整体素质，不去创造新的、与市场经济转型相匹配的精神文明，那么市场经济的发展和物质资料的丰富不但不能提高人们的精神境界以及社会和谐发展，反而会因为人们过多地关心自己与物质世界的关系与结果，导致人与人之间非物质生活方面关系的淡漠。我们可以把经济社会转型看作是整个社会的物质文明和精神文明建设，实现"农业社会—工业社会—后工业社会—信息社会"形态的社会客体的转型。如果不能实现二者协调一致发展，经济转型的进行可能导致社会转型的结局是一句空话，甚至是倒退。单纯的经济发展和经济增长并不必然地带来社会发展和社会进步，也并不必然地促进社会转型。即经济增长方式的转变或经济转型可能能够实现经济可持续发展，提高国民生活水平，但不一定实现良性社会转型。只有把经济转型与社会转型有机地结合起来，才能促进经济社会转型与和谐发展，促进人类社会整体进步，进而实现人的全面发展。

三、经济转型与社会转型的互动

既然单一的经济转型并一定能够实现经济的良性运转，经济转型必须充分考虑到社会转型主体及社会结构的转型与变迁，同时必须兼顾社会发展中的其他方

面。应该说，决定一个国家实现现代化的主要因素是社会结构转型，即经济转型必须与社会转型实现良性互动，才能实现经济社会的持续发展。

第一，按照社会学家的观点，一个社会的系统整体可以内在地分为经济、政治、文化等领域。这几个领域的组织形式、运作方式及相互作用构成了一定的经济社会结构。同时，就某个领域来说，也可以将其进一步划分为若干部门。从这个角度看，经济社会转型意味着经济社会结构变迁。这不仅意味着要实现由传统社会的经济、政治、文化诸领域高度整合，呈现"机械团结型"社会向现代"有机团结型"社会的转型与变迁，从传统社会中的动能合一向现代社会中的功能分化转型与变迁，还意味着经济系统的各个部门之间如金融保险、银行货币、产业制度、企业管理等方面的转型与变迁，这些方面的转型与变迁势必带来经济社会结构中的重新调整，形成新的经济社会规范体系，在此基础上产生新的文化价值及生活方式。它们缺一不可，共同规范人的活动，维护社会的运行。

第二，现代社会的经济运行载体是市场经济，从计划经济向市场经济的转型与变迁是所有经济社会学家的共识。市场经济是一种以效率优先的生产体系和组成方式，它要求产权明晰化、竞争平等化、效率优先化、管理分权化，这样不仅要形成平等的民主政治形态，而且要求所有的经济制度、社会制度，以及在此基础上产生的其他经济社会制度都要与之相适应，也要求社会结构与之相适应，以实现经济和社会的协调发展。然而，由于世界各国经济社会发展的不平衡性，各国面临的政治生态与经济环境不一样，经济发展，程度也几乎完全不一样，在整个世界发展体系中，后发国家的经济社会转型必将是不可逆的创新过程。因此，不仅已经实现转型的西方国家并不必然地具备被模仿性，而且正在转型的各国也不具有模仿性，各国只能根据本国历史与现实情况进行经济社会转型和变迁。

第三，从全球化角度看，经济社会的转型是世界范围内的转型，不仅发展中国家需要尽快实现经济社会的转型与调整，而且发达国家也需要实现从后工业社会向信息社会的转型与调整。可以说，转型与调整是一次世界性浪潮。广大发展中国家正在进行一场追赶型、自觉型与超越型的、具有深刻意义的经济社会转型。我国在实现经济社会转型的互动中，既要在全球化发展趋势中寻求同世界先进文明的"接轨"，又要走向适合中国国情的创新发展道路；既要批判个人发展选择的过度自由化及个人主义，构建社会主义制度文明，又要在全球文明经历中给世界文化发展添砖加瓦而变得日益多样化。

经济方面主要表现在从非市场经济向市场经济的转型。但从已有的国家经济社会转型实践看，经济社会的转型是一个漫长的过程，不可能一蹴而就，从转型全过程看，应当是整体的、全面的，而不是零碎的、个别的，应作为一个系统工程进行。空间上的整体性、系统性正是由时间上的局限性、有序性的延展来决定。这就要求我们在制定本国的经济社会转型战略时必须有一种整体的经济社会转型观念与框架，必须有一个完整的经济社会系统整体概念，努力实现经济社会的良性互动与良性发展。

第二节　文化、网络与经济

一、文化与经济

（一）社会生活中的经济体系与文化体系

经济活动的个体作为一种社会性的存在，总是生活在一定社会结构、文化价值体系之中，并从社会群体中获得必要的物质和情感满足。与此同时，也受到来自社会组织原则、价值规范的影响与制约。就经济系统中的个体而言，要成为一名合格的经济生产者，个体首先必须掌握一定的生产技能，即对生产工具、劳动对象及其他生产要素有一定的理性认知。因此，接受一定社会组织的培训和教育，是个体成为社会劳动者的前提之一。其次，要使生产系统顺利运作，还要解决个体参与生产的意义问题，个体必须对现有生产组织形式、分配体制及宏观经济体制有较强的认同感。这是调动其生产积极性的重要途径。因此，在进入生产系统之前，对个体进行一定的文化、价值教育是必要的。最后，个体参与具体生产的过程总是处于特定经济组织中的特定职位，而特定的职位总有一套系统的角色规范与之相对应。能否帮助个体充分理解、实践这些规范是经济系统产出效率的保证，也是经济体系与非经济体系密切相关的有力见证。

正式的经济制度，经济体系与法律、政治体系的联系也不难发现。关于经济制度设计、安排在经济发展中的意义，随着新制度经济学的蓬勃发展已日益成为学术界的共识。制度将一定社会的共同价值标准和经济行为规范、组织原则转化为法律程序和权力秩序，从而为人类社会行为的合理性判断提供一套可预期、可重复的行为框架。制度的存在，一方面协调着形形色色、可能彼此冲突的个体经济行为，把它们纳入社会共同生活的关联中来，促进社会福利的改进及一体化的发展；另一方面，对于各种非一体化经济行为，又依靠法律、强制力量给予压制，避免人类的自私、自利行为形成破坏性力量。因此，制度是影响经济系统运行效率的一项重要变量。

值得注意的是，制度虽然在形式上表现为经济主导集团借助政治、法律形式予以合法化的强制性力量，在内容上却体现为的社会某种共同文化、价值标准，深深根植于一定社会的文化、伦理传统的土壤之中。如上所述，各种财产制度、契约制度的确立是西方市场体制形成的前提，但是它们的确立却是与西方文化中的个人主义传统分不开的。经历了启蒙运动改革洗礼，在近现代西欧和北美的历史发展过程中，个人自由、个人自主、个性解放及对个人利益的张扬追求，虽几经抨击，但仍逐渐成为社会普遍接受的"文化信念"。在这种文化氛围中，经济人各自的利益追求受到相互牵制与制约，由此才引致现实中社会交往的普遍契约化，从而推动了英国普通法中财产法、契约法、侵权法的形成及欧洲大陆制定法中民法、商法等法律、法规体系的制定与完善。

此外，市场机制充分发挥效能的一个前提条件是交换双方在交换过程中的平等和自由。买方与卖方都有选择对方的自由和权利，双方在价格机制的引导下，进行自由、平等交换。因此，自由的市场机制是以政治和法律的民主为保障的。如果没有一个民主化的政治机制，政治权力充斥市场，以特权政治关系取代产权双方的平等关系，价格无法充分反映市场需求状况，市场体系自然不能发育与发展。因此，政治机制的民主化，是一个完备的市场经济运行的先决条件之一。对一个现代市场经济体系来说，民主机制可能比刚性的专有产权（Several Property）结构还要重要得多。因为没有刚性产权结构的市场经济，最多只是一个"名市场经济"，而没有政治民主机制的市场，却必定会是一个"腐败"的市场经济。加之，一个名市场经济可以经由内部参与者的交换与交往自发地"耦生"出某种权力结构来，但一个腐败的市场经济却永远无力自发地萌生出其运行所必需的政治民主机制。

（二）文化的经济功能

经济社会学家在探讨文化经济功能时，关注的不仅是文化内含的技术、知识类要素如何应用于生产实践并直接促进经济的增长，他们更为关注的是文化中各类价值、规范系统如何间接地影响人们的认知，进而影响人们的经济行为。文化是社会生活的黏合剂，它在现实生活所体现的习惯、风俗、伦理道德、文化传统、价值观念等非正式规则，对于规范、引导人们的经济活动具有十分重要的作用。

第一，提供共同观念，增进社会整合度。任何经济行为、活动都是在一定社会秩序、结构中进行的，是社会成员间的经济关系互动。这种互动之所以成为可能，是因为存在着社会成员共同承认的价值观念与意识体系。普适性的价值是社会的"黏合剂"，它整合了经济个体千差万别的经济目标，赋予其共同的行为意义、归属感和安全感。"价值影响有形经济现象的方式类似于无形的基因携带染色体的方式。染色体信息传递着我们全部有形的物质性、生物性特征……这些价值包括公正、自由、安全与和平等。"

第二，提供行为框架，稳定行为预期。交往双方的彼此信任及对行为后果的可预见性是经济行为和决策做出的基础，而这正有赖于制度，即最初由文化等非正式规范提供的一系列规则、风俗。一定交易圈内发展的风俗、规则是交易过程中人们普遍遵循的共同准则，它为人类行为提供了一个稳定的行动准则和框架，使得即使是两个陌生人也可以凭着共同认可的规则顺畅地交往。在行为中，这些规则还提供了各式各样的行为–反应选择矩阵，使得经济个体的行为富有预见性，个体可以在现有信息、资源限制下，做出最佳决策。可以说，如果没有因它（文化、风俗）而生的较广框架内的信任和行动稳定预期，个人往往难以专心致志地利用其专业知识，也很难去新领域中发现知识，结果大量的有益行动永远不会发生。

第三，限制机会主义，保证合作效率。经济生产过程中最为不确定的因素是人，但它同时又是关键性因素。如何保证个体间的有效合作是任何经济制度设计时要考虑的首要问题。制度设计的初衷也是防止由人类自利行为导致的机会主义行为。共同体内普遍认同的风俗、价值、规范等文化因素及附属其上的非正式惩罚可以引导个体经济行为，限制机会主义倾向，遵守诺言、合约，保持合作。而且，鉴于它主要通过个人自律的方式"自我实施"，在许多正式制度失效的场合，这一规范机制同样可以生效。在 18 世纪末的美国，公路的修建和维护不是由政府来管理，也不是依靠税收来融资，而是由在各州注册上市的公路公司通过发行相关股票代理而实现的。由于公路建设是典型的公共品提供问题，很难排除"搭便车"现象，加上当时法律对征收过路费有异常严格的规定，认购这些公司的股票不被视为有利可图的投资。即使如此，当地居民仍然相当踊跃地购买这些股票。究其原因，是个体自我的社会责任感及社区人际网络的无形监督，这种"负筛选激励"（Negative Selectiy, Incentives）机制制度化形成了一种社会压力，使得那些可能在修路中受益的居民自觉摒弃机会主义行为，为自己的收益付费。

总之，任何经济参与者总是生活在一定社会结构、文化价值体系之中的社会性存在。他们从社会生产、文化价值系统中获得必要的物质和情感满足，同时也受到来自社会组织原则、价值规范的影响与制约。

二、文化、信任与消费

（一）信任的经济学意义

经济行为并不总是建立在个体利益的刺激基础之上，相反，还可以建立在信任之上。信任几乎存在于人类的每一种文化中，只是其类型与水平有所差异。经济社会学家认为，信任有助于解释社会生活的秩序、稳定性与持续性，因为真正将行为者联结在一起的，并不是单一的利益刺激，而是情感关怀和道德责任规范等社会性因素。

翻开经济学、社会学的研究文献可以发现，信任历来是这些研究关注的共同问题。在制度经济学的视野里，信任往往作为非正式制度而被讨论。新制度经济学普遍认同信任在交易过程中所发挥的作用：为交易双方提供稳定预期，节约交易成本并限制机会主义行为，从而保证经济交换的持续进行。不过经济社会学，尤其是社会资本理论对信任的研究不仅关注其在交易过程中的作用，还结合网络的核心概念，讨论信息是如何在信任机制作用下，通过网络在组织间得以扩散与共享的。关于信任产生的原因，两门学科的研究也有所差别。经济学仍然倾向于从自利的角度来解释信任形成的动机。比如，不完全契约理论中的声誉机制及博弈论中的无名氏定理都认为，交易双方为了从未来的连续交易中获得更多的收益，都会对眼前的机会主义行为有所限制，最终保证交易双方互相信任与合作的持续。一句话，信任的产生还是出于自利的理性经济人的考虑。但经济社会学家并不认同这种分析方法，他们更愿意从历史、文化、社会资本的角度对信任产生的原因进行探讨。如果将信任视为联系交易双方的某种机制，正如新经济社会学的核心主张所认为的"一切经济制度都是社会建构的"，那么，信任总是在某种社会结构与网络关系的背景下产生的，它更多地受款集体行动时，如果外部信息不充分，周围的成员就可能加入此行列，最终在事实上造成银行的支付危机。

需要说明的是，动物精神在其看来并不是非理性的，它是在既有信息情况下，对外部市场情势做出的自然反应。只是这种理性的经济决策来自所处关系网络、社会资本状况及文化氛围的影响和决定。从某种意义上来说，不是交易者以往的经济行为，而是行为人所处的文化及网络结构使人产生信任。

1. 信任的类型与水平

信任是将社会网络嵌入社会结构，并保证未来持续交易的关键因素。信任虽然是各种文化所共有的，但它的类型与水平却有所差异，而不同类型、水平的信任对于本区域经济增长的作用又是不同的。

（1）信任的类型

根据信任所赖于建立的道德基础，信任可以分为两类：群体内信任及普遍性信任。前者是仅仅把信任对象的范围局限于与个人具有亲密关系的社会群体内部，而后者则是将信任适用于"抽象"的个体，包括那些与自己没有私人关系、血缘关系的人。如果某人的信任仅仅局限于与其具有先天联系的群体中，并且在群体内部建立起紧密的道德联系与信任关系，那么信任关系就很难再与群体外成员发生，除非他们之间有共同经历某事、建立起私人关系的机会。与之相对照，如果个体的行动是由普遍型信任所推动的，那么只要有合适的情境促动，个人与他人的合作就可以发生。即使这种情境暂时还没出现，但合作的意愿与倾向还是潜伏在个体内心。

更广泛的意义理解为：信任作为一种交易机制，它的发展过程具有很强的路径依赖性，并且在本质上是不断演进的。文化以及历史经验是影响信任形成并从群体内道德转向普遍型道德的重要因素。一旦信任实现这一转变，就可能在社会成员中产生一种抽象的行为规则，后者将为经济活动提供一种高度秩序性的规则，行动者对日常交易行为的预期将更为稳定，社会也将出现更多的冒险行为及合作行动，社会资本的存量将得以积累，并最终促进本区域市民社会的形成和经济的发展。

（2）信任的水平

帕拉蒂阿关于信任类型的思想虽然内容丰富，但要设计相关的变量将其转变为实证研究却非易事。汉弗瑞（Humphrey）和斯密茨（Schmitz）提供了一种较有效的框架，试图将帕拉蒂阿的信任类型量化为不同程度的信任水平加以测度，并总结了微观、中观及宏观三种水平的信任机制。微观信任来自经济主体间持续的交易行为及经验共享的经历，是个体对交易对象能力和才干持有信心的表现；中观信任建立在个人特质及社会属性之上；宏观信任则建立在行动者对法律等其他正式制度，如善行的信任之上。善行的信任是一种由个体对人性良知本质的信任或其对他人的普遍信任所带来的一种宏观水平信任。

这种信任水平的划分与帕拉蒂阿的信任分类相对应。微观和中观水平的信任可与群体内信任相对应，它有利于建立"紧密私人关系及小范围的网络"。礼品互赠、成功共享等互惠方式对于建立微观水平信任十分重要。正是通过这种方式，个体成为小范围群体内值得信任的一员。另外，通过将个体与某一值得信任的身份相联系，个体也可以融入具有宏观水平信任的群体内。在这两种类型中，群体内道德都是信任得以建立的基础，两者的主要区别在于群体同成员间关系得以建立的方式。

宏观水平或善行型信任与帕拉蒂阿的普遍型信任相对应，出于对抽象制度、规则的信仰，个体间的信任得以建立。与个人信仰有关的这些制度不仅包括正式制度，如国家将对全体公民的权利进行保护，还包括对人类抽象本质—善行的信任。这种抽象的道德理念是宏观水平信任出现的关键，宏观水平的信任说明个体通过普遍型信任愿意做出信任表示。

2. 信任与交易秩序

不同类型的信任将决定交易过程中规则的不同应用。群体内信任是经由双方交往行动、"熟识"产生的，熟识程度可能会因双方的血缘、地缘、业缘关系的亲密远疏而有所不同，并由此导致不同的信任程度。在交易过程中，群体内信任的这种有差别特征直接导致了不同交易规范的非普遍性。行动者在考虑交易规则应用时，会根据对交易方的信任程度来做决定。这种与市场交易自由、平等和公正原则相悖的做法，必将严重阻碍市场交易和劳动分工合作的扩展。与之相反，普遍主义信任则建立在对抽象个体善行、普遍权利和法律制度的信仰之上。在市场交易中，拥有这类信任的行动者一般不会根据交易对象的某种社会属性来考虑适用不同的交易规则。普遍的、抽象权利规范将赋予所有人以相同的基本权利，人与人之间在经济交往中相互尊重对方的利益权利。由此建立的规范伦理将可能打破个别主义信任的限制，从而建立起普遍主义信任理性观念，这一观念将成为推进市场交易或劳动分工合作不断扩展的基本力量。

市场秩序的扩展与信任的动态发展是同步的。作为一种理性观念和道德信仰，信任是一个不断扩展的动态发展过程。从最初意义上讲，信任源于社会交往与经济交换，它是社会分工、合作（例如家庭内部的分工合作）的产物，为人们的分工、交换、合作提供了共同的经济伦理观，为分工的经济组织形式提供支持，满足着人类的多种需要。当局限于亲属范围内的信任难以满足人们的生产需要时，人们就会通过选择一种新的经济伦理或者通过约定一种新的制度来扩展信任，从而实现分工合作范围与市场交易对象范围的扩展。以新市场的开拓为例，在选择新的贸易伙伴或者代理商时，如果商人持有普遍型信仰，就可以不带偏见地通过相关信息的甄别（如潜在合作者的能力、声誉等信息）及协议的力量来拓展市场范围，扩展交易秩序。如果没有这种从群体内信任向普遍型信任的理念扩展，市场贸易合作的扩大是不可能的。由此，市场交易秩序的扩展过程本身就是行动者不同类型信任的演进过程。

资本市场借贷制度的形成可以很好地说明市场制度形成、创新与信任动态发展的关系。资本是经济生产的关键因素，但资本的借贷一向被认为是最具风险的。在最初的经济生产中，资本的借贷往来一般只在家庭及至亲间进行，亲属之外的人则因为缺乏强有力的信任纽带而无法获得其他群体的资本借贷。但是，随着生产的扩大和市场交易范围的扩大，资本拥有者与使用者的结构不平衡日益突出，于是人们开始慢慢突破家庭及亲属的限制，愿意向那些特别熟悉或依赖的人——他们具有良好的经营业绩及良好的人品——提供信贷，而到后来为适应对信贷的需求，信任的范围再次扩展了，促进了两种有效的金融制度的创新：一是担保制，只要借款人能得到放贷所依赖的那些人的担保，便可以连带地获得信任，成功借贷；通过担保扩展信任圈，这是金融发展最初采取的方法；另一种更有效的制度是发展金融的中间人（经纪人），众多放贷人先把资金借贷给他们信任的中间人，以便中间人再贷给那些他所信赖的人，当中间人这种金融媒介的作用专业化时，它就已经是一个银行了。金融制度发展实际就是信任范围不断扩展、普遍型道德不断强化的过程。

3. 信任与经济绩效

关于信任与经济绩效的考察几乎总是在更大层面上与社会资本相联系，这主要是因为信任本身就是构成社会资本的重要组成部分，甚至前提。

信任与社会资本有着千丝万缕的联系。社会资本各不相同的用法都意味着信息、信任及个人社会网络中的互动规范，社会组织的特征，如信任、规范和网络，它们能通过促进合作来改善社会效益。社会资本主要表现为：义务与期望——互动或信任关系；信息通道——社会网络；规范和有效法令——共享的价值体系。从这些代表性概念可以看出，信任始终是社会资本的基本要素。信任不仅仅是社会资本的组成部分，而且还是其前提条件。社会资本是一种从社会或社会的一部分中普遍信任产生的能力。信任代表着社会团结和特定关系的基本形式，需要我们思考的是，信任自身并不是道德德行，而是德行的副产品。当人们共享诚实和互惠标准而因此能够与他人合作的时候，信任就产生了。在这个定义中，信任被描述为一种潜在的行为能力。

与社会资本联系在一起的信任，就其经济功能来讲，一般发挥着两种作用：

第一，风险防范的机制。在广义上，一定区域的信任水平是该区域文化特质的体现，也是它长期以来经济行为价值观的总结与概括。高水平的信任精神一旦形成，普遍型信任一方面为经济行为者提供良好的行为预期，鼓励经济行为者的冒险精神，不断拓宽交易对象的选择范围，促进社会分工与经济合作的日益深化；另一方面，普遍型信任作为一种共享的文化价值观念，对社会成员有着潜移默化的内化作用，它可以保证经济交往过程的顺利进行，避免机会主义或欺诈行为。

如果说企业与契约是减少经济活动不确定性的正式机制，那么"信任"则提供了分析非正式机制的范畴，它通过人们对交换规则的共同理解，允许经济行为者对他人行为有预期，并且在缺少完全信息或合法保证的情况下遵循"信任"原则。在经济合作交换中，个人联系和非正式网络与关系契约共同发挥作用，包括公司内部与外部之间的关系在内的正式与非正式关系都决定着经济过程。

第二，信息沟通机制。信息在经济活动中的作用日益凸显，不管是新的市场机会的发现，还是对现有市场状况的正确把握，都离不开迅捷、灵敏的信息沟通渠道。在具体的经济活动中，信息往往是通过行为者所在的网络进行传播的，网络是各类信息传递及共享的主渠道，但推动信息流动归根结底仍是网络间的信任关系。信任是群体网络得以维持的黏合剂。信任程度与群体网络的规模直接相关，高水平的信任可以推动社会在更大范围内组成群体，并为群体内部经济行为者提供源源不断的信息，保证经济活动的有效进行。

（二）物质文化与消费

从文化到消费仅一步之遥。然而，在跨越这一步之前，应该指出的是消费社会学是独立于经济社会学发展的。如果经济社会学想囊括经济生活的主要领域的话，这种局面就需要改变。很自然地从经济社会学应该努力接近和整合消费的角度来讨论。例如，通过关注消费在经济过程中的角色来分析消费是可能的，接着是分析生产和分配。根据这个观点，在资本主义社会驱动消费的不仅是消费者满足自身需求的兴趣，而且也是资本家获取利润的兴趣。

也可以从市场的角度切入经济现象的分析，看看消费者市场的兴起和演进。需要补充的一点是，典型的消费也具有政治和法律方面的问题。例如，国家经常可以通过实行进口关税和税收操纵经济，反对奢侈消费的法律（包括所谓的限额消费法）在历史上屡见不鲜。

但是也可以将消费作为文化的一部分来研究，或者更准确地说作为"经济和文化"主题的一部分。采用这种方法的一个原因是文化的概念可以揭示一个事实：买卖和消费等现象只有考虑到它们的意义才能被正确地理解。这正是当代消费社会学做得很多的工作，这代表一种积极的发展，这种发展可以归功于一些人类学家对社会学家（和经济学家）消费研究的一维方式的批评。

说到这里，有一点也应该提到，就是在当代消费研究中也存在一种夸大其意义的趋势，使消费成为一种完全脱离肉体、脱离利益的存在。这在后现代主义者中表现得尤为明显。他们认为，我们生活在一个全新的社会，即消费社会——在这个社会中人们消费的不是具体的物品而是符号和影像。虽然我们可以称赞许多后现代主义者的分析富有理论的想象力，他们也很有捕捉时代精神的天赋，但是这种分析却忽视了一些关于消费的重要事实，那就是消费从根本上说是与生产联系在一起的，消费根植于具体的社会关系中，消费的驱动力是个人利益，常由利润利益驱动。相反的错误是"生产主义者"的分析，或者说那种忽视消费、只关注生产的倾向无疑会割裂地看待消费，将消费与生产分离开来。有一点应该明确，没有生产就没有消费。

消费不仅是有意义的符号游戏，它顽强地根植于社会关系系统，这个系统不仅包括买者和卖者，而且常常也包括买者的家庭、亲人、同伴、同事以及更广泛的关系。个人利益驱动消费足够明显，因为人除非摄入一定的营养，否则不能生存。历史上及当代的食物消费研究因而都应该成为消费社会学的一部分。不仅物质利益，而且精神利益也驱动个人消费各种物品。消费中存在利润利益同样明显，这有助于解释广告及消费演示等诸如此类的现象。

消费是一切生产的唯一目的，而生产者的利益，只在能促进消费者的利益时，才应当加以注意。这一原则是完全自明的，简直用不着证明。但在重商主义系统中，消费者的利益，几乎都是为着生产者的利益而被牺牲了，似乎不把消费看作一切工商业的终极目的，而把生产看作工商业的终极目的。

三、网络与新社会经济学

(一) 网络：制度的社会建构

简单地讲，网络就是行动者之间的关系及由此形成的社会结构。用"网络"一词来指代这种社会结构，实际上是一种隐喻性的用法：从几何形状来看，一个网络主要由一些节点和节点之间的连接线条组成。在经济社会学中，这些节点被用于代表经济体系中的行动者（行动者可以是个人，也可以是组织），而连接的线条则被用于代表行动者之间的各种联系纽带。这样，借助网络这个形象的概念，就可从结构主义的视角来分析具体的经济现象，因为行动者的各种选择必然要受到整个网络结构的影响，他在网络中的位置、他与其他行动者的联系都将制约着他的具体行动。网络结构的各种特性，在很大程度上决定着经济过程及其结果。

1. 网络的单元分析

网络的单元分析主要涉及网络中个体的认知过程及其如何影响个体在网络中的行动。网络的构建过程实质上就是个体不断思索及自我展示的过程。网络内部的成员或潜在的新成员，都存在一个对网络群体的共同意义的认知过程。正是在这一认知基础上，个体行动者做出相应的经济行动。具体而言，可以将网络的个体因素分为两种：一是象征性因素，包括各种看得见的现象、知识、行动逻辑、特定机构或制度，譬如语言；一是意义类因素，它是个体对网络中意义、身份、规范、规则以及惯例的理解，决定着个体如何看待自己以及在特定社会情境下何为合适行动的认知。

2. 网络的结构分析

网络的结构性分析主要涉及网络中共有意义、价值观念的形成过程及其对网络成员行为的影响过程。在结构上，这些价值、意义因素可分为规范性与调节性两大类。网络的规范性因素表现为集体规则、惯例和传统等，它主要用于创造社会及个体身份的各种社会期望，并指导网络成员行为的方向。调节性因素涉及制度的"实施机制"，包括各种正式或非正式制裁的个体及组织。当成员的行为违背网络中共有的规则、价值时，调节性因素将对其进行必要的处罚，以维护组织内部规则、价值观念的权威性。

3. 经济制度的网络互动建构

新经济社会学反对新制度经济学从效率的角度来解释制度形成的做法，认为经济制度"并不是看起来的那种客观的外在现实，而是一种缓慢的社会互动的结果。如果人们一直坚持或频繁地以某种方式行事，这种方式就会成为合理的处理方式，最终也就成为制度"。网络是社会成员互动的主渠道，经济制度的社会建构某种意义上就是社会网络的互动建构。

总体上说，制度的网络建构过程包括三个层面的过程：

第一，经济网络的个体层面包括经济活动的参与者，如企业家、经理等，他们总是生活在一定关系网络之中并首先受到来自网络结构的影响—各类现存的社会结构及行为模式对行为者的认知过程产生影响，对他们灌输关于社会及商业交往的相关规则、规范等知识，包括各种做事的"正确方式"、社会成员的角色规范及对那些违规者的惩罚制度。这些内容实际上是"社会的游戏规则"，它们试着将个体的行为及其作用引导到有利于经济发展的轨道上。

第二，个体被"灌输""教化"的过程，这本身也是个体不断解释并试图改变周围网络结构的过程。其中，个体逐渐形成了自我、能力、权利和目标的意义性理念，这些对改变社会制度、创造社会资本具有重要作用。

第三，前两个过程实质上可以视为个人及社会结构间的谈判过程。通过与网络结构的不断互动、磨合，行动单元在观念、价值上不断趋同，其交往关系也趋于稳定。当经济交换背后的逻辑更多地由社会结构而非市场结构影响时，这些网络交往关系便不再是一般理性决策模型和最小成本的交易规则，而是一种意义系统，可以体现为个体行为的稳定性和可重复性，制度便得以形成并嵌入网络和社会建构中。

（二）网络、技术创新与经济增长

社会网络在促进企业间信息流动、知识创新从而促进区域经济增长中的作用，是新经济社会学与发展经济学近年来共同关注的问题。事实上，新经济增长理论就开始注意到企业间的技术、知识外溢与扩散是经济增长的重要源泉，只不过知识外溢模型并没有将企业间的网络关系正式纳入分析框架。新经济社会学认为，企业间、企业与其他组织间的网络是企业获取信息、知识的主渠道，也是促进地方知识、技术创新的重要因素。

技术创新的模式先后经历了线性模式、同步耦合模式、相互作用模式的发展历程，并朝着系统化的模式发展。单一的企业或公司所拥有的资源已无法满足创新的要求，创新的跨领域特征使得技术合作、技术联盟及虚拟组织相继出现，协作型、网络型创新已成为创新的主流模式。创新的复杂性是单个企业主体所无法胜任的，一项创新的顺利完成需要不同的组成要素—主体、能力、过程—重新组合，这些要素往往来源于不同的组织。为了实现创新，企业需要利用其所在的网络联系，以获取和交换各种知识、信息和资源。这一网络共同体中的成员可以是其他企业（如供应商、客户或竞争者），也可以是大学、研究机构或其他组织。企业所在区域的社会资本状况、企业与这些网络成员的互动、交往程度决定着双方不同的信任及合作程度，也由此决定着企业可能获得的信息、知识量的广度与深度。从这一意义上说，企业所在网络的结构及其文化价值特征是决定企业乃至整个地区创新能力的关键因素。

另一方面，区域内的技术创新并不是均匀出现的，因此既有技术创新成果以合理方式在区域内部的扩散程度也是影响区域经济表现的重要因素。在这一方面，网络对区域创新的作用主要表现在隐性知识向显性知识或编码化知识转化。

技术的扩散过程是相关知识的传播过程。从知识学角度来看，知识一般可分为两类：隐性知识（未编码化知识）及显性知识（编码化知识）。波兰尼注意到人们所能表达出来的往往要比人们所知道的少，于是，他将那些停留在人们感觉、诀窍、惯例层次，无法明确表达的知识称为隐性知识，而将那些可以通过语言、文字等各种有形媒介加以传播的知识称为显性知识。隐性知识是人们在实践中感觉、领悟，通过直觉思维洞察而来的知识，属于人们的内在智慧，常是只可意会不可言传的，是难以从书本或正规教育中获得的。隐性经验类知识在实际生活中是大量存在的，常常带有特殊性和具体性，而非普遍适用性。现实生活中，生产中的技艺和能力，市场前景的判断与人才的选择，如何获得投资商、供应商及消费者的信任，企业内部的秘密及诀窍等，都属于这类知识。

在技术知识的扩散过程中，显性知识由于具有规范化、系统化的特点，易于沟通与共享，可以通过各种媒介加以表达、接受、学习和利用，而隐性知识由于是一种深藏在内心的体验，无法加以编码言传，必须通过网络成员间的非正式交往与互动，借助语言、体态、情感等隐性表达方式的综合作用来表达感受的本质，交流工作中的体会与经验，从而使双方领会一些隐性知识的本质。在网络关系较强、信任度较高的区域，企业间、企业与其他组织间的合作与互动频数就会较多，相应地，隐性知识的传播就会较充分，区域的创新效率也会得到较大的改进。

（三）作为治理结构的网络

把网络视为一种分析工具的做法具有较浓厚的理论抽象色彩，而把网络视为一种治理结构的观点则具有较强的经验色彩和实证主义味道。把网络视为一种治理形式，实质是把它当作使个体整合为一个连贯的体系的社会黏合剂。网络治理结构代表着经济生活中的相互依赖的关系网络。一些研究者还认为，网络体现了整个经济体系的特征，因为在很多国家的经济中，公司之间的长期关系占据着主导地位。

1. 网络组织的概念

网络组织理论是在 20 世纪 80 年代逐渐发展起来的，目前相关文献对其概念尚未形成明确和统一的定义。学者们从各种维度对网络组织的内涵进行界定：第一，从经济维度看，网络组织是超越市场与企业两分法的一种杂交组织形态，从这个角度来看，构成一个网络的特定组织形态的出现及其演变可以用交易费用经济学的方法来分析；第二，从历史维度看，网络组织是各种行为者之间基于信任、相互认同、互惠和优先权行使等所组成的长期关系系统，网络是随时间推移组织交易的一种手段，它从来不是静态的，而是处于不断的演进之中，路径依赖的历史分析方法可以对这种演进过程提供基本的洞察力；第三，从认知维度看，网络组织是大于个别行为者（企业）诀窍总和的集体诀窍的储存器，这种组织方法的优势是允许集体学习过程得以在更广阔的范围内展开，如超越了企业边界的技术开发的学习过程；第四，从规范维度看，所有网络都是由旨在确定每个成员的义务与责任的一套规则所定义的，这些规则划定了集体活动的领域。

2. 网络组织—超越市场与企业的两分法

在新制度经济学的传统—比较制度分析框架中，市场和企业被看作组织经济活动的两种主要制度形式。新制度经济学企业理论所关心的核心问题：既然专业化的生产者可以通过市场组织分工，为什么还需要企业？科斯（罗纳德·哈里·科斯，Ronald H. Coase，1910. 12. 29 ~ 2013. 9. 2，新制度经济学的鼻祖，美国芝加哥大学教授、芝加哥经济学派代表人物之一，法律经济学的创始人之一，曾提出"科斯定理"，1991 年诺贝尔经济学奖的获得者）提出了交易成本的这一核心概念，把企业和市场看作是由交易成本所决定的相互竞争和相互替代的两种制度安排，当市场交易成本与企业的组织成本相等，企业与市场的边界便由此确定。

企业与市场的关系是用交易费用较低的要素市场替代了交易费用较高的中间产品市场，因而是市场形态高级化的表现。张五常的观点中隐含有企业也是一种市场网络的思想，但在他看来，企业与市场之间仍是一种替代关系。此后从技术依赖角度探讨企业存在的原因，从而扩大了企业行为分析的基础，但他们仍与科斯、张五常一样，只分析了企业与市场之间的替代关系，忽视了互补关系。在这些理论中隐含地假设了企业间的交易是直接的、无摩擦的，交易成本和技术不可分性的分析未能扩展到企业间复杂多样的制度安排。

在新制度经济学中，如果资产高度专用性（是指资产被用于特定用途后，具有"锁定"的效应，很难改作他用，可即使改作他用，会使资产的效用大大缩减。甚至可能变成毫无价值。）导致交易双方虽然保持独立性，有别于一体化的组织结构，但是其自身的决策受到承诺的制约。这种状态就是处于企业与市场之间的双边、多边或杂交的中间组织形态。但是，在威廉姆森（Oliver Eaton Williamson，1932. 9. 27~2020. 5. 21，2009 年诺贝尔经济学奖获得者，前美国国家科学院院士,"新制度经济学"命名者)的分析框架中,网络组织并未取得与市场和企业相并列的地位,他更多地把它看作不稳定的组织形态。因而,在新制度经济学的理论中虽然出现了网络组织思想的萌芽,但基本上所持有的仍是市场和企业的两分法。

针对新制度经济学的以上观点,网络经济社会学家认为,新制度经济学中的市场模型只是一种理想的状态,在现实的经济生活中并不存在。事实上,所有的经济交易行为中都充斥着各类社会关系。在各个企业间的交易中是如此,在某个企业内部的活动也是如此。实际上,企业内部的社会关系网比企业间的社会关系网更为紧凑持久,可以说,商业性关系总是与社会性关系掺和在一起的。

通过这种稳定社会关系网络来进行经济交易的组织形式称为"准企业"。在这种生产组织结构中,维系交易双方的不是企业式、自上而下的等级命令,也不是纯粹的市场关系,而是紧密的社会关系网络。在社会关系网络的作用下,经济行为者拥有对经济进行预期的稳定标准,可以有效遏制交易过程中各种破坏合作的活动,社会关系网络发挥着纯粹企业与市场组织形式所无法比拟的作用。有学者对建筑行业的研究发现,总承包商与分包商之间存在着长期、稳固的合作关系,各从业人员所构成的群体是嵌入由双方共同构成的网络关系结构中的。一般来说,总承包商极少雇用两个以上的分包商,因为这可能破坏其与分包商的长期良好关系。另外,各商人之间所形成的稳定友好关系,也使得他们在平时的工作互动中获得快乐和精神上的满足。

3. 经济生活中的网络组织

社会学一直关注着个人是如何组织起来,以及这些联系是如何影响社会运行并给社会生活带来秩序与意义的问题。当代经济社会学家认为,社会关系网络渗透于整个经济体系之中,可以影响甚至取代价格机制和层级指令,成为经济生活的主要运作方式。这里介绍四类经济生活中常见的网络组织现象:

(1) 供应链协调网络

从世界范围来看,现代生产正在从刚性生产模式向柔性专业化生产模式转变,企业的生产方式正由原来大批量、标准化生产转向小批量、多样化的生产策略。能否在第一时间发现并满足消费者的潜在需求是新时期企业竞争的新内涵,市场反应速度成为企业建立并维持竞争优势的关键。在这种新的生产模式下，原本在刚性生产时代占据主导地位的垂直一体化大企业开始逐渐削减规模，分散权力，转向发展横向供应链协调网络，与外部小企业建立起价值链上的合作关系。

进行网络型协作的优势在于：一方面，可以通过价值链的外包，减少企业自身的投入，在外部市场不确定的情况下，降低企业经营风险，避免造成损失；另一方面，通过网络价值链外包关系，深度的分工协作网络可以使企业保持对外部市场的高度灵敏性，及时根据市场变化调整生产，实现即时生产。此外，企业可以通过网络做到知识与信息共享，实现价值链上的创新。这也是等级制企业或市场所无法比拟的优势。

（2）战略联盟

战略联盟是一种企业间为了共同的战略目标而达成的长期合作安排。它既包括从事类似活动的企业之间的联合，也包括从事互补性活动的企业之间的合作；既可以采取股权合资的形式，也可以采取非股权合资的形式；既可以是强强合作，也可以是强弱合作。但是这些合作都必须是出于企业战略发展的需要。战略联盟是相关企业之间出于长远生存和发展考虑通过合资联营或协议形成的一种松散型网络组织，其目的是共享市场，优势互补，分担成本，降低风险，强化各自的竞争力。

战略联盟可以是两个以上企业之间的合作。目前，几乎每一家大型跨国公司都在自己的周围集聚了一批合作伙伴，这些合作伙伴又同时与行业内其他企业结成战略联盟，由此构成战略联盟网络。这是一种特殊的企业网络，是一种典型的企业之间超市场的关系。环境的变化是形成战略联盟的主要原因。工业化以来形成的竞争已经达到前所未有的高度，企业之间，特别是同行业的大企业之间所存在的对立已有时日，企业之间决策的相关性一再体现，一个企业的决策直接影响到其他企业决策。继续强化竞争并不是双方或各方的最佳选择。企业之间希望改变过去孤立竞争、以邻为壑的局面，依靠合作推进竞争。现代计算机技术和通信技术使得市场监督、控制及实施合约的成本大大降低，也促进了企业间联盟的实现。

（3）企业集群

企业集群，又称产业集群，是一些产业相关、具有分工协作关系的企业在空间上的集聚现象。企业集群是依据专业化分工和协作关系建立起来的，在某一地理空间高度集中而形成的产业组织形式。企业集群是一种有利于分工协作的企业网络。集群内部各个企业分别进行专业化生产，可以获得专业化的雇员和供应商的支持，快速交换和积累专业化信息、技术和管理知识，实现较高的生产率。

企业集群是相关企业为了实现相互间信息与技术的交流，获得企业之间专业分工和协作带来的外部经济，利用集群范围外所不具备的竞争优势而形成的集合。但企业之间是以平等的市场交易方式连接的，相互间的关系比较松散，不包含垂直一体化的刚性层级组织机构。在企业集群中，更多采用的是双边规制机制，主要是靠集群内部企业之间的信任和承诺等因素和非正式契约来维持长期交易关系。

企业集群不仅是一个空间集聚现象，而且是一种有利于创新和加强动态竞争的制度安排。空间的集聚使得集群内企业可以节约大量的物流成本，合作及竞争的网络使得信息可以在集群内部企业中实现共享，面对面的互动又使得各种难以言传的隐性知识在集群企业的互动中得以领会，促进创新的发现。

（4）商业群体

"商业群体"（Business Groups）的提出是新经济社会学网络理论的最新进展。格兰诺维特（马克·格兰诺维特，Mark Granovetter，美国斯坦福大学人文与科学学院 Joan Butler Ford 教授，曾任该校社会学系主任，他是 20 世纪 70 年代以来全球最知名的社会学家之一，主要研究领域为社会网络和经济社会学）将其定义为靠各种正式或非正式关系结合的企业联合体。多个企业间通过长期的交往合作关系，往往形成稳固的、平等的横向关系。这些企业彼此是独立自主的，它们又可以被视为一个统一的整体。

这种商业群体在日本最常见。日本商人间内在的紧密结合举世公认，也正因为这一原因，国外企业很难进入日本市场。日本企业的运行基本上是按网络原则来实现的：首先，日本的公司分散化程度较高；其次，生产过程中包含着一群企业网络的共同协调，负责完成产品最后生产程序的企业其原材料一般来自特定的供应商；最后，某个企业的身份和地位与它所附属的商业群体的身份、地位紧密相连。

商业群体以其成员企业的共同利益为基础，主要是技术经济性的企业联合体。它的组织基础一般是协议、合同或章程；组织原则是自愿、平等、互利、择优，是一种重要的社会经济推动力量，也是社会经济学研究内容之一。

第六章　投资经济学理论分析

第一节　投资与投资经济学

一、投资概念

（一）投资的定义

1. 投资主体的分类

投资主体是指拥有一定量的资金，能自主进行投资决策，并对投资结果负有相应责任的自然人或法人。

投资主体按性质分，有政府投资主体、企业投资主体、社团投资主体、个人投资主体。政府投资主体包括中央政府投资主体和地方政府投资主体。在我国，目前中央政府投资主要用于跨地区的公用事业、基础设施、极少数大型骨干企业，以及国防、航天、高新技术等战略产业。地方政府投资主要用于区域性的公用事业、基础设施、教育、卫生、社会福利等。企业投资主要用于工业、商业、交通运输业、房地产业等经营性行业。社团投资主体是指各类社会组织，如各种基金会、各类事务所等，其投资方向一般与其性质一致。个人投资主要用于证券投资、住宅投资及其他实物投资。

投资主体按所有制形式分，有国有所有制投资主体、集体所有制投资主体、股份合作投资主体、联营企业投资主体、有限责任公司投资主体、股份有限公司投资主体、私营投资主体、个体投资主体、其他投资主体、外商投资主体、港澳台投资主体。

2. 投资活动是投资主体为了获得预期效益的经济行为

这里揭示了投资主体进行投资活动的动机或目的，由于各个投资主体的性质不同，投资目的也不尽相同，因而赋予了投资效益丰富的内容。投资效益从其作用范围看，有财务效益、国民经济效益、社会效益。

财务效益是指投资项目财务账面上的盈亏，通常用价值量表示，如利润、债息、股利等，财务效益以现行价格为计算标准。

国民经济效益是反映投资项目对国民经济的贡献，通常可用由投资引起的该部门、该行业、该地区经济效益的增量来表示。由于投资活动实质上是资源的配置和消耗活动，某项投资如果从国民经济整体而言，资源配置合理、资源消耗的机会成本低，其对国民经济的贡献就大。因此，国民经济效益的主要含义是指投资资源使用的有效性。由于受价格体系的影响，往往投入物或产出物的现行价格不能正确反映它的经济价值，这就决定了这方面的效益不能用现行价格来计算、衡量，而必须采用经过必要调整后较为合理的价格作为计算投入物和产出物的基础，使之能比较正确地反映其给国民经济带来的经济效益。通常采用影子价格来计算，影子价格又可称为经济价格、最优计划价格、核算价格，是指在社会经济处于某种最优状态时，能够反映社会劳动消耗、资源稀缺程度和对产品需求状况的价格。确定影子价格时，必须满足两个方面的要求：一要反映这种资源的社会劳动消耗；二要反映这种资源的稀缺程度和供求状况。影子价格是不存在的价格，只有通过对现行价格的调整，才能求得它的近似数。按照联合国工业发展组织和世界银行的有关规定，在对投资项目进行国民经济效益评价时，必须将实际价格调整为影子价格，以判断投资项目的国民经济效益的优劣。用影子价格来计算投资项目的国民经济效益，固然能比较全面、真实地反映投资的国民经济效益，但严格地讲，只是反映其对国民经济的现时效益，不能反映其对国民经济的未来效益。

投资的财务效益、国民经济效益一般都可以用价值量来表现，但是投资的有些效益却很难用价值量来表现，甚至根本无法用价值量来表现，如尖端武器方面的投资、环境治理方面的投资、维护民族团结方面的投资等。这种很难用价值或者根本无法用价值反映的，但又确实客观存在的效益，称为社会效益。社会效益包括政治效益、国防效益、环境效益等。需要指出的是，由于环境问题越来越受到社会的关注，也有人把环境效益从社会效益中单列出来，将投资效益分为财务效益、国民经济效益、社会效益、环境效益。

投资总是有效益的，或者是正效益，或者是负效益；或者高于预期效益，或者低于预期效益。投资效益又是投资财务效益、国民经济效益、社会效益的统一体，任何一项投资活动都会产生财务效益、国民经济效益、社会效益，只是表现的特征不同：有的主要表现为财务效益，有的主要表现为国民经济效益，有的主要表现为社会效益。投资的三个效益的方向有时是一致的，即都是正效益或者都是负效益；有时却不一致，即某一项效益为正效益而其余两项为负效益，或者两项为正效益而其余一项为负效益。

投资主体由于其性质不同、地位不同，追求的效益一般也不尽相同。政府投资主体追求的主要是国民经济效益和社会效益；企业投资主体追求的主要是财务效益；社团投资主体追求的效益与其宗旨直接有关，各不相同；个人投资主体追求的主要也是财务效益。

3. 投资的载体或工具

投资主体要进行投资活动就必须拥有一定量的资金，投资资金是投资主体进行和实现其投资活动的前提条件。这里所讲的资金是泛指的资金，其形式包括货币及能折算成货币的其他物品。这些物品可分为两大类：①有形物品，如土地、建筑物、机器设备、现金、有价证券等；②无形物品，如专利、专有技术、商标、商誉等。

投资主体拥有的资金，可以是自有资金，也可以是外部筹集的资金，或者是一部分自有资金、一部分外部资金。

4. 投资所转化的资产形态

投资所转化的资产或资本形态多种多样，有机器、厂房、设备、古董、珠宝、专利、商标、债券、股票等。概括起来，可分为实物资产、无形资产、金融资产、人力资本四类。①实物资产，即能带来效益的有形的实物，如机器设备、厂房等。②无形资产，指由特定主体控制的、不具有独立实体的、对生产经营持续发挥作用并带来经济效益的经济资源，包括专利、商标、土地使用权、租赁权、版权、商誉、专有技术、专营权。在美国，无形资产一般分为五类：权利、知识、软的有形资产（指计算机软件）、关系（公共关系、关系的确立、企业类型、代理销售关系）、不可确指的无形资产（商誉、企业继续经营价值、顾客的惠顾、超额收益、盈余收益等）。③金融资产，指能给投资者带来收益的各类有价证券，如债券、股票、定期存单、商业票据、人寿保险单等。④人力资本，指用货币、实物资本、商品和时间等资源向人进行投入，能够提高人的素质并增加人的生产效率和收入能力的活动，具体形式有健康投资、学历教育投资、在职培训、就业迁移。

投资主体在将资金转化为资产的过程中，必须解决好以下三个问题：

第一，确定投资方向和投资对象，即准备投资在哪一类、哪一种资产上。各类、各种资产性质和运动规律不同，对投资主体的资金实力、专业水平、工作经历、心理素质要求也不尽相同。各投资主体应根据自身的具体情况确定投资方向和投资对象。此外，对各类资产的安全性、获利性、流动性也要有基本的了解，做到知己知彼。

第二，顺利实现资产的转化。有些资产的转化比较容易实现，如购买债券、股票；有的转化则不太容易实现，如工程建设、企业并购。对后者而言，必须制订详尽的计划，认真做好可行性研究，以保证投资的顺利实现。对前者也不是说可以随意投资，与后者相同，也必须制订相应的计划，只是其计划比较简单而已。前者和后者在进行资产的转化过程中都必须高度重视投资成本节约的问题，应尽量使等量投资转化成的资产多一些或得到等量资产的投资少一些。

第三，确保投资转化的资产保值增值。任何投资都是有风险的，每一个投资主体在投资初始阶段就应想方设法尽量降低风险程度，避免不必要的损失，确保以后的资产保值增值。要做到这一点，首先取决于投资决策的正确性，包括投资方向、投资对象、投资时机、投资策略的正确性；其次取决于以后的经营管理状况，而以后的经营管理状况又与投资初始阶段资产管理人员的搭配、高层管理人员的遴选、各项规章制度的设计等有着直接联系。

（二）投资的外延

1. 按照投资资金的转化形式划分

按照投资资金的转化形式，投资可分为直接投资和间接投资。

（1）直接投资

直接投资是指投资主体将资金直接用于取得企业控制权的行为或过程，直接投资又可分为绿地投资和企业并购。

①绿地投资

绿地投资是指购置或建造固定资产和流动资产的行为或过程。

固定资产是指在社会再生产过程中，可以长时期反复使用，在使用过程中其实物形态基本不变，但其价值会逐步转移的劳动资料和其他物资资料，如房屋、建筑物、机器设备、运输工具等。固定资产投资对一个社会、一个国家、一个地区的经济发展，对提高人民的生活水平、生活质量具有极其重要的意义。

在我国，固定资产投资按再生产的性质和管理的要求，分为基本建设投资、更新改造投资、房地产开发投资、其他固定资产投资。

基本建设投资是指主要通过增加生产要素的投入，以扩大生产能力（或工程效益）为主要目的的固定资产外延扩大再生产。基本建设按其性质可以分为以下五类：

A. 新建。一般指从无到有、平地起家式的新开始建设的项目。如果固定资产原有的基础很小，建设后新增的固定资产价值超过原有固定资产价值（即重置完全价值）三倍以上的，也算新建。

B. 扩建。指在厂内或其他地点，为扩大原有产品的生产能力（或效益）或增加新的产品生产能力而增建的生产车间（或主要工程）、分厂、独立的生产线。行政、事业单位在原单位增建业务性用房（如学校增建教学用房，医院增建门诊部、病房等）也作为扩建。

现有企事业或多个单位为扩大原有主要产品生产能力或增加新的产品生产能力，增建一个或多个主要生产车间（或主要工程）、分厂，同时进行一些更新改造工程的，也应作为扩建。

C. 改建。指企事业单位为提高生产、工作的效率或效益，改进产品质量、生产结构或改变产品方向，而进行的全厂性技术改造或技术更新；为平衡生产能力或提高某方面效能，在原有基础上进行填平补齐的建设，改建一些附属、辅助车间或非生产性工程。

D. 迁建。指为改变生产力布局而进行的全厂性迁建工程。

E. 恢复（又称重建）。指由于自然灾害、战争或人为原因等使原有固定资产全部或部分报废，而按原规模重新建设的工程。由于恢复工作的过程与新建工作的过程大致相同，恢复也可视为新建。

更新改造是指对现有企业原有设备与设施进行更新和技术改造。其目的是要在技术进步的前提下，通过采用新设备、新工艺、新技术，以提高产品质量、节约能源、降低消耗，从而提高综合效益和实现内涵扩大再生产。更新改造主要包括以下内容：设备更新改造；生产工艺改造；建筑物、构筑物的修整和改造；综合利用和治理"三废"污染的措施；劳动安全保护措施；市政设施的改造工程。

将基本建设与更新改造加以区分，是具体管理的需要。一般而言，基本建设所需的资金比较多，更新改造则相对较少，达到同样生产能力，只需要基本建设投资额的 $1/3 \sim 2/3$。长期以来，我国处于资金短缺状态，为了提高资金使用效果，对基本建设一直实行从严审批政策，对更新改造则相对较松。但是，无论是从建设的内容、资金的用途，还是从竣工项目形态看，基本建设与更新改造有极大的相似性，这就给管理带来了难度，有些单位为了顺利通过审批，采用化整为零的方式，分期分批申报。从深化改革、扩大企业自主权、发挥市场机制作用的角度看，企业进行固定资产再生产是选择基本建设还是更新改造是企业自身的事，政府不应加以干预。再者，从国外的实践来看，商业银行一般是按贷款期限确定利率，没有基本建设、更新改造之分。据此，有人提出应取消这种划分。

将基本建设与更新改造加以区分，也是宏观管理的需要。从理论上讲，固定资产再生产有简单再生产和扩大再生产之分。为保持原有的生产规模，对已被消耗掉的固定资产进行补偿、替换，称为固定资产的简单再生产。其实现形式有日常修理、大修理、全部更新三种。日常修理是指经常性的小修小补、零部件的更换。大修理是指对使用了一定时期的固定资产的主要组成部分进行修理和更换。全部更新是指当固定资产基本部分已经损坏或主要部分已丧失使用价值时，另行购置或建造新的固定资产进行替换，以保持其原有的规模。使原有的生产规模得以扩大的固定资产再生产，称为固定资产的扩大再生产。它有两种类型：外延扩大再生产和内涵扩大再生产。凡属主要通过扩大生产场所和设施来扩大生产规模的建设是外延扩大再生产，其实现形式是基本建设；凡属主要通过提高生产效率来扩大生产规模或效益的建设为内涵扩大再生产，其实现形式为更新改造。日常修理、大修理因修理的时间间隔较短，所花费用不多，并且明显具有维持营运的性质，因此不计入投资范畴。全部更新（简称更新）属简单再生产，但人们在更新过程中一般不会按旧更新，不会复制古董，往往会结合技术进步，在机器、设备更新过程中加以技术改造，考虑到这种情况，将两者放在一起，故称之为更新改造。显然，更新改造按其性质应为简单再生产，但其含有内涵扩大再生产的因素，而基本建设的性质应为外延扩大再生产。因此，将基本建设与更新改造加以区分，对宏观经济管理有着重大的意义。首先，更新改造主要是为了保证简单再生产的顺利进行，基本建设则是为了扩大社会再生产，两者的关系是维持与发展的关系。在一个相当长的时期内，如果更新改造的投资额持续低于全社会的折旧基金额，并且更新改造所完成的固定资产量持续低于全社会损坏、报废固定资产量，而经济结构又不是处于转型的情况下，这意味着社会原有的生产能力趋于萎缩；如果同期基本建设的量又很大，说明这是以损害现有企业为代价的经济建设。其次，如果更新改造投资长期偏小，现有企业的技术改造难以为继，竞争能力就难以提高。最后，从世界各国经济发展的实践看，在经济起飞阶段，由于产业空白较多，基本建设所占的比重也就较大；当经济进入成熟阶段，提高效率成为主要任务，更新改造的比重上升。现在发达国家中更新改造一般约占固定资产的投资70%以上。因此，将基本建设与更新改造加以区分，分别统计相应的数据，有利于合理确定基本建设和更新改造投资比例，是宏观经济管理的需要。

房地产是房产与地产的合称，房地产开发投资是指对以房屋、土地为对象的经济建设活动投资，包括土地开发投资和房屋开发投资。房地产开发投资对改善人民居住条件和生活环境、优化土地资源配置有着积极意义。

其他固定资产投资是指按照国家规定不纳入基本建设、更新改造、房地产开发的其他固定资产投资。主要包括以下部分：用油田维护费和石油开发基金安排的油田维护与开发工程；采掘采伐工业用维简费进行的开拓延伸工程；交通部门用养路费及车辆购置附加费对原有公路进行的改建工程；商业、粮食、供销部门用简易建筑费建造的仓库工程、生活设施建设等。可见，这些投资主要用于维持简单再生产资金安排的工程、简易建筑及零星固定资产建造和购置等。一般来说，其他固定资产投资的资金来源和使用，具有很强的专业性、行业性和政策性。

流动资产投资是指投资主体为启动投资项目而购置或垫支某项流动资产的行为和过程。流动资产投资按其投资的内容可分为储备资金、生产资金、产成品资金、货币资金。任何一项固定资产投资建成投产后都需要配备一定量的流动资产，否则就无法正常运转。流动资产投资与固定资产投资是构成直接投资的两个密不可分的组成部分，都是直接投资所不可缺少的，而且两者之间应有一个合理的比例。该比例对于不同类型、不同规模的项目是不同的。一般而言，资金密集型企业、技术密集型企业流动资产的投资比重小；劳动密集型企业流动资产的投资比重大。此外，与经营管理水平高低也有关，管理水平越高，流动资产投资占全部投资的比重就越低；反之，就越高。

由于流动资产投资的对象与企业日常生产经营中流动资产的投放对象相一致，因此很容易被混淆，但两者性质不同，前者属投资资金，后者属经营资金。相同之处是，两者均由投资主体投入并在企业中不断循环、周转。不同的是，流动资产投资一旦进入企业，就一直被企业所占用，只有到企业停止生产经营时才能收回，完成一次循环，因而循环周期很长。而生产经营中流动资产循环的周期与产品生产周期相同，首先经营者以货币资金购置原材料、燃料等流动资产形成生产储备，另一部分货币资金用于预付劳动者工资；其次流动资产进入生产过程，在这个过程中，原材料、燃料等劳动对象物质形态发生变化，价值一次性转移到产品中去，劳动者通过劳动也将新创造的价值追加到产品中去，而劳动资料则只是将其磨损部分的价值转移到产品中去；最后通过产品销售，价值得以实现，流动资产又恢复到起始形态，即货币资金的形态，生产经营性流动资产的一个循环遂告完成，进入下一次循环，如此周而复始、循环不已，直至企业停止生产经营。可见，流动资产投资的一次循环包含了许多次生产经营性流动资产的循环。

②企业并购

企业并购是兼并和收购的简称，主要可分为三类：

A. 横向并购。横向并购是指同属于一个产业或行业、生产或销售同类产品的企业之间发生的并购行为。横向并购可扩大同类产品的生产规模，降低生产成本，获得规模效益；可增强企业的市场支配能力，消除竞争，增加垄断实力。

B. 纵向并购。纵向并购是指生产过程或经营环节紧密相关的企业之间的并购行为。纵向并购可分为：前向并购，即向其产品的后加工方向并购，如生产零部件或生产原材料的企业并购装配企业或加工企业；后向并购，即向其产品的前加工方向并购，如装配或制造企业并购零部件或原材料生产企业。纵向并购可以扩大生产经营规模，节约通用设备、费用等；可以加强生产过程中各环节的配合，利于协作化生产；可以加速生产流程，缩短生产周期，节省运输、仓储和资源等。

C. 混合并购。混合并购又称复合并购，是指生产和经营彼此没有关联的产品或服务的企业之间的并购行为。混合并购的主要目的是分散处于一个行业所带来的风险，提高企业对经营环境变化的适应能力。

（2）间接投资

间接投资是指投资主体为了获得预期的效益，将资金转化为金融资产、知识资产或人力资本的行为或过程。

转化为金融资产的行为或过程称为金融投资，主要是证券投资。证券投资是指投资者通过购买证券让渡资金使用权给证券发行者进行直接投资，并以债息、股息、红利的形式与直接投资者分享投资效益。证券投资包括股票投资和债券投资。需要说明的是，通常证券投资是指购买股票、债券、投资基金等行为，既包括一级市场的购买，也包括二级市场的购买。

转化为知识资产的行为或过程称为知识投资，主要表现为技术投资。具体的形式有企业自行研发的投资、通过建立合资企业而获得技术的投资、通过许可证贸易获得技术的投资、通过加入战略联盟而获得技术的投资等。

人力资本投资内容如上文所述。

间接投资与直接投资是投资的两种最基本的形式。间接投资者将货币或能以货币衡量的物品转换为借据、信托受益权证书、债券、股票等形式的金融资产，专利、技术、商誉、商标等形式的知识资产，以及学历、健康、劳动力素养等形式的人力资本。在转换完成后，不会引起社会实物资产的增加。所以在计算社会总投资时，不能把间接投资计算进去，否则就会重复计算；在安排投资资金与物资的平衡时，间接投资也不能计算进去，因为间接投资对物资的需求甚少。但这并不意味着间接投资对增加社会实物资产无足轻重、可有可无。间接投资对扩大直接投资规模、引导直接投资流向、提高直接投资效益都有积极的影响。当我们进入知识经济时代之后，知识资产投资和人力资本投资对社会与经济发展的影响将越来越大。

需要指出的是，直接投资、间接投资有其规范的划分。直接投资是指能使投资者参与企业的生产经营活动，拥有实际管理权、控制权的资金投入行为。它包括直接开厂设店或购买相当数量的股份，至于购买多少数量的股份才算直接投资，各国的标准不同。

必须指出的是，目前理论上的间接投资主要是指金融投资，但是这种观点从严格意义上并不准确，将知识资产投资和人力资本投资排除在投资的范畴之外，如果说在数十年前这种观点还有些可取之处的话，那么在当今知识经济时代不得不说是一个极大的缺陷。

2. 按照我国的统计口径划分

根据我国统计年鉴，主要有以下几种分法：按投资构成分、按产业行业分、按资金来源分、按隶属关系分、按建设性质分、按所有制性质分。

（1）按照投资构成划分

按投资的构成，可分为建筑、安装工程，设备、工器具购置，以及其他投资费用。

①建筑、安装工程

建筑工程指各种房屋、建筑物的建造工程，又称建筑工作量。这部分投资额必须兴工动料，通过施工活动才能实现，是固定资产投资额的重要组成部分。安装工程指各种设备、装置的安装工程，又称安装工作量。在安装过程中，不包括被安装设备的本身价值。

②设备、工器具购置

即指购置或自制的、达到固定资产标准的设备、工具、器具和仪器。新建单位及扩建单位的新建车间，按照设计或计划要求购置或自制的全部设备、工具、器具，无论是否达到固定资产标准均计入"设备、工器具购置"中。

③其他投资费用即指在固定资产建造和购置过程中发生的，除建筑、安装工程和设备、工器具购置投资完成额以外的应当分摊计入固定资产投资的费用，不指经营中财务上的其他费用。以上三项费用中，对投资效益起决定性作用的是设备、工器具购置，鉴于其对投资成败的重要性，这方面的投资又称为积极投资；其他两个方面的投资，对投资效益则起着辅助的作用，称为消极投资。显然，要提高投资效益，做到投入少、产出多，就要尽可能地提高积极投资的比重。

（2）按照产业行业划分

三大产业划分是世界上较为常见的产业结构分类，但各国的划分都略有不同。我国的三大产业划分为：第一产业—农林牧渔业；第二产业—采矿业，制造业，电力、煤气及水的生产和供应业，以及建筑业；第三产业—除第一、第二产业以外的其他行业，包括批发零售业，交通运输、仓储和邮政业，住宿和餐饮业，信息传输、软件和信息技术服务业，金融业，房地产业，租赁和服务业，科学研究和技术服务业，水利、环境和公共设施管理业，居民服务、修理和其他服务业，教育、卫生和社会工作，文化、体育和娱乐业，公共管理、社会保障和社会组织及国际组织。

（3）按照投资资金的来源划分

按照投资资金来源，可分为国家预算内资金、国内贷款投资、自筹投资、利用外资以及其他资金。

①国家预算内资金

国家预算内资金是指由国家财政预算资金安排的投资建设，包括一般预算、政府性基金预算、国内资本经营预算、社保基金预算、各项政府债券中用于固定资产投资的资金。

②国内贷款投资

国内贷款投资是指固定资产项目投资单位向银行及非银行金融机构借入用于固定资产投资的各种国内借款，包括银行利用自有资金及吸收存款发放的贷款、上级主管部门拨入的国内贷款、国内专项贷款（包括煤代油贷款、劳改煤矿专项贷款等）、地方财政专项资金安排的贷款、国内储备贷款、周转贷款等。

国内贷款具体形式，按双方权利和义务划分，有信用贷款、担保贷款、质押贷款、抵押贷款、信托贷款、委托贷款；按具体形式划分，有基本建设贷款、技术改造贷款、房地产类贷款、企业并购贷款。

③自筹投资

自筹投资是指各企事业单位筹集用于固定资产投资的资金，包括各类企事业单位的自有资金和从其他单位筹集的用于固定资产投资的资金，但不包括各类财政性资金、从各类金融机构借入资金和国外资金。

自筹投资在计划经济下，数额极少。改革开放以后，为了发挥地方和企业的积极性，国家进行了大规模的放权让利，从而使这块投资占社会总投资的比重迅速上升。

④利用外资

利用外资一般可分为直接利用外资、间接利用外资和其他三大类渠道。

直接利用外资的方式主要有"三资企业"、合作开发、企业并购，随着我国加入 WTO 和我国资本市场的逐步开放，外资对我国企业的收购将成为直接利用外资的主要方式。一般而论，直接利用外资不会产生偿还外债问题，不需要定期支付利息，而且有利于引进先进技术和先进管理方法、分享外资的国际销售网络及国际商业信息，因而受到国内各级政府和各类企业的普遍欢迎。其实，任何事物都存在利和弊两个方面，在看到直接利用外资"利"的方面的同时，还应清醒地认识到"弊"的方面。

间接利用外资，即借用外国资金，主要的方式有外国政府贷款、国际金融组织贷款、一般商业银行贷款、向国外发行债券、吸收国外存款等。与直接利用外资不同，间接利用外资存在偿还问题，并需要定期支付利息。为此，对间接利用外资的规模，我国历来十分慎重，以避免出现债务危机。间接利用外资的优点是，投资方向可由我方掌握，资金到位率比较高。

其他类的主要形式是国外商品信贷，是指将资金的借贷与商品生产和商品交易结合在一起的融资形式，具体包括"三来一补"（来料加工、来件装配、来样制作、补偿贸易）、租赁、出口信贷、BOT 等。从资本输出方讲，商品信贷有利于降低生产成本或促进商品出口；从资本输入方讲，能不耗费或短期内耗费较少的外汇取得机器设备和产品，因而受到第三世界国家的普遍欢迎。我国在改革开放初期，"三来一补"在利用外资中占相当大的比重，由于"三来一补"项目一般技术含量较低，随着我国经济实力的提升，其比重在不断下降。后几种商品信贷方式在我国还相当盛行。

⑤其他资金

其他资金是指除上述资金外用于固定资产投资的资金，包括社会集资、个人资金、无偿捐赠及其他单位拨入的资金等。

（4）按照隶属关系划分

隶属关系是由建设单位或企业、事业、行政单位的主管上级机关确定的。主要分为两种：中央和地方。

中央是指中共中央、人大常委会和国务院各部、委、局、总公司及直属机构直接领导的建设项目和企业、事业、行政单位。这些单位的固定资产投资计划由国务院各部门直接编制和下达，统一组织或委托下级实施，包括由中央垂直管理的部门（如中央统计局各级调查队）和中央直属企业（如工商银行、中国电信、中国石油等）、事业单位。

地方是指由各省（自治区、直辖市）、地、县三级政府及业务主管部门直接领导和管理的建设项目和企事业单位，地方项目还包括不隶属于以上各级政府及主管部门的建设项目和企事业单位，如外商投资企业和无主管部门的企业等也属于地方投资。

（5）按照建设性质划分

按照建设性质划分即按整个建设项目情况加以确定。建设项目的性质一般分为新建、扩建、改建和技术改造，单纯建造生活设施，迁建，恢复，单纯购置等。

（6）按照所有制性质划分

我国的所有制形式主要有以下几种：内资（包括国有、集体、股份合作、联营、有限责任公司、股份有限公司、私营、个体、其他）、外商投资及港澳台商投资。

3. 其他常见分类

（1）生产性投资和非生产性投资

按投资的不同经济用途，可分为生产性投资和非生产性投资。

①生产性投资

它是指直接用于物质生产或满足物质生产需要的投资，主要包括农业、林业、牧业、渔业、水利业、工业、建筑业、交通运输业、邮电通信业、商业、物资供销和仓储业的投资。

②非生产性投资

它是指用于满足人民物质和文化生活福利需要的投资，主要包括房地产业，公用事业，居民服务业，咨询服务业，卫生、体育、社会福利事业，教育、文化、艺术、广播电影电视业，科学研究、技术服务业，金融保险业，党政机关、国家机关和社会团体及其他方面的投资。

生产性投资直接形成生产能力或直接为形成生产能力服务，对增加社会物质资料的供给、提高整个国民经济的技术装备水平、促进经济的发展具有十分重要的意义；同时，它又是进行非生产性投资建设的物质技术基础，因此应作为国民经济投资的主体。非生产性投资是直接为提高人民的物质文化生活水平服务的，虽然不能直接为社会提供物质产品，却是社会物质产品生产的一个必要条件和保证。没有科学事业的发展，就不可能有工农业的现代化；没有必要的住宅及其他文化、生活福利设施，职工生活就得不到妥善安排，生产也难以为继。因此，生产性投资与非生产性投资的关系是相辅相成的关系，人们习惯把它比作"骨头"和"肉"的关系。生产性投资好比人体上的骨头，非生产性投资好比人体上的肉，两者缺一不可，并且两者还应保持合理、协调的比例。具体在处理两者的关系时，按照我国的国情，应首先满足人民群众物质文化生活必需的非生产性投资的需要；在此前提下，再尽可能地满足生产性投资的需要；在可能的条件下，适当满足社会上一部分人对高档物质文化生活的非生产性投资的需要。

（2）经营性投资和非经营性投资

按投资的目的，可分为经营性投资和非经营性投资。

①经营性投资

它是指以营利为目的的投资，在市场经济中，企业的投资一般都是经营性投资。

②非经营性投资

它是指不以营利为目的的投资。在市场经济条件下，由于存在市场失灵，有些外部经济性项目如公共物品（路灯、不收费的道路桥梁等）一般是没有企业愿意投资的，而人们又需要这类物品，这类投资即为非经营性投资；有些面向低收入群体的社会福利项目，如老年福利院、残疾人康复中心等，体现了党和政府对人民群众的关怀，收费标准很低，规定只能收支相抵或略有盈余，这类投资也属非经营性投资；有些为提高人们科学文化水平的投资，如图书馆、博物馆、各类学校等的投资；还有些为改善人们生活环境的投资，如绿化、治理环境污染等的投资。由于无利可图，非经营性投资主要应由政府来承担，当然政府也可采取一些优惠政策，吸引企业的投资，特别对那些能够做到收支平衡的非经营性项目，要积极鼓励企业进行投资。

（3）大型项目、中型项目和小型项目

按投资项目的建设规模，可分为大型项目、中型项目和小型项目。

投资项目大、中、小型划分的标准有两大类：一类是工业建设项目的划分标准；另一类是非工业建设项目的划分标准。工业类项目如果是生产单一产品的，按增加产品的能力划分。例如，拖拉机厂新增年产轮胎式拖拉机 20 000 台以上的为大型项目；5000~20 000 台的为中型项目；5000 台以下的为小型项目。如果是生产多种产品的，按增加主要产品的能力划分。如果是生产产品繁多的项目，按投资额划分；非工业类项目的划分标准主要有三种：一是以投资额为标准，如其他水利工程（包括江河治理）总投资 2000 万元以上的为大型项目；二是以能提供的实物量为标准，如水库库容 1 亿立方米以上的为大型项目；三是以能提供的实物量并结合投资额为标准，如水厂以日供水 11 万吨以上、投资额 1000 万元以上的为大型项目。

将投资项目划分为大、中、小型，除为了便于划清各级审批机构的审批权限和项目建成投产后的归属外，主要是结合各地的具体情况，尽可能达到规模经济标准。规模过小肯定不经济，投资效益肯定差，如一家只有年产 1 万辆小汽车生产能力的汽车制造厂，其经济效益是不可能好的。企业规模与效益率之间的关系可用图 6-1 表示。

图 6-1 中 A 点为最佳规模点，从 O 点到 A 点，随着规模的扩大，边际成本不断下降，在 A 点上边际成本最小，单位资本效益（即效益率）最高。从 A 点到 B 点，边际成本不断上升，单位资本效益下降，但仍为正值，在 B 点上边际成本等于产品价格，单位资本效益为零，B 点的规模是企业可实现最大效益的规模。

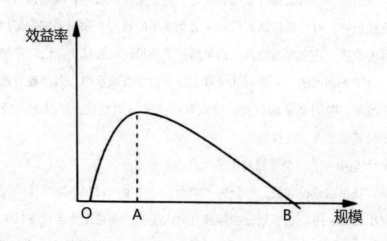

图 6-1　企业规模与效益率之间的关系

（4）竞争性项目投资、基础性项目投资和公益性项目投资

按投资项目的产品性质和行业，可分为竞争性项目投资、基础性项目投资和公益性项目投资。

①竞争性项目投资

竞争性项目是指其所属的行业基本上不存在进入与退出障碍，行业内存在众多企业，企业产品基本上具有同质性和可分性，以利润为经营目标的项目，如加工工业、建筑业、商业、服务业等。这类项目原则上应由企业来投资，作为经济主体的企业，竞争能力较强，对市场变化反应比较敏捷，在价格和利益机制的驱动下，可使这方面的资源配置不断趋于优化。

②基础性项目投资

它是指对基础产业的投资，基础产业一般是指在产业发展中为其他产业的发展提供基本生产资料和生产条件，而且具有较高感应度的产业，包括农业、基础工业、基础设施。农业是指农、林、牧、渔业；基础工业是指能源（包括电力）工业和基础原材料（包括重要矿产资源、钢材、石油化工材料等）工业；基础设施主要包括交通运输、机场、港口、通信、水利等设施。基础产业处于产业发展链的上游，如出现供给不足，会成为其他产业发展的"瓶颈"，阻碍其他产业的发展，因而适度超前发展是基础产业的一大特点。它的第二个特点是蓄积效应，即当发展到一定水平后，对它的需求量可能出现下降或者停滞，这时超前发展应暂告一个段落。基础产业不仅在供给量上会影响其他行业的发展，在供给的价格上也会对其他行业发展产生重大影响，为了减少对其他行业的不利影响，世界各国一般对基础产业供给量、供给价格都实行调控和管制。基础产业发展状况与基础性项目投资有着直接的关系。基础性项目投资直接影响到基础产业的发展，进而影响整个经济的发展。再从基础性项目投资自身看，一般有初始投资大、周期长、回收慢的特征。显然，基础性项目投资的外部经济性（即有较大国民经济效益）和自身的特征要求政府对基础性项目投资保持适度水平。由于基础性项目投产后有一定的收益，财政投资可采用有偿的方式进行。在不影响国家对基础产业有效控制的前提下，也可吸引其他方面（如外商、私营经济等）的资金，共同参与我国基础产业的建设。

③公益性项目投资

公益性项目是指为满足社会公众公共需要的投资项目，这些投资项目具有消费时非排斥性（即张三可以消费，同时不排斥李四，李四也可以消费）和收费比较困难的特点。公益性项目可分为两类：一类是免费供社会公众消费，如公共道路、城市美化、污染治理、社会安全等项目；另一类是有偿供社会公众消费，如公立学校、文化设施、新闻广播等项目。前一类项目只能由政府无偿拨款来解决，其中，全国性的或跨省市项目由中央政府投资，地区性的项目由地方政府投资。后一类项目由于收费不高，所收的费用甚至不足以维持经常性开支的需要，更谈不上投资回收了，也主要靠政府投资。

将投资项目划分为竞争性、基础性、公益性三大类，对于合理确定投资主体的投资范围，发挥市场机制的作用，克服市场缺陷，保证投资活动健康、有序地进行有着积极的意义。但也有人认为，这种划分不够严谨，主要理由是：三者不是对等的概念，竞争与垄断、基础与加工制造、公益与营利似乎对等性更强些。由于概念的不对等，实际工作中有些投资项目就会出现交叉，既可以归入此类，也可以归入彼类。如农业既属于基础性产业，同时又是竞争性产业；又如免费的道路既可属于基础设施，又可属于公益性项目。另外，类内行业、部门的进一步归类也值得探讨：公立学校放在基础产业类好还是公益类好，文化设施中哪些应归入公益类、哪些不应归入公益类等。

（5）一般投资和风险投资

按投资的风险程度，可分为一般投资和风险投资。

任何一项投资都是有风险的，按照风险程度的大小，将投资分为一般投资和风险投资两大类。一般投资是指投资活动中不可确定因素较少、投资者对投资结果有一定把握的风险较小的投资。对传统产业中工艺和技术成熟、产品质量易控制、市场认可度高的投资属于一般投资范畴。风险投资则是指投资活动中不可确定因素较多、投资者对投资结果把握不大的风险较大的投资，包括引入高新技术对传统产业加以改造的投资和对由高新技术催生出的新兴行业的投资。

风险投资与一般投资的区别，最初只是体现在投资风险的大小上，但是由于风险投资的运作方式与一般投资的运作方式不同，人们也将运作方式作为区分风险投资和一般投资的标志。风险投资的运作一般有以下几个阶段：第一阶段是种子阶段，该阶段的特点是公司刚刚成立，规模很小，产品也只是个构想，公司的估值很低，此时公司的资金主要来源于创办者的自有资金或创办者从亲朋好友处筹集的资金。第二阶段是早期阶段，该阶段的特点是产品已经研制成功，但质量、性能还不够完善，还没有设计出理想的生产程序。这个阶段需要大笔资金，添置有关的机器设备，这些资金主要来源于风险投资者或风险投资基金。风险投资者或风险投资基金投入资金以换取公司的部分股权。第三阶段是扩展阶段，该阶段的特点是公司业务已经上了轨道，产品已进入市场，公司开始有了些盈利。为了扩大市场份额，公司须进一步筹资，这时筹资的对象主要是银行。第四阶段是上市退出阶段，该阶段的特点是公司通过上市迅速壮大，而风险投资者或风险投资基金则通过证券市场将手中持有的股权转让套现，退出公司。

也有些风险投资的运作方式稍有不同，如一些网络公司不经过第三阶段，直接从第二阶段跳到第四阶段，即公司还没有盈利就已经上市了。这种情况一方面与政府鼓励风险投资有关（建立创业板市场）；另一方面与证券投资者和证券投资分析家们对这些公司的未来盈利预期甚高有关。

风险投资在促进科技进步、提高科技转化率、扶植壮大科技型企业、加快经济发展速度上具有重要的积极意义，目前已成为世界各国投资领域的热点之一。

二、投资的特点

投资活动是人类社会最重要的经济活动，同一般的物质生产和流通领域的活动相比有很多不同的特点。深刻认识这些特点，对于理解、研究和掌握投资运动的规律是很有益处的。

（一）投资领域的广阔性和复杂性

投资活动是国民经济中最重要的经济活动，投资领域涉及面广，几乎覆盖了社会经济的方方面面。首先，国民经济各部门、各单位都必须拥有固定资产作为自身活动的物质基础和条件，而固定资产只有通过投资活动才能取得；其次，国民经济各部门、各单位的发展需要相应扩大固定资产，也离不开投资活动；最后，某些部门职能的转变、某些单位发展战略的变化，同样需要相应的固定资产来保证。因此可以看到，国民经济各部门、各单位几乎都有投资部门。投资领域的广阔性另一方面表现在，为投资活动提供服务的部门、机构众多。在我国主要有发改委、国资委、财政部、金融机构、建筑安装企业、设计单位、相关的中介服务机构等。这些机构、部门、单位从不同角度、不同程度参与了投资活动，从而使投资领域不仅涵盖固定资产的建设过程，而且还延伸到计划、财政、金融、物资供应等领域。

投资领域的广阔性必然带来投资领域的复杂性。投资领域的复杂性可以从宏观、微观两个层面来看。从宏观层面看，投资涉及社会供求平衡，涉及与财政、金融、外汇、物资供应的关系，非常复杂。仅以货币投放与投资规模关系为例，货币投放与投资规模的数量关系、货币时滞与投资规模的关系、货币乘数效应与投资乘数效应的关系等都非常复杂。如果将投资与财政、金融、外汇、物资供应结合起来看，则更加复杂。从微观层面看，投资涉及计划、政策、资金筹措、工程招标、土地购置、生产准备、竣工验收、偿还贷款。投资者要与投资主管部门、投资公司、工程承包公司、勘察设计单位、施工单位、工程招标管理机构、建设监理机构、银行和非银行金融机构、地产管理部门、物资供应单位等发生错综复杂的经济关系。

投资领域的广阔性和复杂性，要求我们必须加强对投资活动重要性的认识，加强投资的宏观管理，建立合理、有效的调控机制，制定切实可行的投资政策。同时，正确处理好错综复杂的经济关系，发挥市场机制作用，规范投资行为，提高投资活动效率。

（二）投资活动的垫付性

与一般的经济活动不同，从表象看，投资活动是一种垫付性活动，即投资者先将资金及可折合成一定价值的实物资产和无形资产垫付在投资客体上（即形成某项资产），然后凭借形成的资产取得预期效益。投资垫付性的特点意味着原先的资金和资产必须转变为另一种新的资产或新资产的一个组成部分，换言之，不具备一定的资金和资产是无法成为投资者的。由于垫付性，在投资过程中，只有投入，没有产出，因此，投资规模的大小必须与投资者的可垫付量相一致，超越可垫付量的投资规模会使投资者陷入困境。

投资活动的垫付性从宏观层面看，要求投资规模必须与国力相适应，超越国力（即超越可垫付量）的投资规模不仅会损害社会的供求平衡，而且还会损害投资活动本身，使投资活动难以顺利运行。投资活动的垫付性还要求，投资结构与可垫付的结构也要均衡，否则会引起经济结构的失衡。投资活动的垫付性对微观投资的要求是：必须量力而行，在投资前必须筹措到足够的资金；同时，还必须考虑时间上的可承受性，如果投资需要两年，这两年中将只有垫付，没有产出，投资者要权衡是否能承受。

（三）投资周期的长期性

任何一项经济活动都需要花费一定的时间，有的长些，有的短些，有的甚至瞬间就能完成，如购物活动，一手交钱一手交货，所需时间极短，一般的工业生产所需时间也不太长，往往是这边原材料投入，那边产成品即可出来。但投资活动则不同，由于投资项目规模较大、地点固定，且具有不可分割性，使得投资周期较长。一般而言，在投资决策期，应对投资进行充分审慎的研究论证，做好建设的各项准备工作。实践证明，决策工作做得越细、越认真，投资成功的可能性就越大。因此，对投资决策期务必给予时间上的保障，应避免仓促拍板。在建设工作期，则应在保证质量的前提下，力争缩短周期，加快建设进度，使项目早竣工、早投产。缩短投资回收期，意味着可早日收回投资，理应想方设法予以缩短。

当然，具体每项投资的周期是不同的，这与项目的大小、复杂程度、技术水平有很大的关系。投资者在进行投资前，一定要对自己所投资的项目的投资周期有相当准确的判断，根据自身的情况来决定项目的取舍。在正式开始投资后，应尽可能缩短建设周期，争取早日竣工投产。缩短投资周期，最主要的是缩短投资回收期，而投资回收期与产品价格走向、产品质量、性能、生产成本、营销有直接的关系，这就要求在投资过程中必须兼顾到以后的生产经营情况，以服从生产经营为中心，确保顺利实现投资回收。

（四）投资实施的连续性和波动性

一项投资活动，尤其是一些大型的固定资产投资活动，是一个包含着若干相互衔接、不可间断的工作阶段的经济活动过程，只有这些工作循序渐进、不间断地进行，才能实现投资的目的；否则，就会形成投资资金在某一工作阶段的呆滞，造成投资品的无效耗费和投资价值的损失。正如马克思所讲："如果工程不继续进行，已经在生产中消耗掉的生产资料和劳动就会白白地耗费。即使以后工程恢复了，它在这段间歇时间里也会不断损坏。"投资实施的连续性要求，要么不搞投资，要搞就要一气呵成，不能搞搞停停，更不能半途而废。因为投资过程中的建筑产品的半成品是没有独立的国民经济意义的。

投资实施过程还呈现出资金耗费的波动性。就单个投资项目而言，通常建筑施工阶段的投资耗费要比投资决策期大；建筑施工初期的投资耗费要比工程扫尾时大；在建筑施工期，设备大多到货，投资达到最高峰。投资实施过程资金耗费的波动性要求：在微观上，要精心测算各个时间段资金需求量，组织好资金供应，避免因资金不到位而造成投资过程的间断；在宏观上，要正确处理好在建投资规模与年度投资规模的关系，协调好投资续建项目、新开工项目和竣工项目之间的比例，力求做到均衡投资，错开投资高峰、低谷。在一定年度里，新开工项目不宜过多，否则会由于过多的项目同时处于投资高峰，而使资金和投资品满足不了需要，造成投资过程的间断。

（五）投资收益的风险性

投资收益的风险性，是指投入的资金可能不仅不能取得预期收益，甚至还可能发生亏损或血本无归的不确定性。任何投资都有风险，只是程度不同而已，有的大些，有的小些，风险大的一般收益也大，风险小的一般收益也小。

投资收益的风险性是由主观和客观两个方面的原因引起的。主观原因有对市场预测错误、投资决策欠妥、投资管理工作不善等。客观原因是市场突变、政策变化、天灾人祸等。投资风险包括以下风险：市场风险，指市场的变化和竞争引起的风险；技术风险，指投资于新技术的研发所可能产生的风险；财务风险，指证券发行人或债务人不能按期偿付，以及价格、利率、汇率变动带来的风险；此外，还有通货膨胀风险、政治风险、自然灾害风险、战争风险等。投资的风险性要求：微观上，投资者在进行投资活动时必须做科学的预测和论证，慎重决策，强化投资管理，尽可能降低、分散和避免投资风险；宏观上，要进一步健全风险承受机制，完善投资风险的各项保险，扩大各类投资风险的担保机构，建立风险投资基金，改进投资风险预警系统。

三、投资经济学的地位和研究方法

（一）投资经济学课程的地位

投资经济学是研究投资运动规律的，它不同于工业经济学、农业经济学、商业经济学，后者具有部门的特征。由于投资是各个生产部门和非生产部门都有的活动，是一个经济领域，因而投资经济学是一门综合性的部门经济学。

作为一门综合性的部门经济学，投资经济学与财政学、货币银行学、投资银行学、财务学、区域经济学、管理学等有着许多的交叉关系，即投资经济学有许多方面涉及以上学科的知识。因此，要将投资经济学真正学好、学深、学活，必须了解、熟悉以上学科，并随时注意这些学科的发展动态。

作为一门综合性的部门经济学，投资经济学来源于经济学，是从经济学中衍生出来的一门部门经济学，因此经济学中的再生产理论、市场理论、供求理论、企业理论、区域经济理论、经济增长理论等是指导投资经济学相关论述的理论依据。本课程的学习应在了解、掌握经济学的知识之后进行，这样可收到事半功倍的效果。

作为一门综合性的部门经济学，投资经济学又是投资学专业的基础理论课程，投资学专业的其他课程，如项目管理学、项目评估学、国际投资学、证券投资学、施工企业财务等均是从本课程中衍生出来的，是本课程某些内容的细化和具体化。因此，本课程与本专业其他课程的关系是：掌握本课程内容，对于全面、深入了解本专业其他课程之间的关系及内容是非常有益的；同时，了解、掌握其他课程的内容更有助于对投资经济学的理解。

（二）投资经济学的研究方法

1. 实证分析与规范分析相结合

所谓实证分析，是指用统计计量方法对经济数据进行处理的方法。其在分析经济问题和建立经济理论时，撇开对社会经济活动的价值判断，只研究经济活动中各种经济现象之间的相互联系，在做出与经济行为有关的假定前提下，分析和预测人们经济行为的后果。实证分析可说明和回答的问题是：①经济现象是什么？经济事物的现状如何？②有几种可供选择的方案？将会带来什么后果？但它不回答是不是应该做出这样的选择的问题，即它力图避免价值判断（即关于社会的目标应该是什么、经济事物是好是坏、对社会有无意义的价值判断）。

所谓规范分析，是一种着重价值判断的分析方法，只分析该不该做及行不行得通的问题。由于每项解决方案总会对某些人或某个群体有利而对另一些人或群体有损，因此，该不该实行某项方案、值不值得实行某项方案、某项方案的贯彻落实是否可行就很值得研究了。规范分析要研究和回答的问题是：①经济活动"应该是什么"或社会面临的经济问题应该怎样解决？②什么方案是好的？什么方案是不好的？③采用某种方案是否应该、是否合理、为什么要做出这样的选择？规范分析涉及经济行为和经济政策对人们福利的影响与评价问题，由于人们的立场、观点、伦理和道德观念不同，对同一经济事物、经济政策和经济问题会有迥然不同的意见和价值判断。

对投资经济学的研究，尤其是在对策性方面的研究，实证分析与规范分析相结合的方法是一种比较好的研究方法。它可以使我们对投资活动的某一问题及其解决思路、方法、措施的可行性有比较清楚的认识，从而避免瞎指挥的情况发生。

2. 静态分析与动态分析相结合

静态分析是指在假定其他因素不变的条件下，对某个时点上的某一经济现象所进行的分析。如在投资结构分析中，将某一年份各种投资结构罗列出来，然后进行纵向（即与历史时期）比较、横向（即与其他地区、国家）比较，从中找出问题所在，这就是静态分析方法。动态分析是指考虑在各种影响因素变化的条件下，对某一经济现象的发展趋势所进行的分析。如果我们分析的是未来投资结构的趋向，就必须充分考虑利率、汇率、社会需求、原材料供应的可能变化，在此基础上预测投资结构的变化趋向，这就是动态分析方法。在投资经济领域中，最常用的静态和动态分析法是：在投资项目的经济评价上，不考虑货币时间价值的投资总收益率的计算就是一种静态分析法，考虑了货币时间价值的投资总收益率的计算就是一种动态分析法。

3. 定性分析与定量分析相结合

定性分析是指通过对经济现象的分析，从中找出具有本质性的东西，然后加以概括、提炼，形成某种结论的分析方法。如通过对我国长期投资活动的分析，总结了正、反两个方面的经验教训，得出投资规模必须与国力相适应的结论，这就是一种定性分析。定量分析是指通过对经济现象的分析，从中找出带有数量关系的东西，然后用数学模型的形式来揭示其内在联系的分析方法。如通过对投资活动的分析，发现投资率不能超过50%，这就是定量分析。由于定性分析揭示了经济现象的本质，因而定性分析是定量分析的基础和前提，但定量分析有助于我们了解事物内部的数量关系，有助于具体工作的开展。因此，对两者应结合起来加以运用。

4. 比较分析与系统分析相结合

有比较才有鉴别，在投资经济学的研究中，常见的比较有中外比较、地区比较、历史比较、方案比较等，通过比较可以发现问题，找出问题所在或选定解决问题的方案。因而比较分析法是经济分析包括投资经济分析中最常用的分析方法之一。在比较分析中，必须注意的是可比性问题。如在做投资规模合理性研究时，单纯将我国的投资规模与美国的投资规模进行比较，从而得出我国投资规模偏小的结论，这是可笑的，因为两国的经济总量相差太大。因此，在比较分析时，应结合系统分析方法。所谓系统分析，是指从整体联系和过程联系来认识事物，把某一事物看作一个大系统，其内部由众多的子系统构成，这些子系统相互作用、相互影响，规定了大系统的状态、特征及本质。美国的投资规模是美国经济大系统中的一个子系统，其大小用投资规模占美国经济总量的比（即投资率）表示比较妥当。

第二节　投资与经济发展

一、投资与经济增长

经济增长是指一个国家或地区在一定时期内商品和劳务总供应量的增加，即社会经济规模的扩大，一般用 GDP 表示。经济增长包括两层含义：其一，商品和劳务总量的增加，即 GDP 总量的增加；其二，人均 GDP 的增加。如果只有前者而没有后者，就不能算经济有实质性的增长。世界各国经济发展的历史表明，投资与经济增长之间存在非常密切的关系。一方面，经济增长水平决定投资总量水平，投资总量的多少主要是由一国 GDP 的多少和积累率的高低决定的；另一方面，投资对经济增长具有强有力的推动作用。在一国出口需求、消费需求既定的情况下，经济增长率的高低主要取决于投资总量的大小及其投资效率的高低。投资对经济增长的作用可以从 GDP 的计算公式及有关的经济增长模型中导出。

（一）GDP 计算公式

国内生产总值（GDP）是指在一定时期内（一个季度或一年），一个国家或地区的经济中所生产出的全部最终产品和劳务的价值，常被公认为衡量国家经济状况的最佳指标。

GDP 计算方法主要有以下三种：

1. 生产法

用生产法核算 GDP，是指按提供物质产品与劳务的各个部门的产值来计算国内生产总值。生产法又叫部门法。这种计算方法反映了国内生产总值的来源。公式为：

$$GDP = 劳动者报酬 + 生产税净额 + 固定资产折旧 + 营业盈余 \qquad (6-1)$$

第一项为劳动者报酬，是指劳动者因从事生产活动所获得的全部报酬，包括劳动者获得的各种形式的工资、奖金和津贴。第二项为生产税净额，是指生产税减生产补贴后的余额。生产税是指政府对生产单位生产、销售和从事经营活动，以及因从事生产活动使用某些生产要素（如固定资产、土地、劳动力）所征收的各种税费。第三项为固定资产折旧。第四项为营业盈余，是指企业的营业利润加上生产补贴。

2. 收入法

用收入法核算 GDP ，就是从收入的角度把生产要素在生产中所得到的各种收入相加来计算出的 GDP 。公式为：

$$GDP =工资+利息+利润+租金+间接税和企业转移支付+折旧 \qquad (6-2)$$

3. 支出法

用支出法核算 GDP ，就是从产品的使用出发，把一年内购买的各项最终产品的支出加总而计算出的该年内生产的最终产品的市场价值。

如果用 Q_1 ， Q_2 ， $\cdots$ ， Q_n 代表各种最终产品的产量， P_1 ， P_2 ， $\cdots$ ， P_n 代表各种最终产品的价格，则使用支出法核算 GDP 的公式为：

$$Q_1P_1 + Q_2P_2 + \cdots + Q_nP_n = GDP \qquad (6-3)$$

在现实生活中，产品和劳务的最后使用主要是居民消费、企业投资、政府购买和净出口。因此，用支出法核算 GDP ，就是核算一个国家或地区在一定时期内居民消费、企业投资、政府购买和净出口这几方面支出的总和。

（1）居民消费

居民消费（用字母 C 表示）包括购买冰箱、彩电、洗衣机、小汽车等耐用消费品的支出，服装、食品等非耐用消费品的支出，以及用于医疗保健、旅游、理发等劳务的支出。建造住宅的支出不属于消费。

（2）企业投资

企业投资（用字母 I 表示）是指增加或更新资本资产（包括厂房、机器设备、住宅及存货）的支出。投资包括固定资产投资和存货投资两大类。固定资产投资指新造厂房、购买新设备、建筑新住宅的投资。为什么住宅建筑属于投资而不属于消费呢？因为住宅像别的固定资产一样是长期使用、慢慢地被消耗的。存货投资是企业掌握的存货（或称为库存）的增加或减少。如果年初全国企业存货为 2000 亿美元而年末为 2200 亿美元，则存货投资为 200 亿美元。存货投资可能是正值，也可能是负值，因为年末存货价值可能大于也可能小于年初存货价值。企业存货之所以被视为投资，是因为它能产生收入。从国民经济统计的角度看，生产出来但没有卖出去的产品只能作为企业的存货投资来处理，这样，从生产角度统计的 *GDP* 与从支出角度统计的 *GDP* 相一致。

计入 *GDP* 中的投资是指总投资，即重置投资与净投资之和，重置投资也就是折旧。投资和消费的划分不是绝对的，具体的分类则取决于实际统计中的规定。

（3）净出口

净出口（用字母 $X - M$ 表示，X 表示出口，M 表示进口）是指进出口的差额。进口应从本国总购买中减去，因为进口表示收入流到国外，同时也不是用于购买本国产品的支出；出口则应加进本国总购买量之中，因为出口表示收入从外国流入，是用于购买本国产品的支出。因此，净出口应计入总支出。净出口可能是正值，也可能是负值。

把上述三个项目加起来，就是用支出法计算 *GDP* 的公式：

$$GDP = C + I + G + (X - M) \tag{6-4}$$

在我国的统计实践中，支出法计算的是国内生产总值被划分为最终消费、资本形成总额，以及货物和服务的净出口总额，它反映了本期生产的国内生产总值的使用及构成。

最终消费分为居民消费和政府消费。居民消费除了直接以货币形式购买货物和服务的消费外，还包括以其他方式获得的货物和服务的消费支出，即所谓的虚拟消费支出。居民虚拟消费支出包括以下几种类型：单位以实物报酬及实物转移的形式提供给劳动者的货物和服务；金融机构提供的金融媒介服务；保险公司提供的保险服务。

通过支出法计算的 *GDP*，可以计算出消费率和投资率。所谓消费率，就是最终消费占 *GDP* 的比例。所谓投资率，就是资本形成总额占 *GDP* 的比例。

通过上述公式特别是支出法公式，投资（*I*）对 *GDP* 有着极其重大的作用。

从理论上说，按支出法、收入法与生产法计算的 *GDP* 在量上是相等的，但实际核算中常有误差，因而要加上一个统计误差项来进行调整，使其达到一致。实际统计中，一般以国民经济核算体系的支出法为基本方法，即以用支出法计算出的国内生产总值为标准。

（二）投资效应

投资对经济增长的作用从根本上讲，是由投资的两大效应决定的，即投资的需求效应和供给效应。

1. 投资的需求效应

投资的需求效应是指因投资活动引起的对生产资料和劳务商品的需求。投资需求、消费需求和出口需求构成了整个社会的总需求，由于消费需求在一定时期内具有相对的稳定性，出口需求的影响因素又很多，所以当一个社会需求不足、经济增长缓慢时，往往通过提升投资需求来扩大总需求，刺激经济增长。投资需求对社会总需求的影响既表现在影响社会总需求的总量上，又表现在影响社会总需求的结构上。如某一时期投资主要投向机械业，则产生的需求主要是钢材、电子产品等；如主要投向纺织业，则相应的需求主要是化工产品、棉花等。

投资的需求效应有以下三个特点：

（1）即时性。只要投资活动一开始，马上就会对社会产生相应的需求。投资需求的即时性要求我们在安排投资规模时，必须考虑要与当时可支配的资源相适应，否则将影响社会的供求平衡。这里的相适应，既包含与可支配资源的总量相适应，又包含与可支配资源的结构相适应。

（2）无条件性。投资对社会产生的相应需求是不需要任何条件的，只要有投资必然会产生相应的需求。投资大，需求就大；投资小，需求就小。投资需求的无条件性要求我们在安排投资规模时，必须谨慎从事，充分认识投资产生的需求的不易控制性，要站在社会供求平衡的高度来处理投资问题。

（3）乘数性。投资乘数是指投资的增加额所带来的国民收入增加额的倍数。用公式表示：

$$k = \frac{\Delta y}{\Delta I} = \frac{1}{MPS} = \frac{1}{1 - MPC} \tag{6-5}$$

式中，k 为投资乘数；Δy 为收入的变动；ΔI 为投资变动；MPS 为边际储蓄倾向；MPC 为边际消费倾向。

假定边际储蓄倾向为 1/4，那么投资乘数就是 4。初始投资支出为 1000 个单位货币，用于购买投资品，那么投资品生产者可以得到 1000 个单位货币的收入。投资品生产者将收入的 3/4 用于消费，那么消费品生产者可得到 3/4×1000 即 750 个单位货币的收入。消费品生产者又会支出 750×3/4 即 562.5 个单位货币，如此运行不止，最终社会因 1000 个单位货币的投资而增加的收入为：

$$4000\left(\frac{1}{1-\frac{3}{4}} \times 1000\right) \tag{6-6}$$

显然，每一个环节的支出既可描述为下一个环节的收入，也可描述为对下一个环节的需求。

2. 投资的供给效应

投资的供给效应是指投资完成后能向社会再生产过程注入新的生产要素、形成新的资本，具体表现为增加生产资料（如机器、厂房）的供给。投资的供给效应对经济增长的作用主要表现在两个方面。一方面，投资是保持社会资本存量的主要手段。资本存量在使用过程中，价值会逐步转移，实物会逐步磨损，无论在哪个时点上，总有一部分资本要退出使用。为了保持社会资本存量不变，需要有相应的投资形成的资本加以弥补，这类投资通常称为重置投资。另一方面，投资是实现社会资本增量的重要途径。现代经济社会的基本特征是扩大再生产，为了实现社会生产能力的扩大，必须增加社会资本量。为增加社会资本量而进行的投资，通常称为净投资。因此，总投资＝重置投资+净投资。当总投资小于重置投资时，意味着社会资本量在减少，较难实现经济增长；当总投资等于重置投资时，意味着社会资本量将保持不变，这时要实现经济增长也比较困难；只有总投资大于重置投资时，经济增长才有相应的物质基础。

当然，不能将投资的供给效应视为影响经济增长的唯一因素。事实上，除了投资外还有很多其他的因素也会影响经济增长，如人口的增加、自然条件的变化、科学技术的进步、生产经营组织方法的改进、经营管理水平的提高、国家政局的稳定、政策的正确性、国际环境的制约等，但投资的供给效应始终是个重要因素。投资的供给效应有以下两个特点：

（1）滞后性

相对于投资需求的即时性而言，投资的供给效应要滞后一段时间才能显现出来。道理很简单，任何一个项目不可能一夜之间建起来，需要一定的建设周期。投资供给的滞后性告诉我们，在安排投资规模时，要充分考虑国民经济各部门是否有相应剩余的人力、物力、财力来支撑投资的需求，要坚持有多少能力办多少事的原则，切忌贪大求快，否则往往会欲速则不达。

（2）有条件性

投资不会自然而然地形成供给，倘若建设条件不具备、生产条件不具备，结果只能是无法顺利建成或建成后无法顺利投产，从而形成无效投资，而无效投资对国民经济是不会产生任何供给效应的。由于投资供给效应的有条件性，所以在进行投资决策时，必须认真做好可行性研究，认真研究建设条件、生产条件，尽量避免无效投资的风险。

（三）投资对经济增长的贡献

投资对经济增长的贡献，从本质上讲，主要是形成有效供给，即为社会生产提供有效的生产手段。假设总供给等于总需求，为了简化核算，人们通常从需求角度计量投资对经济增长的贡献。

在国民经济统计中，按支出法统计，GDP 由最终消费（含居民消费和政府消费）、投资（含固定资产形成和存货增加）及净出口（含货物和服务净出口）三大需求组成，GDP 的增长也是由三大需求的增长组合决定的，即：

$$\triangle y = \triangle C + \triangle I + \triangle (X - M) \tag{6-7}$$

式中，X 表示出口，M 表示进口。

通常人们把投资对经济增长的贡献率定义为 $\dfrac{\triangle I}{\triangle y}$，投资对经济增长的贡献值定义为 $\dfrac{\triangle I}{\triangle y} \times \dfrac{\triangle y}{Y}$。

运用上面的定义公式时，有五个问题必须加以注意：

1. 要考虑价格因素，尤其在价格变动比较大的年份。应采用可比价格计算，不能用现行价格计算，因为通常最终消费价格上升幅度与固定资产投资价格上升幅度是不一致的，如果用现行价格计算就会出现扭曲。

2. 当 GDP 的增长率为负值，如投资仍是正增长，其对经济增长的贡献率为负值；如投资也是负增长，则其对经济增长的贡献率却为正值。这是否意味着定义公式有问题？其实，它恰恰真实地反映了对经济增长的贡献情况：负值表明其运动方向与 GDP 增长的运动方向相反，是对 GDP 负增长做出"负"贡献；正值表明其运动方向与 GDP 一致，是对 GDP 负增长做出"正"贡献。

3. 按以上定义公式计算的投资贡献率仅是指投资本身作为需求因素对经济增长的直接贡献，不包括因投资间接引起的消费增长对经济增长的贡献。因此，投资实际对经济增长的贡献率要比单纯的投资贡献率大得多。

4. 投资贡献率的负面性。如上所述，投资对经济增长的贡献，从根本上是体现在形成有效供给上，而不是体现在形成有效需求上。但投资需求效应具有无条件性，即无论投资是否会产生供给效应，都会有相应的需求。按投资贡献率计算，则都会对经济增长做出贡献。也就是说，一项一分钱效益也没创造出来的投资也会一分不少地从需求方面对经济增长作出"正"的贡献。这对过分追求经济高速增长的各级领导来讲，可能会诱使其拼命扩大投资，而忽视投资效益。

5. 投资贡献率不是投资效益指标。投资贡献率只是反映投资与 GDP 之间的关系，说明经济增长中有多少是由投资带来的，而根本不能说明投资效益的情况，绝不能说投资贡献率越高，投资效益就越好。有时甚至恰恰相反，投资贡献率高，说明增量投资大，按资本边际效益递减的规律，投资贡献率越高，可能其效益越差。当然在目前有效需求不足的情况下，通过启动投资需求来刺激经济增长，还是有积极意义的。

二、投资与就业

（一）投资效益影响就业

投资效益对就业的影响主要表现在对就业的稳定性和持久性上。投资效益好，意味着该项目能持续经营，就能为职工提供稳定的、持久的收入来源；反

度等制约，但也与个人所受教育程度、个人经历、性格、抱负等相关。倘若某一行业就业者偏好程度低，该行业要招募员工要么以提高工资报酬等增强吸引力，要么就招募一些不太满意的员工。前者将增加费用，并且还会引起原职工加薪的要求；后者则会给企业发展带来隐患。正因为有就业者偏好的存在，造成有些行业的就业者趋之若鹜，有些行业的就业者弃之如敝履，从而在一定程度上影响投资结构。对就业偏好一般通过市场进行自发调节，也就是某就业者找不到最满意的工作，只能退而求其次。但对一些就业偏好极差的行业，一般应由政府给予一定补贴，甚至由政府包下来，同样，这些行业的投资应由政府投资兴办，以克服就业偏好对投资结构的不利影响。

3. 就业影响投资效益

就业影响投资效益主要表现为工资报酬及福利待遇影响投资效益、就业者的素质高低影响投资效益。

（1）工资报酬及福利待遇影响投资效益

就业者的工资报酬与就业状况直接相关，当劳动力市场求大于供时，工资报酬必然看涨；反之，当供大于求时，工资报酬看跌。而劳动力费用的增减，必然会影响投资效益。工资报酬的上涨如发生在建设期，则使投资成本上升；如发生在生产经营期，则使生产经营成本上升，最终的结果都将影响投资效益。就业者的工资报酬除与劳动力市场的状况有关外，与就业者自身的状况也有关，如文化程度高的、工作能力强的、工作经历丰富的求职者一般要求的工资报酬就高。为了提高投资效益，企业应尽可能节省人员费用。由于各企业（无论是高新技术企业还是一般企业）对各个岗位的要求是不一样的，因此吸纳劳动者因按岗位而异。对要求高学历的岗位，就应该吸纳高学历的人员；对文化程度要求低的岗位，则可以吸纳低学历的人员，以降低人员费用。就业者的福利待遇在我国主要由两大部分内容构成：一部分是法定的，如企业及行政事业单位必须为职工缴纳公积金、养老金等；另一部分是各单位自定的，如有些单位实行度假制，有的实行补充公积金制等。法定的福利待遇是国家为保护劳动者的权益而制定的，各单位必须执行。而单位自定的福利待遇，是单位为增强凝聚力、提高职工的忠诚度而制定的，必须量力而行。

（2）就业者的素质高低影响投资效益

就业者的素质对投资效益的影响具有决定性的意义。市场竞争说到底是人才的竞争。投资效益的高低固然取决于许多因素，诸如项目设计质量的优劣、设备和工艺选定的正确与否、施工质量的好坏、产品市场定位的准确与否等。但其中最重要的因素是人，尤其是高级管理人员。用人正确，即使设计等存在问题也会得以纠正；用人不当，即使其他工作都做得很好，也会导致投资的失败。这一点已越来越被社会所认识，因此，现在可以经常看到许多企业不惜重金聘人才。当然，人才应有层次性，企业如果各层次的员工都是由优秀的员工组成的，则该企业肯定能无往而不胜，其投资效益肯定会很好。

三、投资与可持续发展

（一）可持续发展的基本原则

1. 可持续性原则

这里包括三层含义：

一是经济发展的可持续性。可持续发展的目的是要发展，而发展首先是经济发展，没有经济的发展，其他发展就无从谈起。但关键是经济怎样发展？按目前的经济发展模式显然不能称为可持续发展。因为现在的经济发展，实际只是经济增长，具体就是 GDP 和人均 GDP 的增长。单纯用 GDP 和人均 GDP 的增长来衡量经济发展的问题是片面的，GDP 包括不良物品和服务，如烟草业的增长能使 GDP 增长，但它会引起癌症和心脏病，导致医疗和保费开支的上升，但因此又会增加 GDP。

二是环境的可持续性。经济发展的可持续性要以环境的可持续性为基础，因为人们无论是物质生产、精神生产还是自身的生产，所需要的物质和能量无一不是直接或间接来自环境系统，离开了环境的可持续性，人类就将面临灭顶之灾。如何做到经济发展与生态可持续的和谐统一？有些人主张应坚持最低安全标准，所谓最低安全标准，是指不对后代人满足自身需求的能力构成危害的资源最低保留程度。世界银行经济学家赫尔曼·戴利（H. Daly）将最低安全标准具体定为三条："社会使用可再生资源的速度，不得超过可再生资源的更新速度；社会使用不可再生资源的速度，不得超过作为其替代品的、可持续利用的可再生资源的开发速度；社会排放污染物的速度，不得超过环境对污染物的吸收能力。"

三是社会发展的可持续性。社会发展的可持续性主要指提高人民生活质量、促进社会整体进步。社会发展的可持续性是经济发展可持续性的根本目的，衡量社会发展的可持续性一般包括四个方面的内容：①人口，包括人口的自然增长率、文化素质、城市化水平、人口密度等；②基础设施，包括交通便利程度、邮电通信条件、能源供应、货客运量等；③生活质量，包括人均收入、恩格尔系数、人均储蓄、失业率、基尼系数、社会福利保障、每万人拥有商业网点数、医疗卫生等；④科技教育，包括科技进步情况、技术创新能力、科技对经济增长的贡献、教育、文化、科技教育费用占 GDP 的比重等。

2. 共同性原则

它包括四层含义：

一是可持续发展是人类共同的责任，自 20 世纪末世界环境与发展大会以来，世界各国逐渐对可持续发展达成进一步共识，世界都在推进可持续发展的进程，地区和国际的合作在进一步加强。但是，必须看到可持续发展在不同地区间的进程非常不平衡，可持续发展整体执行能力不强，全世界应该携手共进，推进可持续发展。为了实现可持续发展，各个国家应当在坚持经济发展、社会进步、生态环境保护的三大支柱上，统筹协调，既要发展绿色经济，也要消除贫困，增加人民生活福祉。

二是各国在可持续发展战略上应当共同协作、协同发展。由于各个国家在发展上极不平衡，因此各个国家要选择适合本国发展的可持续发展道路。有的国家仍有贫困等一些老问题，生态恶化和环境污染问题依旧很严重。而另一些国家由于受到国际金融危机的影响，在履行资金援助及技术转让方面的政治意愿有所下降。30 多年前的里约会议上曾经宣布"共同但有区别责任"的原则，这个原则在当时就是成果文件，不应该倒退，发展中国家要尽可能、尽快地推进经济向绿色经济发展转型，而发达国家应履行官方援助的承诺，提供充足的资金和先进技术来帮助发展中国家和不发达国家，帮助其成功地找到发展绿色经济的道路，实现地球的可持续发展。

三是各个国家内部应该统一思想，共同为打造绿色地球、建立美好家园、走可持续发展道路而努力奋斗。一些国家，特别是发展中国家和不发达国家，由于国家要发展，为了短期的经济效益而盲目发展污染严重的重化工业，容忍对森林、矿藏无序砍伐、开采。各地方政府为了短期经济发展往往竭泽而渔，环保产业得不到重视。国家内部应该统一思想，不能为了个别方面、个别部门的利益，盲目上马重工业、化工业及对环境污染较大的行业。应着力开发绿色技术，部门间应通力协作，发展绿色可持续经济，为保护美好家园、创建绿色地球尽一份绵薄之力。

四是关于可持续发展的相关技术、资金，各组织、国家间应该相互分享。可持续发展并不是某一个国家、组织的天然职责，而是全人类应该为之努力的项目。可持续发展既不仅仅是某些大国、强国的任务，也不仅仅是小国、弱国的责任。在这个科学技术爆炸的年代，各国应摒弃成见，携手共进，实现资源共享、资金共筹、技术共同进步的"三共"原则，为地球的绿色经济、环境的可持续发展、美好家园计划而共同努力奋斗。同时，技术共享也避免了资源浪费、重复研发，从另外一个层面来说也节约了能源、资金、技术力量，实现可持续发展。

（二）投资与可持续发展分析

我国发展可持续投资，有利于落实新发展理念要求，具有巨大的现实意义。近年来，我国可持续投资加快发展，政策体系不断完善，可持续投资产品服务日渐丰富，第三方服务机构日益壮大。未来，我国还需要强化可持续投资的生态体系建设，助力我国低碳绿色循环发展。

1. 我国发展可持续投资的现实意义

可持续投资主要是指在投资管理中纳入环境（Environment）、社会（Society）和治理（Governance）等非财务因素的投资方法，一般涵盖了 ESG 投资、社会责任投资和影响力投资。可持续投资起源于道德投资，联合国发布可持续发展目标后，得到了社会广泛认可，而随着全球净零碳排放行动的推进，可持续投资进入加速发展阶段。

2. 落实新发展理念的重要举措

我国经济社会已进入新发展阶段，由粗放发展向高质量发展，由高速增长向中高速增长转变，在此过程中要落实新发展理念。构建新发展格局，要坚持创新、协调、绿色、开放和共享的新发展理念，创新是引领发展的第一动力，协调是持续健康发展的内在要求，绿色是持续发展的必要条件和人民对美好生活追求的重要体现，开放是国家繁荣发展的必由之路，共享是中国特色社会主义的本质要求。可持续投资的核心理念是注重长期投资收益和短期投资收益相结合，以此促进社会更加美好，是提高发展质量的重要抓手。

3. 我国可持续投资政策建议

（1）完善监管政策体系

我国加快了制定可持续投资监管政策的步伐，但从整体来看，主要聚焦于环境方面，对于社会和治理方面关注不足，可持续投资分类不明确。为此，一是制定统一的可持续投资发展政策，进一步明确可持续投资界定和分类，防止"漂绿"，全面提升 ESG 投资发展水平。二是强化信息披露水平，要与国际接轨，仍需要进一步完善信息披露规则和标准，强化上市公司、金融机构等重点主体的信息披露要求，提高信息透明度。三是强化可持续投资认证，建立统一的监测和统计平台，加强市场分析和研判，有效引导可持续投资市场的健康发展。四是加强国际合作，一方面，可以引进气候投融资等方面的资源，支持我国"碳达峰、碳中和"目标的实现；另一方面，参与制定可持续投资方面的国际准则，充分结合我国实际情况，提供政策意见和建议。

（2）强化金融机构可持续投资实践

我国金融机构已经开始重视可持续投资，但是可持续投资占比仍然较低，投资策略不够丰富，无法满足客户参与可持续发展的需求。因此，建议采取三个方面有针对性的措施：一是推动金融机构提升参与可持续投资的积极性，贯彻新发展理念，持续助力我国低碳绿色转型发展；二是金融机构要大力发展可持续投资金融服务，养老金、保险等资产所有者要将可持续投资原则纳入投资政策中，各类资管机构要运用专业优势，研发适合客户需求的可持续投资产品，不断提升在整体产品规模中的比重；三是持续强化投资管理水平，优化策略，将可持续投资与我国的可持续发展目标和"碳达峰、碳中和"目标结合起来，进一步应用 ESG 整合、股东参与及影响力投资，增强可持续投资的社会效应。

（3）加强金融工具创新

我国可持续投资发展时间不长，相关创新不足，不利于更广泛地动员社会资金。因此，一是建立可持续投资创新平台，应用监管沙盒，鼓励各类创新；二是可以考虑引入更多国际上相对成熟的可持续投资金融工具，诸如气候债券、绩效挂钩债券、社会影响债券，丰富社会主体参与可持续投资的渠道；三是部分可持续发展领域还处于发展初期，风险控制难度较高，诸如气候投资等，有必要考虑引入风险分担机制，利用不同性质资金的风险承担和投资目标，建立混合投资模式，缓解私人资本投资顾虑，吸引更多社会资金参与社会可持续投资。

（4）推动第三方服务机构发展

我国可持续投资第三方服务机构仍较为缺乏，并不利于此领域的健康发展。因此，一是鼓励第三方服务机构建立和发展，可以利用绿色金融改革创新试验区等优惠政策，给予一定税收优惠等方面的激励政策；二是加大对外开放，鼓励国际优秀的第三方服务机构，以建立分支机构或设立合资机构的形式，在国内展业；三是探索建立监管和指导体系，逐步加强数据服务、ESG 评级等重点类型服务机构的准入、资质和规范经营监管。

（5）加强专业人才培养

可持续投资涉及领域较广，对专业能力要求较高，我国可持续投资专业人才较少，不利于提升可持续投资发展水平。因此，一是各机构应加强可持续投资专业知识培训，建立相应的研究团队，深化对于可持续投资的认知；二是探索在高校开设可持续投资专业或相关课程，加强专业人才培养；三是借鉴现有职业考试经验，开发可持续投资资质认证机制，编制认证学习教材，形成持续学习机制，做到投资经理等重点岗持证上岗。

第七章　生态经济学理论与实践

第一节　生态经济学的基本理论

一、生态经济系统基本理论

（一）生态经济系统是生态经济学最基本的理论范畴

1. 生态经济系统是一切经济活动的载体

在人类经济社会的发展实践中，人们为了自身的发展和生活水平的提高，不断地进行着各种各样的生产和生活活动。这些活动都是由人类本身的经济目的引起的，也都是在经济系统的循环中周而复始地运行着。但是这些经济活动并不是孤立的，而是时时刻刻与客观自然生态系统的运行发生着密切的联系。例如，人们在经济系统中进行生产时，要从自然界取用各种自然资源，生产中随之形成的各种废弃物也要排放到自然界进行消纳等。同时，人们在经济系统中进行的经济活动是否能够继续进行下去，也要看自然界对人的经济活动所造成的压力是否能够承担。人类进行的各种经济活动，实际上不只是单纯的经济活动，而是一种生态经济活动；就其载体来看，人们进行的这些活动，也不只是在经济系统中进行，而是在经济系统与生态系统相结合所形成的生态经济系统中进行的。生态经济系统是人类进行一切经济活动的实际载体。在实践中，人们对经济活动所依托的载体的本质有了正确的认识，这是人们认识上的一个很大进步。它将引导人们正确和准确地处理经济活动中的各种生态经济问题，由此也就决定了生态经济系统在整个生态经济学理论范畴体系中作为最基本的理论范畴的地位。

2. 生态经济系统是生态经济学的研究对象

生态经济学是研究人的经济活动与自然生态之间关系和运动规律性的科学，其根本目的是指导国民经济实现生态与经济协调发展和可持续发展。从生态经济学研究的着眼点来看，它所研究的人的经济活动存在于生态经济系统中。它所研究的生态系统的运行存在于生态经济系统中；同时，它所研究的生态经济关系也存在于生态经济系统中，再从生态经济学的研究过程来看，它的研究以生态经济系统作为研究的出发点和归宿，同时也以之作为研究过程的立足点。生态经济学的全部运行过程的这一规律性又表明，它以生态经济系统作为研究对象。正是在这一基础上，生态经济学具备了作为一门独立学科存在的基础和学科理论特色；正是在这一基础上，它的其他一系列基本理论范畴和基本原理得以确立；同时也正是在这一基础上，生态经济学指导实践的作用才得以发挥。

（二）生态经济系统的类型

生态经济系统是一个与实践有着紧密联系的理论范畴。它在现实的宏观经济发展中，是以不同生态经济系统类型的形态存在的。从历史的发展来看，先后存在着三种不同的生态经济系统类型，它们分别代表着不同时代和不同的社会生产力，并反映了人们对自然界的不同认识水平。它们的发展是互相联系的，并且是一个由低到高的发展演变过程。

1. 原始型生态经济系统

原始型生态经济结构是指在较低的生产力水平下，比较简单的经济系统与生态系统的复合系统。这种系统主要存在于自然经济时代，它难以形成复杂的综合体。

其特征是：①自然生态系统处于主导地位，这种生态经济系统结构简单，食物链短，主要靠天吃饭；②生态经济系统以食物链网络的形式出现，由于自然经济下的商品交换极不发达，整个经济在封闭环境下运行，没有形成社会经济网络，故而呈现出生态系统食物链网络的特征；③经济系统对生态系统的影响较小，这种影响一般不超过生态系统的承载力，资源的开采和废弃物的排放都相对有限，能够保持自然生态的平衡。

这是一种落后的生态经济系统类型，与低水平的生态经济生产力相联系，所提供的经济产品很少，不能满足经济社会发展的需要。它必然要向更高的生态经济系统类型发展过渡。

2. 掠夺型生态经济系统

掠夺型生态经济系统结构是指经济系统通过技术手段以掠夺的方式同生态系统结合而成的生态经济系统结构。在此，资本主义经济系统最为典型。资本主义的发展史就是一部掠夺史。其特征是科学技术已经大发展，社会生产力有了飞速的提高，已经建立起资本主义的大工业和大农业。其特征是：①具有明显的经济主导型特征；②呈现出资源耗竭的特点，由于需要大量的要素投入，资源耗竭趋势十分严峻；③生态环境由于污染破坏而遭到严重损坏，主要是森林的砍伐、草场的破坏、空气的污染，以及水土的流失及其水质的下降。

掠夺型生态经济系统是生态与经济不协调的生态经济类型。但是由于人类没有生态经济协调的思想意识做指导，导致人们发展经济对自然生态系统形成了掠夺。在这种生态经济系统类型下，由经济系统与生态系统结合形成的复合生态经济系统的结构呈现畸形，往往是单一过量地利用生态系统资源，从而造成对生态系统的严重破坏。这时的生态经济系统循环已经是大范围的开放式的循环。但是由于农业从工业引入和使用了大量的化学肥料和农药，以及从农业拿走的营养物质不能补充返还，造成了农业上的生态平衡失调。在此情况下，经济发展与自然生态系统形成了越来越尖锐的矛盾。这种生态经济系统类型是一种必须摒弃的错误生态经济系统类型，它必然会向新的更高、更合理的生态经济系统类型转变。

3. 协调型生态经济系统

协调型生态经济系统是指开放的经济系统与生态系统按照生态规律结合而成的低耗、高产、高效、优质的生态经济系统。这是人类掌握了生态规律后的理性选择。其特征是：①生态系统与经济要素间是互补互促的协调关系，经济系统将物质与能量投入生态系统以改变其组合结构，加速生态系统的演化，以实现生态与经济系统的协调互补。我国粮-林-牧-沼气结合型的良性循环的生态系统就是一个成功典范；②具有循环和充分利用的功能，这种生态经济结构能够使多余的物质与能量输出系统之外以便充分利用，推动整个经济结构的有序化及其良性循环；③具有不危及生态环境的特征，在工业化时代，环境污染是难免的，但协调型生态经济结构可以从根本上缓解生产过程对生态环境的破坏。事前的预防和生产中的严格控制可以减轻污染与破坏的程度，有利于生态环境的良性循环。

这种生态经济系统的循环也是开放式的循环，但由于经济系统与生态系统结合形成的复合生态经济系统结构和功能已经走向协调，因此不会导致生态经济危机的产生。这种生态经济系统类型是当前人们正在努力建造，今后将要成为普遍存在的一种当代先进的生态经济系统类型。它的形成和发展，将引导人类社会进入生态与经济协调和可持续发展的状态。

（三）正确发挥人在生态经济系统中的主导作用

1. 明确认识生态经济系统存在的双重性

用生态经济系统理论范畴指导实践，首先要看到，生态经济系统具有存在双重性的基本特点。由于它是由生态系统和经济系统两个子系统有机结合形成的，因此它必然同时兼具生态系统和经济系统两个系统的特点。以生态经济系统为载体所进行的一切经济活动，都同时要受自然规律和经济规律两种规律的制约。生态经济系统的存在具有双重性这一基本特点决定了人们在利用自然资源发展经济时，一定要同时看到自然生态系统的存在，也要同时考虑到客观自然规律的作用和它对经济发展的巨大影响。大量事实清楚地说明，什么时候人们既重视经济系统的运行和经济规律影响的同时，也重视自然生态系统的运行和生态平衡自然规律的作用与影响，经济的发展就顺利，取得的经济效益就好；什么时候忽视以至于否定自然生态系统和生态平衡自然规律的存在和作用，经济的发展就受到阻碍，甚至遭受破坏。在这方面，历史已经给了人们极大的教训。

2. 认识人在生态经济系统中作用的双向性

用生态经济系统范畴的理论指导实践，要看到人的决定性作用，同时也要看到人在生态经济系统中的作用具有双向性的特点。

（1）重视人对生态经济系统的影响

综观世界及我国多年来出现的各种生态问题和生态灾难，其中除一部分是由自然本身的运动引起的，如火山爆发、地震、海啸和泥石流等，人力不能控制外，绝大部分都是由于人的影响，即人的错误经济指导思想和错误经济行为造成的。同时，现代科学技术的发展，使人对自然的影响已经遍及自然界的各个角落。当前人们发展经济所遇到的，实际上都已经不是纯自然的生态系统，而是受到人的影响的生态经济系统。这样人对自然的影响更是无处不在。因此，用生态经济系统基本理论指导实践，必然重视人对生态经济系统所起的巨大作用。这一认识是用生态经济学的理论指导实践的一个最基本的认识。在经济发展实践中运用这一认识指导我国经济发展，关键是要给人们提供一种正确的经济指导思想，用以规范人们的经济行为。其目的是把人对生态经济系统的影响引导到生态与经济协调发展的正确方向。

（2）人在生态经济系统中的地位具有双重性

人是生态系统的组成要素，同时也是生态经济系统的组成要素。人在生态系统和生态经济系统中的地位和作用是完全不同的。从生态系统来看，人在生态系统中是作为自然的人而存在，人只是生态系统中的一个生命要素。就此意义来说，人和其他动物的地位与作用没有任何区别。但是从生态经济系统来看，人的地位和作用就完全不同。在这里，人是作为社会的人而存在，这时人不但是生态经济系统的一个组成要素，而且是整个系统的主宰，因为生态经济系统是人们按照自己发展经济的目的建立的，他们发展经济也是在生态经济系统中进行的，同时他们的活动也必然要影响和左右生态经济系统的发展方向。人在生态经济系统中的地位具有双重性的这一特点又向人们指出，在运用生态经济系统理论范畴指导经济发展实践时，应该认识人在生态经济系统中的这一决定性地位，从而把人们利用生态经济系统发展经济的积极性和主观能动性充分地发挥起来。

（3）人对生态经济系统的作用具有双向性

在运用生态经济系统理论范畴指导实践中，人是生态经济系统的主宰，这一点是十分重要的。当人们的经济指导思想和经济行为符合生态与经济协调发展这一生态经济规律的要求时，就能够在保护生态系统的基础上，推动经济朝着可持续的正确方向发展；而当人们的经济指导思想和经济行为违反生态与经济协调这一生态经济规律的要求时，就会阻碍经济的发展，甚至还会造成经济发展的破坏。生态经济系统理论范畴中人对生态经济系统的作用具有双重性的这一特点，指明了发展经济中端正人们自身经济指导思想和经济行为的重要性。

二、生态经济平衡基本理论

生态经济平衡是生态经济学的另一个基本理论范畴。它是由生态平衡和经济平衡共同组成的复合平衡。生态经济平衡具有自身的生态经济属性，在指导我国经济发展的实践中发挥着重要的作用。

（一）生态经济平衡是生态经济学的基本理论范畴

生态经济平衡是人们经济运行中的经济平衡和所必然要涉及的自然界的生态平衡的有机结合，它的存在和运行对于我国经济实现生态与经济协调发展和可持续发展有重要意义。

1. 生态经济平衡是检验生态与经济协调的信号

生态经济平衡以自然界的生态平衡（即生态系统的平衡）为基础。在经济发展的实践中，起着警示人们发现生态与经济不协调的信号的作用。

2. 生态经济平衡是推动实现生态与经济协调发展的动力

我国近几十年来用生态经济平衡理论指导生态经济发展实践的过程，说明了事物的发展从实践到理论，再到实践的这一马克思主义认识论所指出的具体运作过程。从实际经济发展的情况看，最近几十年来，我国发展经济中出现了越来越多的生态与经济不协调的问题，阻碍了经济的发展。人们运用生态经济平衡理论范畴开始认识了生态经济平衡和生态经济平衡客观规律的存在。随后，之人们又以之为动力，在实践中自觉地用以端正自己发展经济的指导思想和经济行为，使之符合生态平衡自然规律和生态经济平衡生态经济规律的要求，因此就使我国经济的发展逐步走向生态与经济协调的正确方向。

（二）生态经济平衡的概念和内涵

1. 生态经济平衡是生态平衡和经济平衡的有机结合

（1）生态平衡和经济平衡两者都是客观存在的

过去人们对经济平衡的存在是比较熟悉的，但是在发展经济中却忽视与自然界的密切联系和它们之间的相互影响，因此对客观存在的生态平衡是不认识的。由此就经常发生人们发展经济不顾生态环境，因而破坏自然界平衡的各种严重问题。生态经济系统范畴的建立，把生态平衡和经济平衡两者的存在紧密地结合起来，并作为一个统一的生态经济学基本理论范畴，就可以避免只重视经济平衡，而忽视以至于否定客观存在的生态平衡的错误倾向。

（2）生态平衡和经济平衡两者是相互联系的

实践也已经证明，生态平衡和经济平衡两者不但都是客观存在的，而且也是相互联系的。它们在统一的生态经济平衡中以有机结合的形态存在，而不是以互相孤立的形态存在。

在经济发展实践中的生态平衡都是生态经济平衡。这是因为从人类发展经济来说，一切自然生态系统都是作为人的生态环境而存在，因此也都要受人类发展经济的影响。同时当代科学技术高度发展，人们的影响遍及自然界的方方面面，那种完全不受人类影响的纯自然的生态平衡实际上已经不复存在。

人们运用生态经济平衡基本理论指导发展经济，要注意避免两种错误倾向：一种是忽视自然生态平衡的倾向，生态平衡是统一的生态经济平衡的有机组成部分，发展经济对自然生态平衡的存在和作用是不能忽视的；另一种是为保护生态平衡而保护生态平衡的倾向。这是近年来，由于人们认识了并且大力强调保护生态平衡的情况下，所产生的另一种错误倾向。生态平衡只是生态经济平衡的一个组成部分，而不是全部；在整个生态经济平衡的有机组成中，对于发展经济来说，经济平衡的作用是主导，生态平衡的作用是基础。因此在实践中，人们应该是在优先考虑发展经济的情况下，同时切实重视对自然生态平衡的保护，而不是单纯地保护生态平衡。在以上两种错误倾向中，前一倾向将导致经济的不可持续发展，后一倾向将导致阻碍、放慢经济发展。这两种错误倾向给人们造成的危害都是巨大的。

2. 生态经济平衡是生态平衡与经济平衡的矛盾统一

在经济发展的实践中，生态平衡和经济平衡两者的结合是一个相互矛盾和相互统一的过程，即它们的结合是两个平衡的矛盾统一。

经济平衡是经济系统的基本功能，它依存于经济系统的结构。人们进行经济活动，必须保持经济系统的平衡，否则就会影响经济系统的正常运行和应当取得的经济效益。但由于经济系统的发展，在社会生产力不断提高的情况下，对自然生态系统的需求是无限的，这样就会给生态系统带来越来越大的压力。再从生态平衡的要求来看，生态平衡是生态系统的基本功能，它依存于生态系统的结构。生态系统无时无刻不在进行着物质循环和能量转换等生态系统的运动，从而保持着生态系统的平衡稳定和本身运行的长期持续。这正是它能够向人们提供进行经济活动所必需的自然资源的前提条件。而这一点却是人们在发展经济中容易忽视的。但是自然生态系统的供给能力是有限的，这样在经济系统向生态系统索取自然资源的压力过大，超过了生态系统的承受能力时，就会使生态系统失去平衡，也就是人们经常说的破坏了生态平衡，从而给经济的发展带来阻碍。此外，再从经济平衡和生态平衡两者结合的要求来看，经济系统和生态系统都是统一的生态经济系统的有机组成部分。它们各自的经济要求和生态要求是必须统一，而且也是能够统一的。即在客观存在的有限的生态经济系统中，经济系统对自然生态系统资源的过分要求脱离了生态系统的负担能力时，就会受到整个生态经济系统的统一平衡的制约和调节，于是就能使生态经济的发展重新走上协调，而不至于使自然生态系统遭受破坏。据此，一方面，生态和经济两个平衡的结合是必然的；另一方面，它们的矛盾统一也是必然的。

生态经济系统理论范畴是一个积极的理论范畴，而不是一个消极的理论范畴。即面对经济系统对自然资源需求的扩大，它不是简单地用限制经济发展的办法来达到消极的生态经济平衡，而是要依靠科技进步，集约利用自然资源来实现积极的生态经济平衡，在保持生态和经济协调的基础上，促进经济的更快发展。基于此，生态经济学是一门积极的学科，而不是一门消极的学科。

（三）生态经济平衡的基本属性

1. 生态经济平衡具有普遍性

生态经济平衡的普遍性特点来源于生态经济系统的普遍性特点。在人类社会的发展中，经济的发展是普遍存在的，自然界是普遍存在的，同时经济与生态的结合也是普遍存在的。人类发展经济实践中的这三个"普遍存在"，就决定了经济系统、生态系统和生态经济系统的普遍存在。特别是随着现代科学技术的飞速发展，人们发展经济的领域也在急剧扩大。当前人们正在向着自然界的深度和广度进军，甚至已经走向月球和太空，经济系统、生态系统和生态经济系统存在的普遍性表现得就更加明显。生态经济平衡是生态经济系统的基本功能，它始终伴随生态经济系统而存在。因此，在人类社会的经济发展中，生态经济平衡的存在也具有普遍性。这就要求人们在发展经济的各个领域和各个发展阶段中，时刻注意和妥善处理生态经济平衡问题。这是关系到经济社会是否能够实现可持续发展的重大问题。

2. 生态经济平衡具有相对性

生态经济平衡具有普遍存在的特点，但是它的存在不是绝对的，而是相对的；具体表现在它的存在的时间相对性、空间相对性和条件相对性上。它的时间相对性是指一个生态经济平衡在不同的时间上，其平衡的状态和具体内容是不完全相同的。这是由于生态系统本身和它所处的环境条件都会发生变化，因此它的存在在不同的时间上，就会有所差别。它的空间相对性是指一个生态经济平衡在不同的地域空间上，因地域条件的变化，其平衡的状态和具体内容也会有所不同。而它的条件相对性，则是指一个生态经济平衡在其所处的生态和经济条件发生了变化时，它的具体平衡状态和内容自然也就会与原来的生态经济平衡状态和内容产生不同。这就要求人们在发展经济中，充分注意到生态经济平衡在时间、地点和条件上的不同，因时、因地、因具体条件分别采取合适的生态与经济措施来处理生态经济平衡上的问题，而不能千篇一律地去对待，以免给生态经济的发展带来不利影响。

3. 生态经济平衡具有动态性

在经济发展中，生态经济平衡也具有动态性的特点，这是指一切生态经济平衡都是在运动中保持着的。生态经济平衡的动态性是生态经济平衡相对性的一种表现。

（1）生态经济系统本身的运动性

这是生态经济系统本身的一个基本属性。生态经济系统是由生态系统和经济系统共同组成的，其中经济系统是时刻都在发展运动着的，生态系统也是时刻都在发展运动着的。因此由它们相互结合形成的生态经济系统同样也是时时刻刻都在不停地运动着的。运动性是生态系统功能的表现。正是生态经济系统的这种物质循环、能量转换、信息传递和价值增值的运动，使它能够不断地向人们提供各种丰富的农林牧渔业等产品；也正是这些运动使它能够在受到外界冲击时，实现自我调节和恢复，使之能够长期永续地存在和继续运行。这就向人们指明，生态经济平衡是在生态经济系统不断地运动中保持着的，生态经济系统的运动性特点就是使生态经济平衡具有动态性特点的根源。

（2）生态经济平衡相对性特点的两重性

生态经济平衡的相对性不但表现在不同地区上，而且也表现在不同时间上。生态经济平衡的动态性是生态经济平衡的相对性中时间相对性的具体体现，由此也就成为形成生态经济平衡具有动态性的一个根源。所以一切生态经济平衡都是动态的平衡，即它的平衡都是在生态经济系统的不断运动中保持着的。因此一切生态经济平衡也都是发展变化着的。它们都是变动着的、相对的平衡，而不是静态的、绝对的和凝固在原来某一点上的平衡。同时这也要求人们在发展经济中，对生态平衡和生态经济平衡问题的认识和处理不能僵化与凝固化。人们在发展经济中，对那些掠夺自然资源，打破原有生态经济平衡的做法予以坚决制止，无疑是正确的。而对那些由于正常发展经济而打破原来生态经济平衡的某些现象，采取适宜措施，使之既能保持生态经济系统的动态生态经济平衡，又能促进经济的发展，无疑也是切实可行的。

4. 生态经济平衡具有可控性

在发展经济的实践中，生态平衡、经济平衡和生态经济平衡都是客观规律性的表现。当人们认识了生态经济平衡的形成和作用时，就可以发挥主观能动性，努力创造条件，使之保持原有的生态经济平衡，或者建立一个新的生态经济平衡，使之在继续按照自身客观规律运行的基础上，体现人们发展经济的意志，为人们谋福利。生态经济平衡具有可控性这一特点，说明在尊重客观自然规律和经济规律的同时，也可以根据条件对自然和经济的发展进行必要的调控，从而就扩展了人在生态经济运行中的思路和实际活动空间，使经济朝着有利于人类社会的目前和长远利益的方向发展。

三、生态经济效益基本理论

(一) 生态经济效益是生态经济学的基本理论范畴

1. 人们发展经济的目的是实现生态经济效益

一是中华人民共和国成立以来的一个很长时期，实行片面、僵化的计划经济，单纯以追求产品的产量和产值为目的，走粗放型增长的道路；在生产中拼资源、拼消耗，给经济发展造成很大的损失。二是在我国长期发展经济的过程中，直至 20 世纪 80 年代，人们不认识以至于否定了生态平衡客观自然规律的作用。就是在目前，通过经济改革，已经扭转了过去计划经济的做法，实行社会主义市场经济体制的情况下，由于对客观生态平衡自然规律作用的认识还不够深刻，因此多数地方的经济发展仍然是只追求经济效益，而不顾生态效益。今后发展经济一定要把目标建立在追求综合的生态经济效益，或综合追求经济效益、社会效益和生态效益的基础上。

2. 生态经济学的基本理论范畴是有机的联系与统一

人们进行经济活动的实际生态经济过程是：第一，为了进行有目的的经济活动，以自然生态系统为基础，建立了一定的生态经济系统，这是进行经济活动的实际载体；第二，一定的生态经济系统具有一定的生态经济系统结构，由此也就具有了一定的生态经济系统功能，生态经济平衡就是这一生态经济系统功能的具体表现，它为生态经济系统的运行（也就是为人们经济发展的运行）提供动力；第三，生态经济系统运行的结果，就产生了生态经济效益，这就是人类进行经济活动的目的。

由此可以看到，生态经济学中的生态经济系统、生态经济平衡和生态经济效益这三个最基本的理论范畴的作用是环环相扣、紧密联系的，它们之间形成了一种互相联系和相互制约的辩证关系，而且这一决定和影响的关系是双向的。先从其正向的决定作用来看，首先是生态经济系统作为载体的建立，决定了生态经济平衡的建立；其次是生态经济平衡作为动力的形成，推动了生态经济系统的物质循环和能量转换等运动，从而产生了最终的生态经济成果，即生态经济效益。再从其逆向的反作用来看，人们追求生态经济效益的具体情况（有时是片面的追求），必然会影响生态经济平衡的状况；而生态经济平衡的状态如何，无疑也会左右生态经济系统，以至于影响它的存亡。三个基本理论范畴的有机联系与统一正向作用，对于取得理想的生态经济效益来说，是事前的作用。它将指导人们努力正确经营管理生态经济系统，保持生态经济平衡，取得最好的生态经济效益。三个基本理论范畴的有机联系与统一逆向反作用，对于人们获取生态经济效益来说，也是事前的作用。

（二）生态经济效益的概念和内涵

1. 生态经济效益的概念

生态经济效益是生态效益和经济效益的结合与统一。

经济效益，这是人们从事经济活动经常使用的概念。简单地说，它是人们从事经济活动所获得的成效与所投入的耗费的比较。人们在一项经济活动中投入一定的耗费，包括活劳动的耗费和物化劳动的耗费，获得的经济成效越高，其经济效益就越好；反之，其经济效益就越差。这种获得的成效，可以是物质的，例如工业或农业的产品；也可以是非物质的，例如各种有效的服务等。

生态效益，这是人们从事经济活动，接触各种生态经济问题后才形成的生态经济学的新概念。它是指人们从事经济活动，投入一定的耗费后，在产生一定的经济效益的同时，也产生了对人们有用的各种自然效应。这种效应主要以所形成的各种生态系统功能的形式来表现，例如，人们作用于森林生态系统，森林生态系统除提供物质产品（如林木）外，还提供涵养水源、调节气候、保持水土和防风固沙等生态系统的效应。人们在实际的经济生产中，投入一定的耗费作用于一定的生态系统，获得的这种效益越高，其生态效益就越好；反之，其生态效益就越差。而一旦人的投入所发生的作用违反了生态系统运行的自然规律的要求时，其生态效益还会形成负值，就是对生态系统的功能造成了人为的破坏。

生态经济效益，它是经济效益和生态效益结合所形成的复合效益。它既包括人们投入一定的劳动耗费后，所获得的有形产品，也包括同时所获得的各种对人有用的无形效应。在人们对一定的生态系统做了一定的投入后，所获得的这种有形产品和无形效应越多，所获得的生态经济就越高，反之就越低。如果人们的投入反而造成对生态经济系统的各种破坏时，就不但没有生产生态经济效益，反而给生态经济系统造成了损失。

2. 生态经济效益的内涵

生态经济效益是一种讲求社会生产力发展速度和总量的社会再生产活动，是一种追求经济效益总量较大化的社会再生产活动，是一种以保持环境系统良性循环为约束条件的社会再生产活动，是一种以绿色产业为重要支柱的社会再生产活动，是一种经济增长、经济效益、生态环境三者之间相互协调和有机统一的社会再生产活动。

（1）现实经济发展中的经济效益实质都是生态经济效益

这是因为，在现实的经济发展中，人们在经济系统中的活动一时也离不开一定的生态系统，因此他们所取得的实际效益已经不是单纯的经济效益，而是由经济效益与生态效益结合所形成的生态经济复合效益。

（2）生态经济效益是经济效益与生态效益的消长结合

从生态经济效益的概念中，可认识到生态经济效益是生态效益与经济效益的结合与统一。对于它们的结合统一过程，生态经济效益有时是生态和经济两种效益的正向积累，有时则是两种效益的反向抵消。生态经济效益基本理论范畴的这一特点说明，人们在发展经济的过程中，必须用生态经济基本理论范畴来指导、规范自己的经济行为，力求同时获得经济和生态的正效益，避免它们的负效益，以获得实际最大的生态经济效益。

四、生态经济的基本理论

（一）生态经济的基本理论分析

1. 生态经济两重理论

人既是自然人又是社会人，是社会机体和自然机体的统一，这使人类社会经济活动既会引起社会经济变化，又会引起自然生态变化，这两个方面的变化导致社会生产过程、社会经济运动的两重性。所以，人类历史发展是社会经济发展和自然生态发展的统一。

2. 生态经济有机整体理论

现代生态经济系统是由生态系统和经济系统相互联系、相互制约、相互作用而形成不可分割的生态经济统一体，因而现代经济社会是一个由经济社会和自然生态融合而成的生态经济有机整体。

3. 生态经济全面需求理论

在现代经济社会中，人的需求是多要素统一的需求综合体系，其中最基本的有三个方面：一是物质需求；二是精神需求；三是生态需求。现代人的全面需求是以生态需求为显著特征的。

4. 生态经济生产理论

现代经济社会再生产是生态经济有机系统再生产，它不仅包括物质资料再生产和精神再生产，还包括人类自身再生产和自然生态再生产。

5. 生态经济价值理论

在现代经济社会条件下，人类劳动不仅创造商品价值，而且创造生态价值，使现代生态经济系统中的生态环境不仅具有使用价值，而且具有生态价值，生态经济价值就是商品价值和生态价值的统一。这样，社会产品既包括经济系统的经济产品，又包括生态系统的生态产品；社会财富既包括经济财富，又包括生态财富。

6. 生态经济循环理论

循环运动是生态经济系统运动的基本形式，物质循环、能量流动、信息传递、价值增值是生态经济循环运动的具体形态，也是生态经济系统的四大基本功能。因而，生态经济循环运动是生态循环运动和经济循环运动的统一运动。经济发展并不只是经济的循环所带来的，还是从经济循环和生态循环当中得到的。所以，必须把经济发展建立在生态良性循环和经济良性循环有机统一的基础上。

7. 生态经济战略理论

现代经济社会发展，必须实行协调发展战略，它实质是生态经济协调发展战略，其主要内容是经济、社会、科技、生态四大系统的协调发展战略。因而，现代经济社会发展战略是经济社会发展战略和自然生态环境发展战略相统一的发展战略。

（二）生态经济标准

1. 形成以适宜技术为支撑，以绿色产业为主体，兼顾其他产业和多种经营为辅助，具有可持续发展能力的生态环境体系、社会经济发展体系和生态文化体系。逐步实现山川秀美、经济繁荣、社会文明。

2. 建成更新能力强、稳定性好、安全高效的生态经济复合系统。经济发展和资源、环境实现适度平衡。不断提高复合系统的服务功能。实现清洁、高效、低耗并具有地域特色的绿色经济。

3. 森林、草原、湿地等重要的生态系统得到保护与合理利用，重要的生态功能区、物种丰富区和重点资源开发区的生态环境得到有效的保护，环境污染问题基本解决，生态用水得到确保，各类环境质量达到相应的国家标准。

4. 矿产资源和水利资源得到合理开发和利用，优质资源和可更新资源不断增值；经济结构与产业布局得到优化；绿色产业、适宜技术、绿色名牌产品得到优先发展，市场占有率逐渐提高，逐步形成较强的综合经济实力和可持续递进的社会发展态势。

5. 文物、自然遗产和历史文化遗产得到有效的保护与开发，培育湿地旅游、森林旅游等荒野文化和少数民族特色的民族文化，搞好城乡绿色社区建设。

6. 定向生态现代化的发展方向，使城乡人民居住环境与生活水平得到全面改善，各项社会经济指标达到国内同类的先进水平。

第二节　生态经济系统的结构和功能

一、生态经济系统的结构和特征

（一）生态经济系统含义

生态经济系统是由生态系统和经济系统相互交织、相互作用、相互混合而成的复合系统。在生态系统与经济系统之间有物质、能量和信息的交换，与此同时，还存在着价值流循环与转换。因而，生态经济系统是一个具有独立的特征、结构和机能的生态经济复合体，并有其自身运动（物质运转、能量转换、信息传递、价值转移）的规律性；是一个能利用各种自然资源和社会经济、技术条件，形成生态经济合力，产生生态经济功能和效益的单元。生态经济系统，无论同生态系统相比，还是同经济系统相比，都是一个结构更复杂、功能更为综合的更高层次的系统。

生态系统与经济系统相交织、耦合的必然性在于：经济活动必须在一定的空间进行，并依赖生态资源的供给。而凡是人类活动可以触及的生态系统，一般也不是纯粹的自然生态系统，而是被纳入人类经济活动的范围，并打上了人类劳动的印记。因此，在生态经济系统中不仅有自然力的投入，而且有劳动力的投入，由劳动力和自然力的结合来共同创造财富，在进行自然再生产的同时进行着经济的再生产。因而，人类通常所见到的经济系统和生态系统实际上绝大多数都是复合生态经济系统。生态经济系统并不是自然的生态系统和人类社会经济系统简单的叠加体，而是由彼此之间存在着物质交换和能量流动的这两个系统相互作用和影响组成的有机体，是生态经济要素（诸多的环境要素、生物要素、技术要素和经济要素）遵循某种生态经济关系的集合体。人类的社会经济系统建立在自然生态系统的基础上，并且在依靠生态系统的同时也通过各种活动对其产生影响。

构成一个生态经济系统的条件，是系统必须具备生态经济特征，即既要有生态特征，又要有经济特征，并且具有生态与经济相互交织融合的特征。生态经济特征是生态经济系统状态的描述，其关键在于分析生态经济矛盾，透过生态经济现象，揭示系统的生态经济本质。生态特征就是在生态经济系统中存在着物质循环和能量流动，并且在系统中这种循环和流动是普遍性的，即不只是在自然生态之内或者人类社会经济系统内部，主要的是在自然生态系统和人类经济系统之间存在大量的物质循环与能量流动，并且人类的经济系统是依靠自然生态系统才可以生存和发展的。

人类活动所涉及的"地球表层"领域是众多学科共同研究的客体，从不同侧面去考察，形成生物圈、生态圈、智能圈、生态环境等范畴，它可以是生物学、生态学、地质学、物理学、化学甚至文化学等的研究对象，而只有从生态经济特征的角度去抽象，它才是生态经济学的研究对象—生态经济圈，即地球上最大的生态经济系统（整个地球系统）。相邻近的范畴则有人类生态系统、社会生态系统、经济生态系统等。依据不同的特征可以把生态经济系统划分为许多生态经济类型和子系统。

（二）生态经济系统的基本矛盾

人类的经济系统是以自然生态系统为基础的，人类各项经济活动必须在一定的空间进行，并且依赖生态资源的供给，凡是人类活动可以触及的生态系统，一般也不是纯粹的自然生态系统，而是被纳入人类经济活动范围，并且打上了人类劳动烙印的。生态经济系统的基本矛盾是：具有增长型机制的经济系统对自然资源需求的无限性与具有稳定型机制的生态系统对自然资源供给的有限性之间的矛盾。这一矛盾是贯穿于人类社会各个发展阶段的普遍矛盾。早在原始社会后期，这一矛盾就已经萌芽，发展到今天，矛盾不断激化而且形成了互为因果的两极：一方面，经济发展对生态系统的需求不断增加；另一方面，负荷过重和遭到污染的生态系统的供给力相对缩小，从而使人类社会发展面临着严峻的挑战。揭示生态经济系统的变化发展规律，并利用这些规律指导人类生态经济实践活动，是生态经济学的主要任务。

生态经济系统的基本矛盾具有决定性、普遍性、复杂性和可控性特点。首先，在生态经济矛盾体系中，生态经济基本矛盾是最主要的起决定作用的矛盾。一旦这一矛盾得到妥善的解决，其他生态经济及社会矛盾就会迎刃而解或者有了解决的基础。不难设想，一个社会，如果经济需求能有合理的约束，而生态供给又能源源不断地涌现，那么制约经济发展的最大问题—资源的稀缺性就将不再困扰人类，其他生态、社会问题自然也就易于解决了。其次，生态经济系统的基本矛盾是贯穿于人类社会各个历史发展阶段的普遍矛盾，是一个不分地域的世界性问题。这一矛盾是人类社会永恒的矛盾，在不同的历史时期这一矛盾又具有不同的表现形式。最后，生态经济基本矛盾比起系统的其他矛盾更具有复杂性，生态经济基本矛盾是众多矛盾错综集结而成的，因而更为复杂，它的解决要依赖于各种分门别类的生态经济问题的解决，所以也更加困难。此外，生态经济系统的基本矛盾还具有可控性，人则处于这个控制系统的中心。生态经济基本矛盾是一个对立统一体，虽然当人类经济活动对生态系统的干预方式和程度不适当时，这一矛盾会尖锐激化，但人类可以重新调节自己的干预方式，使生态系统的资源既得到充分利用，又不超越系统维持稳定状态所允许的限度，使矛盾得以缓解。

这些矛盾具体表现在两个方面：一是生态系统的资源供给不能满足人类日益增长的经济需求；二是经济系统的废弃物排放超过了生态系统的自净能力和调节能力，也就是生态环境的容量问题。

首先，生态系统的资源供给不能满足人类日益增长的经济需求。生态经济系统的资源问题主要是自然资源，它是一切经济资源的基础。地球就像一只太空船，自然界（生物圈）能提供给人类的资源本来就是有限的。人类的欲望或需求有无限膨胀的趋势，经济增长在加速进行，自然生态的供给越来越不能满足经济增长的需求，资源缺口有越来越大的趋势。这些稀缺的资源主要有化石能源、各种矿产、淡水、土地、森林、草原和野生动植物等。

其次，经济发展和保护环境及人口增长与承载力问题。经济发展会对环境造成损害，反过来说，资源与环境的破坏又会制约经济发展，尽管这种制约作用有滞后性。为了防止环境污染和生态破坏，就要改变经济增长方式，适当减弱经济活动的强度和规模；就要进行环保工程建设投资，在一定时期内就可能放慢了经济增长和人民（经济）生活水平提高的速度，这就是经济发展和环境保护之间的矛盾。如何解决这一矛盾是人类所面临的一个重大难题。

生态系统是经济系统的基础，生态系统先于经济系统存在，经济系统是在生态系统的基础上产生并发展的。人类所有的经济活动都是在生态系统中进行的，一方面经济系统分别从生态系统中索取生产所需的物质资源和人力资源，以保持系统内部的运行；另一方面通过人类智慧的作用，经济系统又为生态系统的正常运行提供符合其需要的物质保障或手段。但是，经济系统在发挥正面作用的同时，又向生态系统排放生产、消费中的废物，对生态系统产生负面效应，生态系统的改变又反作用于经济系统。因此，经济系统和生态系统是一个既对立又统一的整体，生态系统与经济系统之间必然在彼此互惠的原则下，才能平衡生态持续与经济发展。人们在社会实践中一定要遵循生态经济系统的运行规律，在取得社会、经济发展的同时，又能维持生态平衡，在良性的生态系统中保证社会经济的良性循环。

有些学者把这种互动关系形象地用捕食者（Prey）与被捕食者（Predator）的消长关系解释：经济系统被视为捕食者（或寄生者），自然生态系统则为被捕食者（寄主）。生态系统通过对太阳能的摄取、固定、能量流动及养分循环，才能提供生命支持及资源供给的功能（如林木砍伐、渔种、采矿等）。但是，人类在近期文明发展的过程中，对自然资产的利用已超出了其再生能力，人类自身的利益已经受到威胁。因此，经济系统开采、自然资源的利用必须相协调，一旦自然资源未得到适度保护而趋于耗竭时，则经济系统的资产也将随之减少；自然资源得到更新、其再生能力得到增加后，经济系统则会随之复生。只有利用经济系统的反馈，保护生态系统，增强其再生能力，才能使经济系统持续发展。

发展经济必须与保护生态相结合，生态可持续发展是经济可持续发展的充分条件。经济发展过程中应该确立以下原则：

（1）合理利用自然资源。经济系统必须依赖生态系统提供生产所需的原料、食物、能源等，在开采、利用可更新资源时，开采率不能超出其再生能力，以确保自然界能维持资源存量，持续地提供经济系统所需的资源。

（2）合理确定区域人口承载力。从宏观经济角度来看，区域的经济规模（总资源消耗量）不应超出该区域的承载力，否则会加速自然资产的耗竭。换言之，在不危及区域环境品质的前提下，该区域所能承受的经济成长是有限制的。区域的人口承载力主要受两个方面因素的影响：一是生活水平；二是外界能量、资源供给量。

（3）生产过程废弃物的循环利用。经济生产或消费行为所产生的人类不需要或厌恶的副产品，一般称为废弃物。这些废弃物，有的经过处理后排放，有的未经处理，直接排放回自然界。当释放到环境系统的废弃物量超过了环境的同化力时，就会导致环境系统衰退，进而影响其对经济系统的承载能力。应用生态工程理论，通过生态系统使养分循环返回自然界，促进自然环境的生命支持功能，或使废弃物通过回收而被经济系统再利用。

（三）生态经济系统的组成

生态经济系统根据不同规模，可以分为全球生态经济系统和区域生态系统及国家生态经济系统；根据不同产业和部门，可以分为工业生态经济、农业生态经济、运输生态经济、基本建设生态经济、旅游生态经济等。生态经济系统是由生态系统和经济系统组成的一个复合系统，所以一般认为生态经济系统的组成包括人口、环境、科技与信息三大基本要素。

1. 人口要素

人口要素是指生活在地球上的所有人类的总称。人口是组成社会基本前提，是构成生产力要素和体现经济关系与社会关系的生命实体。在生态经济系统中，人口要素属于主体地位，其他都属于客体地位。这是因为其他的自然生态系统及环境等都是和人口相对应的，只有和人类相互作用才具有实际意义。没有人类也就谈不上什么生态经济系统和自然生态系统与人类经济系统之间的矛盾了。另外，人类作为生态经济系统的主体，其最大的特点是具有创造力也就是能动性，这是人和其他一切生物的区别。因为人类具有能动性，所以人类才可以能动地控制和调节这个系统，使之符合客观发展规律。

2. 环境要素

环境是一个相对的概念，是指与居于主体地位的要素相联系和相互作用的客体条件。在生态经济系统中，人类居于主体地位，从广义上说环境要素就是人之外的其他一切生物和非生物。另外，根据和人类的关系，环境要素可以细分为物理系统、生物系统和社会经济系统三大系统。

（1）物理系统

物理系统由所有自然环境成分所组成，包括地球之外的太阳辐射、岩石-土壤圈、大气圈、水圈，它们都是独立于有机生命体之外的，均有其自身的运动规律，但是这些圈层却是生物圈和人类社会存在与发展必不可少的，并且生物圈、人类的社会经济系统和这些圈层时时刻刻都在进行着物质和能量的交换，包括人类社会从这些圈层中获取物质和能量，同时又将人类消费过的废弃物排放到环境中。因此可以说这些物理系统是生命系统存在的基础。

（2）生物系统

生物系统包括植物、动物及微生物等，这些生物在生态经济系统中分别扮演了不同的角色。绿色植物进行光合作用，固定太阳能，并且从土壤中吸收营养元素，促进物质循环。当然，最重要的是绿色植物可以进行光合作用，吸收太阳能，也就是进行第一性的生产，绿色植物不只是自然生态系统中的生产者，也是生态经济系统中的生产者。动物在生态经济系统中既是消费者也是生产者，各种动物和植物及非生物环境组成了丰富多样的自然生态系统。微生物在系统中充当着分解者的角色，有了它们的分解才使得系统的物质循环形成一个闭环。

（3）社会经济系统

社会经济系统是由人类为了生存和发展而创造的，是人类文明的象征，这个系统从自然环境中获取资源进行生产和消费，并且在不断地发展和进步。

这三个亚系统都有各自的结构和功能，而且系统之间还在不断地进行着物质和能量的交换。对人类社会经济系统来说，是以物理系统和生物系统为基础的，人类从其中获取资源，享受舒适的生态环境；同时自然环境还容纳了人类所排放的各种废弃物。总之，环境要素是人类社会经济系统的基础，同时人类社会经济系统对环境也产生了重大的影响。

3. 科技与信息要素

科学是关于自然、社会和思维的知识体系，技术是指依据科学原理发展而成的各种操作工艺和技能，包括相应的生产工具和其他物资设备，以及生产的作业程序和方法。现代科学技术贯穿于社会生产全过程，其重大发现和发明，常常在生产上引起深刻的革命，使社会生产力得到迅猛的提高和发展。

科技要素能改变全球生态经济系统中物质能量流动的性质和方向。发达国家正是借助了科技要素的这种特殊功能从发展中国家掠夺了大量的财富，造成了发展中国家的生态恶化。科学和技术两者相互依赖，相互促进，都是人类在改造自然的过程中所创造的，这是人类和其他生物最主要的区别所在。信息是事物运动的状态以及这种状态的知识和情报。在系统内部以及系统之间的相互作用过程中，不仅存在着物质和能量的交换，还存在着信息的交换。在一定条件下，信息交换对系统的组成、结构和功能以及系统的演化起着决定性的作用，是人类对系统实施干预、控制的基本手段。

从系统论的观点来看，科学技术是一种精神创造过程，可以被认为是减熵过程。例如，技术的进步使资源的利用效率提高，减少了不必要的消耗，也就减少了系统中熵的增加；科学的发展使得人类可以认识自然界发展的规律，这样在发展中的不确定性就减少了，系统的有序程度得到了提高，使熵减少。从系统论的观点来看，科学技术是一种精神创造过程，可以被认为是减熵过程。例如，技术的进步使资源的利用效率提高，减少了不必要的消耗，也就减少了系统中熵的增加；科学的发展使得人类可以认识自然界发展的规律，这样在发展中的不确定性就减少了，系统的有序程度得到了提高，使熵减少。因此科学技术也是一种资源，这种资源在人类经济高速发展的今天显得尤为重要，因为在经济发展中化石燃料等一些不可更新资源日益减少，成为发展的主要限制因素。一方面，科学技术的发展可以提高这些资源的利用效率，减缓资源危机的到来；另一方面，可以依靠人类科学的发展来寻找新的资源作为代替品。

信息可以看作一种解除不确定性的量，可以用所解除的不确定性的程度来表示信息量的多少，因此信息的实质就是负熵，在生态经济系统中可以将其看作是一种负熵资源。例如，对于一个生产系统（企业）来说，只有借助充分的信息，才有可能做出正确的决策，使其不断地发展和进步。而对于整个生态经济系统来说，信息的充分和流动，可以使得系统中的各个子系统之间相互关联，做到协同运动，通过协同作用，可以使系统从无规则混乱状态走向宏观的有序状态。对生态经济系统来说，信息在其中起了重要的作用。维纳（诺伯特·维纳，Norbert Wiener，1894. 11. 26~1964. 3. 18），出生于美国密苏里州哥伦比亚，应用数学家，控制论创始人，美国艺术与科学院院士，生前是麻省理工学院荣休教授）等人曾强调指出，任何系统都是信息系统。系统各部门之所以能组合成相互制约、相互支持、具有一定功能的整体，关键在于信息流在进行连接和控制。没有信息，任何有组织的系统都不能独立地存在。

（四）生态经济系统的结构

生态经济系统是结构与功能的统一。生态经济结构是指多种生态、经济要素，按照特定的生态经济关系，组成生态经济系统的方式。生态经济结构对系统状态有决定性的作用。生态经济系统在某一状态所表现出来的对外界环境的输入输出及内部转化的特性和能力，就是生态经济功能。基本的生态经济功能可概括为物质循环、能量转换、价值增值和信息传递，它们分别有无限循环、定向转化、人工增殖和信息控制的功能原理。生态经济系统的这种对内对外转化能力，不仅表现在转化的数量和速率上，而且表现在质量、种类和比例组成上，表现在转化的整体是否相互适应与协调上。

（五）生态经济系统的特征

1. 非平衡稳态

生态经济系统无论其大系统与环境之间、大系统中亚系统之间、亚系统内部各成分之间，还是成分内各因子之间，时时刻刻都在进行着能量、物质及劳动量的输入与输出。这种无休止的输入/输出，正是系统内还没有达到平衡的表现，越不平衡就越需要能量和物质的输入/输出，这种输入/输出的目的是使系统趋于平衡，输出/输入过程是系统运动的过程，这种运动的过程使系统保持稳定状态。

这种能量、物质、价值和信息的输入/输出关系，把系统各成分、各因子紧紧地联系在一起。每个亚系统总体功能中亦具有其他因素所不能替代的作用，但这种功能和作用只能在整体的功能中去分析，而不能离开整体的功能去孤立地分析。去掉一个因素，或增加一个因素，或改变某个因素的性质或强度，实际上都是减少、增加或改变一个特殊的输入/输出关系，都会引起系统能流、物流等总体网络结构上的连锁反应，因而孤立分析某个因子会得出错误的结论，会引起实际生产过程的恶性循环。

系统的非平衡稳态，要求系统的管理者必须根据社会生产的各因素在系统整体运动中的功能和作用去规划、安排生产，决定哪些因子应该增加，哪些因子应该减少，这种增加和减少会引起什么样的变化，应该采取什么补救措施，以及确定各自输入量、输出量的大小。这样，才有可能实现国民经济的良性循环。

2. 系统的耐受性

系统的耐受性，是一切开放系统具有的基本特征之一。生态经济系统内各个层次上的大小因子，既具有差异性，即各自具有不同的功能和作用；又具有同一性，即不同的功能作用都是为维持系统总体稳态、调节系统的进展演替。但这种调节具有一定的限度，即构成系统整体的各因子在一定限度内调节着整体的动态平衡。在自然生态系统内是自我调节过程，在社会生产的生态经济系统内是自我调节与人类反馈过程的共同效应。也就是说，社会生产系统的耐受程度，是由生态系统耐受性和人类社会系统耐受性的集合。它的结果有三种可能：当人类所采取的各种调节手段与生态系统耐受性基本相符合时，总体耐受性限度提高，功能增强，并且大于各个成分单独功能之和；当社会调节手段与生态系统耐受性有部分不适应时，总体功能可能在各部分功能之和上摆动；当社会调节手段主要部分与生态系统耐受性不适应时，总体功能小于各部分功能之和。

耐受性限度的量究竟有多大，是一个非常复杂的问题。在生态学中，耐受性实质是指某一生物种群在特定空间的容纳量，当种群个体数量增加超过一定数量后，由于环境资源的限制，种群个体死亡率增高，个体生长率下降，使种群又恢复到一定数量，这个一定的量就是耐受限度，常用罗吉斯蒂方程来表达。

3. 系统进化的不可逆性

系统进化的不可逆性，主要是指以生命为主体的系统。对自然生态系统来讲，系统的进化演替有可能沿着裸地—地衣苔藓植物—草本植物—灌木植物—乔木植物—顶级群落循环（旱生演替），顶级并不是群落演替的终点，而是新的演替的转折和开始。不仅旱生演替，中生演替和水生演替都是如此。人类无论作为生态学中自然的人，还是社会经济中的人，其进化过程也都是不可逆的。

二、生态经济系统的要素配置分析

（一）生态经济系统的要素配置

所谓生态经济系统的要素配置，就是人类根据生态经济系统的构成、要素作用效应，以及由此给社会经济系统或环境系统所带来的后果，通过人类自觉的生态平衡意识，遵循一定的原则，利用科学技术、上层建筑（主要是行政干预和经济政策、经济计划等）、技术措施等手段，围绕一定的社会经济目标，对生态经济系统所进行的重新安排、设计、布局的活动。

生态经济系统要素配置包括以下三部分：

1. 生物要素的调控

生物要素的调控即对一定生态系统中的动、植物时空分布、数量、品种进行的组合。如根据生态系统的容量和阈限，对森林、草地、作物、人口、牲畜等进行增减、位移、变动，使它们的现存状态有利于达到该系统的动态平衡并取得最佳的经济效益。

2. 经济要素的配置

经济要素所包括的内容很广，泛指一定生态经济系统的人、财、物和信息。经济要素的配置，即对输入、输出该生态经济系统的资金、劳动力、机械、化肥、价格、产品及经济政策、经济信息、政策等进行过滤、选择和实施的活动。

3. 技术要素配置

技术要素输入是人类对生态经济系统驾驭能力的重要标志，它包括作用于一定生态经济系统的技术措施、技术设施、技术方案和技术决定。

由此可见，生态经济系统要素配置的内容和对象包括：生物要素、经济要素和技术要素，其范围包括宏观、中观和微观方面的活动。被配置的各要素具有三个显著特点：①要素本身依时间、地点、条件而异，具有变动性；②在人类一定阶段的认识能力和科学水平下，具有可控性；③每个要素及其变动都或多或少、或长期或短期地从不同角度作用于生态经济系统，产生有益的或有害的效果，即具有效应性的特点。所以，人类对于生态经济系统要素的配置活动是在多种因素的动态序列中进行的，是一个社会经济、技术的系统工程。

（二）生态经济要素配置结构的评价

1. 稳定性

稳定性是指一个具有高效性的生态经济区域，当发生内部要素的变化和外部干扰时，并不改变要素之间的同类吸收、同域匹配、同序组合和同位集聚的结构特征的能力，以及同时具有消除干扰继续保持其不断增长的高效性的能力。区域生态经济要素配置结构的稳定性特征表现在均衡性、复杂性和开放性三个方面。

（1）均衡性

所谓均衡性是指区域生态经济要素之间在质态、量态、时间、空间联系和制约上的平均。评价区域生态经济要素配置结构均衡性的标准是，各个区域生态经济要素之间的属性特征、规模特征、时序特征和布局特征是否相互适应，从而达到要素之间的同类、同阈、同序、同位组合状态。①林地、耕地、草地、水域等生物群落均具有良好的地貌条件、气候条件、土壤条件等。②产业部门的种类、规模、时序、布局特征与无机环境、生物群落和质、量、时、空特征相对应。如劳动力、技术、资金的投放结构与无机环境条件及生物群落状况相对应，充分合理的光热利用率、土地利用率、水资源利用率、有效灌溉面积；采伐量与生长量相对应；饲养周期与母畜生产周期相对应；工业生产与环境容量限制域相对应等。③社会群落的规模、布局与无机环境、生物群落及产业部门相适应。如人口规模、居民点的布置与淡水、绿地、耕地、产量相适应。

（2）复杂性

复杂性是指各个区域生态经济要素之间联系的复杂程度。生态经济区域内部诸要素之间联系的复杂程度越高，那么区域就越稳定。生态经济区域的复杂性程度可以用变异度来衡量。生态经济区域的复杂性表现在：①要素（及因子）越多、越齐备则越稳定，例如，"一业为主，多种经营"；②食物链（网）和投入产出链（网）越长、越复杂，则区域结构越稳定，例如，多层次开发利用、深度加工等。

（3）开放性

一个远离平衡的开放系统，在外界条件变化达到某一特定的阈值时，量变可能引起质变。系统通过不断地与外界交换能量和物质，就有可能从原来的无序状态变为一种在时间、空间或功能上的有序状态，这种平衡状态下的有序结构，就叫耗散结构。耗散结构一经形成，就具有抗干扰能力，一般性的涨落（波动）会被耗散结构本身所吸收。生态经济区域作为一个远离平衡的开放体系，客观上也具有这种不仅是物理学规律所支配的从无序走向有序的特征，而且形成具有抵抗一般干扰的耗散结构。生态经济区域的开放性表现在：①对外人才、经济、技术交流，外出人才培训，引进科技人才，商品进出口，引进先进技术设备；②内外交通状况、区域间的铁路、公路、水运、航空状况，区域内的四通八达程度；③区域间河流的联系，物种（新的优良物种）的引进与转让等。

2．高效性

高效性是指生态经济区域功能的发挥具有较高的效率，具体表现在物质循环的高效性、能量转化的高效性、价值增值的高效性及信息传递的高效性等。

（1）物质循环的高效性

具有以下特点：①水体、空气和土壤不受污染，土壤肥力高，土壤侵蚀不明显；②废气、废水、废渣再循环利用率及资源综合利用率较高；③优质农、林、畜、水产品产量较高；④较高的投入产出率；⑤劳动力率高，劳动生产率、资金周转率较高；⑥运力与运量相适应；⑦人口自然增长率适度。

（2）能量转化的高效性

具有以下特点：①光能、生物能、风能、地热能、水能、矿石能的利用率及转化效率较高；②能量置换率较高；③人均摄入能量达到并超过规定的标准。

（3）价值增值的高效性

具有以下特点：①成本利润率、投入产出率较高；②总产值、国民收入、人均产值、人均收入连年递增。

（4）信息传递的高效性

具有以下特点：①社会经济统计资料及科学技术数据科学、全面、准确；②信息决策人员素质高，决策正确、灵活。

3．持续性

持续性是指从动态发展来看，生态经济区域高效功能的持久维持和稳步提高，并允许系统有适当波动。与稳定性、高效性和持续性的优化特征相反，区域生态经济要素配置不合理，主要表现在以下三个方面：

（1）结构失调

首先，结构不均衡。例如，某些要素突然爆发或衰退，要素在时间或空间上过分集中。资源利用不充分或开发利用过度等。其次，结构单一，甚至缺乏必要的要素，如森林覆盖率很低，受教育的人较少，二元结构明显等。最后，结构封闭，与外界交往极少甚至孤立。

（2）功能低劣

首先，物质循环不畅，如污染严重，土壤肥力衰退，剩余劳动力得不到及时转移，交通运输紧张等；其次，能量转换受阻，如能量利用率、能量转化效率低下；再次，价值增值乏力，成本利润率低，人均收入低；最后，信息传递失灵，如不能根据区域结构和功能的变化做出正确的决策。

（3）发展不稳

在区域运行和发展过程中，正常的物质循环、能量转化、价值增值、信息传递功能不能维持系统稳定，或经过剧烈波动后系统不能恢复。

稳定性、高效性和持续性是区域生态经济要素优化配置必须同时具备、缺一不可的三个特征。高效性以稳定性为基础，但稳定性又必须是高效性下的稳定性，持续性是生态经济区域的稳定性和高效性在动态发展上的综合特征。因此，区域生态经济要素配置结构的优劣必须以这三个特征为依据加以评判。

三、生态经济系统的配置方法

（一）相辅相成配置法

同类要素的择定是指根据区域生态经济要素的同类相吸特性，选择那些具有相辅相成、互利共生关系的要素，使之有机地组合起来。

1. 生物群落与无机环境之间的相宜配置

生物群落演替的规律表明，生物群落与无机环境之间是在相互适应、相互改造的过程之中向前演进的。因此，要实现生物群落与无机环境之间的相宜配置，可以从两个方面进行：一是依据无机环境特性来选择适宜的生物群落；二是改造或恢复无机环境条件使之适合生物群落。但是，就目前人类对生态经济区域的调控程度来看，改造无机环境具有很大的困难。相应地，倒是可以通过适宜生物群落的选定及配置，达到改造和恢复无机环境条件的目的。

2. 产业部门与生物群落、无机环境之间的相宜配置

一方面是产业部门适应生物群落和无机环境的特点。例如，对生物群落和无机环境有较大依赖性的农业（农、林、牧、渔）、采掘业、环保业、交通运输业

等，在一定的技术手段和水平条件下，应该宜农则农、宜林则林、宜牧则牧、宜渔则渔、宜矿则矿。另一方面是改变生物群落，使之符合产业部门的需要。例如，在加工制造业、商业、服务业聚集的城市地区就要注意和加强绿化。在市郊发展蔬菜、畜禽、乳蛋生产，以满足这些产业部门发展的需要。

3. 产业部门之间的相关配置

如果产业部门与生物群落及无机环境之间的相宜配置使人类决定了一个生态经济区域的主导产业部门，那么产业部门之间的相关配置，就是根据部门之间的投入产出关系，产前、产中、产后关系来决定一个生态经济区域的补充产业部门和辅助生产部门的。配置好主导产业部门的旁侧结构，使产业部门形成一种互助的彼此相关的关系。产业部门之间的相关配置，一方面要根据生物群落要素及无机环境的多样性和相关性特点，进行综合开发、综合利用、综合治理和综合保护。例如，对以一矿为主的伴生矿，除了开掘利用主要矿种之外，对其他伴生矿元素也要加以利用，对林区的木材，除了木材之外，还应对树桩、梢头、树皮、刨花、边角料等加以综合利用，做到地尽其力、物尽其用。同样，对恶化的生态经济区域，在要素重组的过程中也应注意产业部门的相关配置。例如，水土流失区工程措施与生物措施相结合，治山、治水、治林、治田、治路相结合；矿区被破坏的土地、废石填沟与植树造林相结合，对排放出的废气、废水、废渣，处理利用与消除污染源及限制排放相结合等，这是从生物群落与无机环境特点出发来围绕主导产业部门而进行旁侧结构的相关配置。另一方面，要根据主导产业部门的原料需求、产品供给等关系来建立服务于主导产业部门的交通运输业、商业、服务业及加工制造业等具有投入产出链特征的产业。

4. 农村、小城镇、大中城市及城市郊区的相应配置

在那些生物群落、无机环境条件优越的地区发展起来的城市、集镇是生态经济区域中物质循环、能量转化、价值增值及信息传递最活跃、最集中的地方。大中城市通过小城镇、城郊输给农村先进的技术、设备、人才、信息，为农村注入新的活力，带动农村的发展；农村则通过小城镇为城市提供丰富的原料和剩余劳动力。在这种连为一体、结成网络的生态经济区域内，要做到相应配置。首先，城市应该向农村传递先进的技术、工艺和设备，禁止或减少落后的、陈旧的设备

的转移。杜绝城市污染向农村扩散。同时，城市自身的扩展要注意保护农村的耕地、水域等资源要素。其次，农村也应向大中城市、城镇提供适销对路的农村产品。这样，城市与农村相互促进、相得益彰，共同促进生态经济区域的繁荣和发展。

（二）同域组合配置法

1. 社会群落规模必须适度

首先，人口的规模要加以控制，这是显而易见的。因为在一个特定的生态经济区域内，人口的增长必须与其赖以生存、享受和发展的土地、粮食、森林、草地、淡水、能源等资源相适应。如果人口过多，那么人均资源不足，这就必然一方面导致盲目扩大生产规模，使生态经济区域更趋劣化；另一方面限制了人类自身的生存和发展。例如，我国人口过多并且集中分布在东南部，人均资源拥有量与世界平均水平相比严重不足，并且已经体现出人口作为重要原因之一的滥垦、滥砍、滥捕的现象。有人根据我国淡水供应、能源生产、乳蛋鱼肉供应、粮食生产、土地资源、人均收入、人口老化等因素综合考察，提出我国生态理想负载能力是7亿~10亿人。其次，城市的规模也应适度。城市的规模过大不仅会导致城市大气、水质污染、垃圾排放量过多、交通拥挤、噪声增多、住房紧张、就业困难及犯罪严重等一系列"城市病"，而且不利于生态经济区域内农村地区的发展。所以，应该从生物群落、无机环境条件的特点出发，控制社会群落的规模，使人口、城市规模适度。

2. 发挥规模效益与消除"瓶颈"制约

在生产规模、社会群落的规模不超过环境容量限制阈及生物生长限制阈的前提下，对区域生态经济要素调控的同时应注意扬长避短，发挥规模效益和消除"瓶颈"，这是另一层意义上的适度规模配置。

规模的经济效果可以解释为我们购买的许多物品都是大公司制造的。虽然人们主张控制产业部门的生产规模和社会群落的规模，但是在这一前提下（尤其是当作资源的生物群落、无机环境较为丰富的时候），对区域生态经济要素的调控仍然要注意发挥生物群落或无机环境要素的优势，使产业部门的生产规模，以及社会群落的人口数量达到一定的程度，获得规模递增的收益—成本最低、盈利最多时的最优生产规模。如果产业部门生产规模及社会群落聚集规模，以及社会群落的规模不超过生物群落的生物生长限制阈和地理环境的环境容量限制阈，而更偏重于从产业部门要素及社会群落要素对生物群落要素及无机环境要素的开发利用角度来考察，那么，发挥规模效益则要把投入和产出两个方面综合起来考察，即达到产业部门内部及产业部门间人力、物力、财力、量上的合理聚集，达到在合理的城市规模和全球乡村规模基础上形成合理的城市与乡村结合的规模。

事实上，生态经济区域内诸要素对区域的贡献能力不是等同的，能力较差、规模最小的要素形成区域发展的"瓶颈"。因此，在要素优化配置过程中，应该消除"瓶颈"制约，达到要素之间配比阈下合理配置的规模效益。例如，对交通运输十分落后的区域应当积极开辟运输渠道，为搞活区域创造条件。

（三）同步运行配置法

同步时序的确定有四种类型和方法，即周期性时序链条的同步配置、食物链时序的同步配置、投入产出链时序的同步配置和时序网络的同步配置。

1. 周期性时序链条的同步配置法

根据不同的生物群落对象规定不同的产业（农业）生产周期。例如，与作物的生长周期、轮作演替结构、四季交替结构相适应，规定种植业的播种期、施肥期、休闲期及采收期；与果树的大小年结果周期、林木的更新成熟周期相适应等，规定相应的林业生产周期、轮伐期（回归年）及封山育林期；与畜龄结构、家畜利用年限相适应，制订相应的畜禽生产周期及役畜使用时间（季节）计划；与草原、草地、草场的生长季节性相适应，确定相应的放牧期和轮牧期；与鱼龄结构相适应，制定相应的养鱼周期及禁渔期等。要使产业部门（农业）生产周期与生物群落中动植物生长、发育、繁殖、衰亡的生命机能节律同步协调、相互配合，就必须做到起步时点、运行速率及终止时限的一致性。

（1）起步时点的一致性

不同的动植物有不同的出生（发芽、出苗）时间、季节，产业部门（农业）生产周期的开始也必须与之适应，做到同时起步。这又包括两种情况：一是产业部门（农业）的起步时点与生物群落中动植物的生命机能活动时点的正点具有一致性（如播种行为）；另一种情况是产业部门（农业）的起步时点的超前（如苗期基肥的施用，必须在播种之前完成，这也是起步时点的一致性）。

（2）运行速率的一致性

产业部门（农业）的劳动力投放、施肥供应、电力分配、农药使用、机械选择等的配备，也要与动植物生长、发育、繁殖的速率相适应，使得劳动时间与生物的自然生长发育繁殖相吻合。

（3）终止时限的一致性

根据边际均衡原理，要素投入的适合点及最大收益值的获得是在边际收益刚补偿了边际成本的时候。因此，一旦 MR = MC（边际收益 = 边际成本），即在产业部门（农业）与生物群落相吻合的速率向其投入最后一个单位的物质、能量的成本，与其获得的增产量的收益相等时，那么产业部门（农业）与生物群落在时间上的配合运行终止，即终止时限的一致性。例如，畜禽在饲养期内随饲养时间的推移，生产函数曲线呈 S 形（即畜禽生产性能在其生长发育期内随着时间的推移呈现由低到高，又由高到低的变化）。因此，对于主要提供肉、乳、蛋等产品的畜禽，在畜禽饲养周期内就应根据边际收益与边际成本相等的原则，确定屠宰、出售的期限，至此，畜禽生产周期也告完结。又如，树木或林木在其自然生长期内，其材积平均生长量也呈 S 形，那么，用材林的砍伐就应以目的树种的平均生长量达到最高值时的时间为终止的时限。至此，也完成了一个林业生产周期。

2. 食物链时序的同步配置法

首先，要使生物群落的生命机能节律与无机环境的变动节律相吻合。这又包括两个方面。一是使生物群落的生长、发育及繁殖节律适应无机环境的光照、温度、热量、降水节律。例如，高粱的播种、出苗、拔节、抽穗、开花、成熟的适宜温度分别是12℃（地温）、20~25℃（气温）；马尾松的造林适宜季节是雨水至春分；水杉的造林适宜季节是立冬至大雪，雨水至春分；苹果适宜在冬季9℃下低温有2~3个月的地区生长、发育等。二是根据这些特点应把它们分别配置在相应的季节和地区，使人工改造无机环境的节律变化，适合于生物群落的生命机能节律。如利用温室、塑料大棚、阳畦等设施消除温度降低对植物生长、发育的影响，从而使生物生长、发育的季节延长，这也是两种不同生态经济序的要素通过人工调控合理配置之后的时序组合达到了同步状态。由于生物生长要以无机环境的元素为养料，所以，称为食物链时序的同步配置。

其次，要使具有不同生命机能节律的生物群落之间，以食物链时序进行同步配置。例如，一个湖区，在要素配置的时序上要先发展以湖区为主体的水体农业，然后可以利用耕地的农作物群落、林地的森林、果树群落，以及水域的鱼类和水生植物群落之间存在的供求关系、连锁关系及限制关系，相继配置防风林、防浪林、作物、畜禽等生物群落、使水域、林带、农田、牧场之间水陆结合、互利共生。

3. 投入产出链时序同步配置法

由于各个产业部门自身生产所必需的因子（如劳动者、资金、物资、技术等）有其不同的生存、组合、运行的规律，要达到产业要素之间同序组合、同步运行的目的，就要按照产业部门之间客观存在的投入产出链关系进行配置，使之同步协调。

4. 时序网络的同步配置法

一方面，从单个产业部门与单个生物群落及无机环境之间的时序配置来看，起步时点的一致性、运行速率的一致性及终止时限的一致性，不过是描述了单对区域生态经济要素的长期配置中的要求之间结合—运行—分离的一个短周期而已。因为区域生态经济要素之间无时不在进行着物质循环、能量转换、价值增值和信息传递，无时不是耦合在一起运行的，各个配置周期之间总是此起彼续、此起彼伏、相互衔接的。因此，单对区域生态经济要素同步配置的周期性链条实际上应该是起步—运行—终止—起步—运行……另一方面，从所有的区域生态经济要素之间的时序配置来看，不仅有单对要素同步配置的周期性链条的存在；而且，由于要素之间复杂的食物链（网）及投入产出链（网），从而形成了所有区域生态经济要素之间交错、叠合、复杂的时序网络，这个时序网络是起步［运行（终止）］—运行［终止（起步）］—终止［起步（运行）］—起步［运行（终止）］……这同样要求我们搞好在周期性链条同步配置和食物链投入产出链同步配置基础上的所有区域生态经济要素长期性的时序网络的配置。只有这样，整个生态经济区域的时序网络才会有条不紊，整个生态系统区域才会有节律地运行，区域结构才会表现出在具有均衡性、复杂性、开放性基础上长期高效发展的持续性。

达到时序网络配置的关键是要以在生态经济区域优势生物群落及无机环境的生态经济基础上建立起来的产业部门、行业部门为先导，按照该产业部门的生态经济序来使其他产业的生态经济序与之组合，即先建立骨干主体，然后辅助产前、产后产业部门。

四、生态经济系统的组合功能

生态经济系统是生态系统和经济系统相互作用、相互交织、相互渗透而构成的具有一定结构和功能的复合系统，是一切经济活动的载体。任何经济活动都是在一定的生态经济系统中进行的。

在生态经济系统中，自然资源组成其子系统—生态系统的实体。它由生物资源和非生物资源两大部分组成。其中，生物资源中的生产者，通过光合作用把无机物转化为有机物，贮存于植物体中，成为人类和动物的食物来源，也是轻工业产品的重要原料。绿色植物这种固定太阳能的过程称为第一性生产过程。由于绿色植物在进行光合作用时，又能不断地繁衍后代，并保证其生产的延续性，因此，生物资源是一种再生资源，如果用之得当，可取之不尽、用之不竭；动物（又称异养生物）是"消费者"，它可以从植物体中获取营养物质，并将排泄物归还于非生物环境，使之进入下一个再生产过程；微生物是"分解者"，它能将动、植物的残体和排泄物加以分解，还原为各种营养元素，使其回到土壤和空气中再供植物利用。自然界的植物、动物、微生物与周围环境之间所进行的生产、消费和分解的物质循环与能量转化过程，为人类社会提供了各种物质产品和生态效益，为社会生产准备了物质基础。

在生态经济系统中，各产业部门存在于另一个子系统—经济系统中。经济系统是人类社会与自然资源相互结合、相互渗透的产物，综合表现为人类社会不同生产发展阶段中的生产力（包括劳动者、生产工具、劳动对象、科学技术、经济管理等）和生产关系（包括生产资料所有制和人们在物质资料的生产、交换、分配、消费过程中形成的相互关系等）两大方面。其中，生产力是指劳动者运用科学技术（或使用生产工具）对自然资源进行利用和改造，以取得人类所需产品和生态效益的能力，亦即人与自然界的物质变换能力。因此，生产力的发展水平是在自然资源利用的基础上形成和发展的，生产力发展水平的高低既反映了人类社会的生产水平，也反映了人类科学利用自然资源和保护生态环境的水平。生产关系是人们在自然资源利用过程中，人与人之间相互结合的社会关系。适宜的生产关系，能够协调经济系统的经济再生产的总过程，并可以促进和提高人类对自然资源的开发利用能力。总之，人类社会的物质再生产过程，就是自然再生产和经济再生产相结合的过程，是人们通过有目的的活动，改变自然资源的形态和性质，形成能够满足人们需要的产品和生态效益的过程。这就是说，任何社会的经济再生产过程，都离不开自然资源的利用（包括直接或间接利用）和消耗，也是在一定的生态环境中进行的。人们通过各种科学技术手段，直接或间接地向自然生态系统输入人力（劳动力）、物力（生产资料）和财力（资金），再通过自然生态系统的物质循环和能量转化过程，输出社会所需的物质产品；然后又通过交换、分配和消费等过程，转化成货币、资金、物质资料等，再重新输入自然生态系统以补偿其输出的物质和能量。自然生态系统的生产者、消费者、分解者与经济系统的生产、分配、流通、消费的再生产过程紧密结合，相互渗透，从而推动行业、企业、产业部门和人类社会物质再生产的不断循环。这里，自然生态系统为经济系统提供物质基础，经济系统又为生态系统和自然资源的开发利用与保护创造条件。

由此可知，生态经济系统的运行过程，其实质就是人类有目的地开发利用生态系统和自然资源的过程，是使自然资源各要素实现合理配置、科学利用的过程。生态经济系统这一客观经济范畴的存在，使人们明确地认识到，人类社会的经济增长和物质财富的增加，不仅是人类经济活动的结果，也是经济循环和生态循环综合作用的结果，是经济上的生产、分配、交换、消费和自然资源各要素的合理布局、配置、利用、消耗，以及紧密结合、相互渗透、相互制约的结果。生态经济系统运行客观规律的存在，要求人们在发展经济的过程中，不仅要研究制约生产发展的经济因素，并遵循经济规律，还要研究制约生产发展的生态因素，并遵循生态规律，把社会经济再生产视为社会、经济、生态的统一整体来研究，并采取综合性措施与对策。与此同时，还要充分地认识到生态平衡是经济平衡的客观基础，只有生态平衡下的经济平衡，才是社会经济效益最优的平衡。

五、生态经济系统的配置原则

（一）互利共生原则

由于区域生态经济要素之间存在着互竞、互补及互助三种关系，区域生态经济要素之间具有同类相吸的特性。从而使生态经济区域表现出诸要素特有属性组合的结构形式和功能特征，这就说明针对生态经济区域的调控过程，必须消除要素之间的负相互作用、互竞和异类组合、趋利避害，从而使要素之间在属性上相互协调，彼此相依，形成一种互利共生的组合格局。

坚持互利共生原则的关键就是在对区域生态经济要素进行初建或重组过程中，既要考虑资源导向又要适应市场导向，选择比较利益最大的产业、行业，又要做到因地制宜、因物制宜，做到综合开发、综合利用、综合保护。比较利益最大化是指在产业部门与生物群落及无机环境要素配置之后，区域具有在生态效益和经济效益基础上良好的社会效益。虽然生态效益和经济效益既有统一的一面，又有对立的一面，但是大量事实表明，生态效益与经济效益从根本上是一致的。例如，对一个水土流失严重的生态经济区域实施要素重组，植树造林、种草等措施，在短期内付出很大的代价，经济收益也不大。而某些工厂将废弃物不经过任何处理直接排入河流，虽然经济效益较高，但是从整个系统来看，不仅生态效益差，而且经济效益也低。对一个矿区进行要素初始配置，有可能开始时生态效益较低，但是如果注意在开掘矿藏时能及时地对矿区土地资源进行保护，恢复植被，那么矿区也同样具有良好的生态效益和较高的经济效益。

互利共生组合格局的形成，将会达到产业部门之间、生物群落、无机环境与产业部门之间的和谐协调，达到城市与农村，以及所有要素之间的和谐协调，使之既具有适合的丰富的生物群落及无机环境要素作为牢固的基础，又具有抵抗市场冲击的能力。从而形成一种均衡的、复杂多变的、开放的稳定结构，提高区域物质循环能量转化、价值增值和信息传递效率。

（二）适度规模原则

人类不能停止生存，就不会停止消费，同样也不会停止生产。生产必须连续不断地进行。社会生产的规模是日益扩大的，这是因为科学技术在不断地发展并渗透于生产过程之中，不仅为社会生产规模在广度上的拓宽提供了可能，而且，社会生产规模深度上的深化也是以科学技术的应用为主导的；人们生活水平呈刚性的提高及人口增长为社会生产规模的扩大提供了必要性。社会生产规模的扩大表现为产业部门生产规模、社会群落的人口数量及空间体积的增长和扩大。然而，只有一个地球，任何一个生态经济区域都是有限的，区域内部生物群落的动物、植物、微生物、无机环境的光、热、水、气、土、矿等的拥有量都是有限的。因此，在既定技术水平下的环境容量、生物生长量也都是有限的。对以生物群落及无机环境为资源和生存条件的产业部门和社会群落规模的扩大与其对资源和生存条件容量、生长量的有限性之间的矛盾的处理，要求我们必须坚持适度的原则，即一方面生物群落生长量在无机环境容量一定的条件下，通过要素配置使产业部门和社会群落的规模在一定的限度之内；另一方面，要素配置必须注意扬长避短，发挥优势，消除"瓶颈"限制。

（三）同步运行原则

生态经济区域内部，生物群落的各个因子—动物、植物、微生物的生长、发育、繁殖、死亡的生命机能节律、无机环境的年循环、日循环的环境变化节律，以及产业部门的生产、流通、贮藏、空闲节律和劳动力、资金、物资的生长、运行速度是存在差别的。当这些生态经济要素组合在一起，形成具有一定稳定性结构的生态经济区域时，它们的运行节律和速率（即生态经济序）必须同步，否则就会乱套。因此，在区域生态经济要素配置过程中，时间上应坚持使各个要素的生态经济序同步的原则，即达到要素组合同步的状态。

（四）立体布局原则

所谓立体布局原则就是当生态系统内各个因子之间（如光、热、水、土、动物、植物、微生物）在空间上呈现立体网络格局时，生态系统的结构稳定性最强，物质循环、能量转化及信息传递最优的原理。把它运用于生态经济区域的人工调控过程中，依照生态系统的立体网络格局来配置生态经济要素，使得各个要素之间在空间地域上相互依存、彼此协调、互利共生，做到林粮结合、林牧结合、水陆结合、乔灌草藤结合；上游、中游和下游结合，山顶、山腰和山谷结合，山区、丘陵和平原结合；农林牧合理布局；农工商运服合理布局；农村、集镇和大中城市合理规划，从而形成生态经济区域的立体网络结构。

（五）最大功率原则

根据最大功率原则对生态经济系统进行设计和对要素进行配置，使系统能够满足一切所需，以产生最大功率。这就要求在构建生态经济区域时，做到：①构建贮存高品质能量的系统；②由贮存能量、物质的系统研究，反馈物质、能量至外界系统以增加外界能量的流入；③使物质得到循环利用；④建立控制功能，使系统稳定；⑤与系统外交换不同类型的能量、物质，遵循能量投入的搭配原则；⑥对外界环境系统有益，使自身处于有利条件之中。

第三节　生态经济在我国的实施与应用

一、循环经济的实施

（一）传统经济是不可持续发展的经济

传统经济是"资源—产品—消费—污染排放"的单向式流程经济，它的特征是高开采、高投入、低利用、高排放，是不可持续发展的模式。在这种线性经济中，对资源的利用是粗放的和一次性的，通过把资源持续不断地变成废弃物来实现经济的数量型增长。人们通过生产和消费把地球上的物质与能源大量地提取出来，然后又把污染物和废弃物大量地排放到空气、水系、土壤、植被等地方，不断地加重地球环境的负荷来实现经济的增长。从根本上说，当前的人口爆炸、资源短缺、环境恶化三大危机，正是这种线性经济的必然后果。

与此不同，循环经济倡导的是一种与环境和谐的经济发展模式，是一种善待地球的可持续发展模式，它充分考虑了自然界的承载能力和净化能力，模拟自然生态系统中"生产者—消费者—分解者"的循环途径和食物链网，将经济活动组织为"资源—产品—消费—再生资源"的物质循环的闭环式流程，所有的原料和能源都在这个不断进行的经济循环中得到最合理的利用，从而使人类活动对自然环境的负面影响控制在尽可能小的程度，其特征是低开采、低投入、高利用、低排放。传统经济与循环经济体现了两种不同的思维模式和活动方式。传统经济是在大量生产废弃物和排放废弃物之后，再通过填埋或焚烧等方式对废弃物进行被动的处理；循环经济则要求在生产和消费的源头，采取最有效的方式利用资源以控制废弃物产生，一旦废弃物产生，则要积极地回收、开发和再利用。可以说循环经济为工业化以来的传统经济转向可持续发展的经济提供了战略性的理论范式，从而在根本上消除长期以来环境与经济发展之间的尖锐冲突。

循环经济把生态工业、资源的综合利用、生态设计和可持续消费等融为一体，运用生态学规律来指导人类社会的经济活动。它要求以避免废弃物产生为经济活动的优先目标。对待废弃物的优先处理顺序为"避免产生—循环利用—最终处理"。首先，要减少经济源头的资源使用量和污染产生量，因此在工业生产阶段就要尽量避免各种废弃物的排放；其次，对于源头不能削减的污染物和使用过的包装废弃物及超过产品生命周期的物品要加以回收利用，使它们回到经济循环中去；最后，只有当避免产生和回收利用都不能实现时，才允许将最终废弃物进行环境无害化处理。

（二）循环经济的实施原则

1. 系统分析的原则

循环经济是较为全面地分析投入与产出的经济，它是在人口、资源、环境、经济、社会与科学技术的大系统中，研究符合客观规律的经济原则，均衡经济、社会和生态效益的。其基本工具是应用系统分析，包括信息论、系统论、控制论、生态学和资源系统工程管理等一系列新学科。

传统工业经济时代把经济生产看作一个与世隔绝的体系，只考虑经济效益，甚至简单归结为利润。这种片面的经济思维理念不符合实际情况，也违反了自然规律。实际上，任何经济生产都要从自然界取得原料，并向自然界排出废物。而像石油、煤和淡水等多种战略性的经济资源都是有限的，甚至是短缺的，对此不加考虑，终将导致资源的枯竭，是竭泽而渔。生产向自然界排出废弃物，生态系统的容量有限，不考虑这一点就是自毁基础。所以经济生产必须考虑生态系统。同样，社会消费也应考虑生态系统的承载能力，必须遵循基本的生态客观规律，把人口、经济、社会、资源与环境作为一个大系统进行考虑，取得系统内各主体的和谐发展。

2. 生态成本总量控制的原则

自然生态系统作为经济生产系统的一部分，在其生产中具有生态系统的成本。任何一个工业生产者在投资时，必须考虑自身资金情况，而借贷就须考虑偿还能力。同样，向自然界索取资源，也必须考虑生态系统的承载能力和自我修复能力，应该有一个生态成本总量控制的概念。

所谓生态成本，是指进行经济生产导致生态系统的破坏后，再人为修复所需要的代价。以河流取水为例，传统工业取水，只考虑取水的工程、机械和人工的成本，而不考虑水资源的成本，并认为水资源是取之不尽、用之不竭的。这种认识在水是富有资源时是对的，如取用海水；但如在取水后形成断流，破坏了下游生态系统，就造成不仅水资源有成本，而且有高昂的水生态系统成本；而向水中排污，破坏了水的质量，这是另一种用水，同样有高昂的环境代价。生态成本应该有一个总量控制的概念。例如，联合国教科文组织通过数百例统计研究，得出结论，在温带半湿润地区从河流中取水不应超过河流水资源总量的40%，这样不至于造成断流，或在污水处理达标排放的情况下，可以保持河流的自净能力。

3. "3R" 原则

传统经济将自然生态系统作为取料场和垃圾场，完全是一种不合理的线性经济。循环经济是一种生态型的闭环经济，形成合理的封闭循环，它要求人类经济活动按照自然生态系统模式，组织成一个 "资源—产品—再生资源—再生产品" 的物质反复循环流动过程，所有的原料和能源要能在这个不断进行的经济循环中得到最合理的利用，从而使经济活动对自然环境的影响控制在尽可能低的程度。在循环经济里没有真正的废弃物，只有放错了地方的资源。循环经济要求社会的经济活动应以 "减量化（Reduce）、再使用（Reuse）、再循环（Recycle）" 为基本准则（"3R" 原则）。

（1）资源利用的减量化原则

减量化原则是循环经济的第一原则。它要求在生产过程中通过管理技术的改进，减少进入生产和消费过程的物质与能量。换言之，减量化原则要求在经济增长的过程中为使这种增长具有持续的和环境相容的特性，人们必须学会在生产源头的输入端就充分考虑节省资源、提高单位生产产品对资源的利用率、预防废物的产生，而不是把眼光放在产生废弃物后的治理上。对生产过程而言，企业可以通过技术改造，采用先进的生产工艺，或实施清洁生产，减少单位产品生产的原料使用量和污染物的排放量。此外，减量化原则要求产品的包装应该追求简单朴实，而不是豪华浪费，从而达到减少废弃物排放的目的。

（2）产品生产的再使用原则

循环经济的第二个原则是尽可能多次及尽可能多种方式地使用人们所买的东西。通过再利用，人们可以防止物品过早成为垃圾。在生产中，要求制造产品和包装容器能够以初始的形式被反复利用，尽量延长产品的使用期，而不是非常快地更新换代；鼓励再制造工业的发展，以便拆卸、修理和组装用过的与破碎的东西。在生活中，反对一切一次性用品的泛滥，鼓励人们将可用的或可维修的物品返回市场体系供别人使用或捐献自己不再需要的物品。

（3）废弃物的再循环原则

循环经济的第三个原则是尽可能多地再生利用或循环利用。要求尽可能地通过对"废物"的再加工处理（再生）使其作为资源，制成使用资源、能源较少的新产品而再次进入市场或生产过程，以减少垃圾的产生。再循环有两种情况：①原级再循环，也称为原级资源化，即将消费者遗弃的废弃物循环用来形成与原来相同的新产品，如利用废纸生产再生纸，利用废钢铁生产钢铁；②次级再循环，或称为次级资源化，是将废弃物用来生产与其性质不同的其他产品的原料的再循环过程，如将制糖厂所产生的蔗渣作为造纸厂的生产原料，将糖蜜作为酒厂的生产原料等。原级再循环在减少原材料消耗上的效率要比次级再循环高得多，是循环经济追求的理想境界。

（三）实施循环经济的具体要求

1. 尽可能利用可再生资源

循环经济要求尽可能利用可再生资源替代不可再生资源，使生产循环与生态循环吻合，如利用太阳能代替石油，利用地表水替代深层地下水，用农家肥替代化肥等。太阳能是为数不多的取之不尽、用之不竭的可再生资源，应加以充分利用，随着转换技术的改进，太阳能将在能源中占有日益重要的地位。农家肥自古以来就是肥料资源，是古代人利用可再生资源实行循环农业生产的创举。而化肥的出现，使得人们不再适合利用农家肥，打破了这种与生态循环耦合的生产循环，农家肥有时反而成为污染物。如，在江苏等地就出现这种现象，化肥的大量使用使自古以来作为农家肥的河泥不再使用，淤积在河中，从而造成河水污染。浅层地下水属于可再生资源，但再生周期较长；地表水也属可再生资源，其再生周期较短，一般以一年为循环周期。所以，为维护生态循环，城市用水应尽可能取用地表水；否则，即使在丰水地区也会因补给不及时而造成地面沉降。

2. 尽可能利用高科技

目前，国外提倡生产实行"非物质化"，即尽可能以知识投入来替代物质投入。如利用互联网替代大量相应物质产品的生产。我国目前的发展水平，应以"信息化带动工业化"。高技术包括信息技术、生物技术、新材料技术、新能源和可再生能源技术及管理科学技术等，这些技术都以大大减少物质和能量等自然资源投入为基本特征。以管理科学技术为例，资源、系统工程管理学有着特别重要的意义。在设计建设大型资源利用工程时，必须在资源系统管理学的指导下进行大系统分析。如修建一座水库，不能只考虑水源的稳定性、选址的科学性和建成后取水的经济效益，还要考虑对下游地下水位、植被和物种等生态的影响，对下游经济发展的影响，以及对上下游气候的影响等。

3. 把生态系统建设作为基础设施建设

传统经济只重视电力、热力、公路、铁路、水坝和堤防等基础设施建设。循环经济把生态系统建设也作为基础设施建设的一部分而且是重要的一个环节，如狠抓"退田还湖""退耕还林""退牧还草"和"退用还流"等生态系统建设，从而通过这些基础设施的建设来提高生态系统对经济发展的承载能力。传统经济认为只有电力、公路和堤防等建设才有经济效益，属于收益周期长的基本建设项目，而生态系统建设只有生态效益。实则不然，植树造林、退田还湖和退田还流等生态建设同样具有收益周期长的特点，同样应该作为基本的建设项目加以重视。生态系统建设也是传统基础设施建设的基础，生态系统建设可以有力地保护生态环境不遭受破坏，甚至可以修补改善已遭受破坏的生态环境，从而保证基础设施建设的顺利进行及为人类提供长治久安的保护。

4. 建立绿色消费制度

实行循环经济，要求必须以税收和行政手段，限制以不可再生资源为原料的一次性产品的生产与消费，如旅馆的一次性用品、餐馆的一次性餐具和豪华包装等，促进一次性产品和包装容器的再利用。自 20 世纪 90 年代中期以来，欧美的四、五星级高档宾馆已基本废弃了房间中的一次性用品，以持续使用的固定肥皂液、洗浴液容器来替代。相反，一些低档宾馆为招揽顾客反而使用一次性用品。

同时，一些发达国家还以循环经济的思想为指导，使用可降解的一次性用具。

5. 建立生态国内生产总值的统计和核算体系

传统的 *GDP* 核算只注重增长而不计代价，人类陶醉于所创造的繁荣经济，而忽视了假象背后的社会负效益与环境质量的恶化，不考虑在经济发展的同时对人类赖以生存的环境的影响，对人们身体健康的影响。生态环境的重要性日益引起社会重视，传统的 *GDP* 核算体系已不适合社会的发展要求，一种新的核算方法—生态国内产值（*EDP*）应时提出。*EDP* 是扣除环境污染、生态破坏损失后的 *GDP* 用公式表示为：

$$EDP = GDP - （生产过程、恢复资源过程、污染治理的资源耗竭全部$$
$$+生产过程、恢复资源过程、污染治理过程的环境污染全部）+$$
$$新增环保生态服务价值 \qquad (7-1)$$

建立 *EDP* 核算体系，可以从宏观上为实施循环经济提供一种核算上的必要条件。这种核算体系简单理解为建立一个负国内生产总值统计指标的参照体系，即从工业增加值中减去测定的与污染总量及资源耗竭总量相当的负工业增加值，原则上负国内生产总值作为排污和利用资源的补偿税（费）。建立了 *EDP* 核算体系，地方政府将不会对建设负工业增加值高的工厂企业有积极性，外商了解了新的核算体系，也不会再投资这种项目。而即使已经建立起这种负工业增加值高的工厂，新的核算体系使得其投产后既无工业增加值可统计，又无利税，而且地方政府也不会加以保护，这必然促使企业保护生态，节约资源，减少污染废弃物，重复利用资源和废弃物，实施循环经济。如此，将从根本上杜绝新的大污染源的产生，有效制止污染的反弹，更有效地实施循环经济。

值得注意的是，上式给出的 *EDP* 的计算方法实质上是综合考虑了循环经济的输入阶段、生产阶段及输出阶段的投入与产推导而来。而衡量这三个阶段绩效的指标有以下三类：

第一类是反映经济系统输入阶段资源消耗情况的指标，如水资源、土地资源、能源、不可再生资源、可再生资源等的投入总量指标、人均消耗（占用）指标、单位 *GDP*（或产值）消耗（占用）的强度指标，以及这些指标的增减率。

第二类是反映经济系统输出阶段废弃物排放情况的指标，如废气、废水、固体废弃物、生活垃圾等的排放总量指标、生态效率指标，以及这些指标的增减率。生态效率是经济社会发展的价值量（即 *GDP*）和资源环境消耗的实物量比值，它表示经济增长与环境压力的分离关系，是一国绿色竞争力的重要体现。

生态效率的指标、资源生产率（或资源效率）的指标和环境生产率（环境效率）的指标密切相关。由此进一步得出与资源生产率相关的指标：单位能耗 GDP（能源生产力）、单位土地 GDP（土地生产力）、单位水耗 GDP（水生产力）和单位物耗 GDP（物质生产力）；与环境生产率相关的指标是：单位废水 GDP（废水排放生产力）、单位废气 GDP（废气排放生产力）和单位固体废物 GDP（固废排放生产力）。

第三类是反映生产阶段资源循环利用情况的指标，如废水处理率、废水循环利用率、固体废弃物综合利用率、包装物直接回用率、包装物回收处理率、生活垃圾分类处理率、生活垃圾循环利用率，以及这些指标的增减率。

二、循环经济在我国的应用

（一）生态农业模式

无论是从物质循环角度考察，还是从物质代谢或产业共生关系角度分析，生态农业实际上就是循环经济在农村的实现形式。更进一步地，生态农业是农民遵循生态规律长期进行农业生产实践积累形成的可持续农业发展模式。

1. 典型的生态农业模式

（1）种养殖业复合系统

从物质流动的特点看，种养殖生态农业系统中存在着物质代谢和共生两种类型。其中，以基塘复合模式为代表的模式，主要表现为物质的代谢或循环过程；以稻鸭系统为代表的模式，表现为营养物的共享。

①基塘复合模式

在我国的热带、亚热带地区，可以发现类型众多的基塘模式。其中，种在基上的植物类型因地而异，同样，养在塘里的鱼也有很多品种。但抽象出来的物质循环方式和原理则是一样的。中学地理课本上就介绍过珠三角地区鱼塘桑基模式。以下列举几种：

桑基鱼塘。这是最基本的物质代谢类型。研究表明，在我国珠江三角洲北部地区、杭州等地均有分布。鱼塘养鱼，塘泥为桑树生长提供肥料，桑叶为蚕提供食粮，蚕的排泄物为鱼提供饲料，形成一个物质流的循环。

蔗基鱼塘。这种系统结构较简单，有一定的水陆相互作用，嫩蔗叶可以喂鱼，塘泥肥蔗，塘泥促进甘蔗生长，主要起催根作用，使甘蔗发育生长快；塘泥含大量水分，对蔗基起明显作用。一些地方在蔗基养猪，以嫩蔗叶、蔗尾、蔗头等废弃部分用于喂猪，猪粪用于肥塘。

果基鱼塘。从已有资料看，各地在塘基上种的果树种类很多，例如，香蕉、大蕉、柑橘、木瓜、枯果、荔枝等，有时同一地点的果品也在调整，主要是看市场需求和生长情况，一般均能产生较好的经济效益。一些地方还在高秆植物下放养鸡、鸭、鹅等家禽，既可以吃草、虫，又可以增加经济收入，这些家禽的粪便还可以肥地，可谓一举多得。

此外，还有花基鱼塘、杂基鱼塘等类型。前者是在基上种养各种各样的花，后者则在基上种植蔬菜、花生等经济作物。

②稻鸭（鱼）共生模式

在我国南方一些水网地区，水稻是一种主要的粮食作物。在长期的实践中，劳动人民探索出了丰富多彩的稻田生态模式，如稻田养鱼、稻田养蟹、稻田养虾、稻田养鸭等。

稻田里养鸭是一种"人造"共生系统，它依据生态学原理，通过动植物之间的共生互利关系，充分利用空间生态位和时间生态位以及鸭的生态学特征（杂食性），并运用现代技术措施，将鸭围养在稻田里，让鸭和稻"全天候"地同生共长，以鸭捕食害虫代替农药治虫、以鸭采食杂草代替除草剂、以鸭粪作为有机肥代替部分化肥，从而实现以鸭代替人工为水稻"防病、治虫、施肥、中耕、除草"等目的。

抽象地看，农业产业间的层次相互交换废弃物，使废弃物得以资源化利用，还减少了水稻化肥农药使用量，控制了农业面源污染，保护了生态环境，增加了经济效益。

（2）以沼气为纽带的各种模式

一般来说，这种模式可以概括为：农产品消费过程中和消费之后的物质与能量的循环。

①北方的"四位一体"模式

所谓"四位一体",是一种庭院经济与生态农业相结合的新的生产模式。以生态学、经济学、系统工程学为原理,以土地资源为基础,以太阳能为动力,以沼气为纽带,种植业和养殖业结合,通过生物质能转换技术,在农户的土地上,在全封闭的状态下,将沼气池、猪禽舍、厕所和日光温室等组合在一起,所以被称为"四位一体"模式。

简而言之,就是建大棚利用太阳能养猪养鸡、种植蔬菜,以及人畜粪便做原料发酵生产沼气用于照明,沼渣做肥料又用于种植,从而形成四位一体的生态农业模式。这种模式既可以解决农村的能源供应,改善农民的卫生和生活环境,又可以减少农作物和蔬菜生长中农药化肥的使用,丰富食品品种,提高食品安全。

②西北"五配套"生态农业模式

"五配套"生态农业模式是解决西北地区干旱地区的用水,促进农业可持续发展,提高农民收入的重要模式。具体实现形式是:每户建一个沼气池、一个果园、一个暖圈、一个蓄水窖和一个看营房。实行人厕、沼气、猪圈三结合,圈下建沼气池,池上搞养殖,除养猪外,圈内上层还放笼养鸡,形成鸡粪喂猪、猪粪池产沼气的立体养殖和多种经营系统。

特点是:以土地为基础,以沼气为纽带,形成以农带牧、以牧促沼、以沼促果、果牧结合的配套发展和良性循环体系。产生的效益为:"一净、二少、三增",即净化环境、减少投资、减少病虫害,增产、增收、增效。

③"猪-沼-果(林、草)"模式

畜禽养殖是一个重要产业,近年来在全国得到迅速发展,为"菜篮子工程"和增加农民收入做出了贡献。但是,在畜禽养殖业发展中,也存在布局不合理、污染严重、管理不到位等弊端。为解决畜禽养殖污染问题,一些地方不断总结、不断探索,形成了不少典型的模式。其基本内容是"户建一口沼气池,人均年出栏两头猪,人均种好一亩果"。通过沼气的综合利用,可以创造可观的经济效益。

(3)种、加复合模式

在全国各地农业产业化的实践中形成的"市场+公司+科技园、基地+农户"的模式,不仅实现了贸、工、农一体化,产、加、销一条龙,而且还出现了各具特色的生态农业模式。在这些模式中，以资源高效利用和循环利用为核心，产生了"种—加—肥—种""菌—肥—种"的生态农业产业链，形成可持续农业发展的经济增长模式。

2. 区域生态建设

在农业生产过程中，大量施用化肥、农药，不但造成土地肥力下降、农产品品质退化和农药残留超标，而且污染餐桌、危害人体健康。因此，发展高产出、低投入、无污染的生态农业，进行无公害生产，大力发展绿色食品、有机食品，对于促进农民增收、农业可持续发展，改善生态环境、保障食品安全具有重大的意义。

(1) 庭院经济——微型生态系统

农户庭院是一个独立的单元，界限清楚，面积小，是可以获得生态效益和经济效益统一的微型生态系统。其中，具备了两项功能：即生态功能与经济功能。从农业生态系统的资源与环境特点出发，利用植物、动物和微生物之间相互依存的关系，实现群落内的生物共生，物质在生态系统内的循环与再生，有机物在食物链各个营养级上得到充分的利用，种、养、加、服有机结合在一起，充分运用当地资源，提高农业生产力和转化效益，提供尽可能多的清洁产品。合理充分利用光照条件，兼顾空间位置和动物物种之间的相互关系；其中的分解者，即微生物的种类和数量十分丰富，除了栽培食用菌和药用菌之外，利用甲烷菌生产沼气，沼气将生产者、消费者、还原者和庭院生态有机地结合起来，构成庭院经济生态结构中的纽带。

在"养猪为过年，养牛为耕田，养鸡生蛋换油盐"的时代，主要是自然经济的再生产，年年"耕牛一头，肥猪一只，孵鸡一窝"，循环往复，概不例外，偶一失误，就影响一个家庭的基本生活。到了商品经济时代，牛不但耕田、拉车，更有奶用牛、肉用牛和比赛用牛等品种。养猪不再仅仅为过年，还要出售；不再是一只，而是几只甚至成百上千只。鸡不再用于换油盐，还要成批外运；不是一窝而是无数窝；不是母鸡孵小鸡，而要实现电气化。这些都说明，庭院经济已经由自然经济的简单再生产发展成为商品经济的扩大再生产。

庭院生产的产品，只有在市场进行了交易，才产生经济效益。这是"流水""活水"，不然就成了"腐水""死水"。"货畅其流"是人们总结出来的经验。

如何"畅"呢？一在信息，哪里需要去哪里；二在货源，货源要靠收集；三在物流，要防止出现"货到尽头死"的情况。这也是我国经常能听到的一句古谚，需要我们在考虑"货流"时特别注意。概言之，就是信息要准，经营方式要妥，生产技术要精，货流畅而不死。

庭院商品经济的扩大再生产，必须以庭院自然经济的简单再生产为基础，只有在这一前提下发展起来的商品经济，才是庭院经济；超越了这个前提而发展到了大田、乡镇企业，那就是庭院促大田、促乡镇企业，而非庭院经济范畴了。

（2）生态省建设

生态省建设不再是单纯的环境保护和生态建设，而且涵盖了环境污染防治、生态保护与建设、生态产业发展、人居环境建设、生态文化建设等方面，涉及各部门、各行业及各学科。也就是说，生态省建设是实施可持续发展战略的根本要求，是实施区域可持续发展战略的平台和切入点。

生态省建设的主体是人，而人的行为又受其观念、意识所支配，生态省的实现离不开广大民众的积极参与，特别是领导决策层生态意识的提高。因此，生态文化建设的首要任务是确立生态意识和生态文化价值观，普及和提高广大民众与领导决策人员的生态意识，倡导生态价值观、生态哲学和生态美学，克服决策、经营及管理行为的短期性、盲目性、片面性、主观性，从根本上提高生态省的自组织、自调节能力。

在生态省建设中，应加快生态产业转型，制定促进循环经济发展的政策、法律法规，特别是绿色消费、资源循环再生利用方面的法律法规与充分利用废物资源的经济政策，在税收和投资等环节对废物回收采取经济激励措施；在经济结构战略性调整中大力推进循环经济，包括大力发展节能、降耗、减污的高新技术产业，大力发展生态农业和有机农业，建立充分体现循环经济思想的生态产业园。

（二）生态工业模式

1. 产业间共生模式

所谓产业间共生，主要是指第一、第二产业之间存在物质共生关系。从现有资料看，我国许多地方存在这种共生关系。尽管如此，我们只将加工业产值大于第一产业产值的共生关系归入这一类型。作为主要特征，这种模式的起点均是吸收太阳能的植物。

（1）贵糖模式

①蔗田系统

建成现代化甘蔗园，通过良种良法和农田水利建设，向园区生产提供高产、高糖、安全、稳定的甘蔗（包括有机甘蔗）原料，保障园区制造系统有充足的原料供应。

②制糖系统

通过制糖新工艺改造，生产出高品质的精炼糖及高附加值的有机糖、低聚果糖等产品。

③酒精系统

通过能源酒精生物工程和酵母精工程，有效地利用甘蔗制糖副产品——废糖蜜，生产出能源酒精和高附加值的酵母精等产品。

④造纸系统

通过绿色制浆工程改造、扩建制浆造纸规模（含高效碱回收）及 CMC-Na（羧甲基纤维素钠）工程，充分利用甘蔗制糖副产品——蔗渣，生产出高质量的生活用纸及文化用纸和高附加值的 CMC-Na 等产品。

⑤热电联产系统

通过使用甘蔗制糖的副产品——蔗髓替代部分原料煤，进行热电联产，向制糖系统、酒精系统、造纸系统及其他辅助系统提供生产所必需的电力和蒸汽，保障园区生产系统的动力供应。

⑥环境综合处理系统

通过除尘脱硫、节水工程及其他综合利用，园区制造系统提供环境服务，包括废气、废水、废渣的综合利用的资源化处理，生产水泥、轻质碳酸钙等副产品，进一步利用酒精系统的副产品——酒精废液制造甘蔗专用有机复合肥，并向园区各系统提供中水回用，节约水资源。

（2）林纸一体化

这是可再生资源生产同其加工制造耦合发展的思路。与前面的类型一样，工业系统的外部稳定投入是太阳能；产业链起点的物质是可再生的。我国造纸业长期以草浆为主要原料，烧碱等化学品消耗量大，回收循环利用难度较大，生产中的黑液对环境污染严重，一些小造纸厂的产品质量也难以提高。使用木浆造纸，可以彻底解决黑液问题，同时，木纤维的废纸有利于多次循环使用。虽然到21世纪初，我国造纸工业的纤维原料中非木材纤维的比重已经下降到33%，木浆和二次纤维的比例分别上升到23%和44%，但这一变化主要是依赖从国外大量进口木浆和木纤维废纸来实现的。林纸一体化，不是通过砍伐原生林来增加木浆产量，而是打破条块分割实现林业企业和造纸企业的结合，通过速生丰产用材林为造纸企业提供原料。造纸业的发展，又促进用材林的建设，林木的面积不但不会减小，反而会增加，从而形成一个良性的循环。因此，林纸一体化是国家发展造纸工业的方向。同时，在林纸一体化策略的实施过程中，要实现造纸企业由小散乱向大规模高起点的结构大调整，这也有助于提高资源的利用效率。

（3）海水的"一水多用"

我国的沿海地区，淡水资源紧缺，但却有丰富的海水可以利用。从严格意义上来说，海水是"取之不尽、用之不竭"的资源，海洋覆盖着地球大约71%的表面，其中蕴藏着丰富的生物资源和矿物资源。海洋不仅是重要的国际航运通道，而且是未来人类生存及可持续发展的战略性资源基地。广阔富饶的海洋，是我国21世纪重要的资源接替地。

在海水利用方面，常规的工业包括海水的直接利用，如用于发电的冷却等；盐业、海洋化工，如从海水中提取有用的化学元素等。在这些产业的发展中，一些地方和企业，围绕海水资源的开发利用形成了许多海水利用模式，如山东海化、鲁北化工等。

2. 以矿业为龙头的共生模式

以矿产资源开发利用为起点，可以构成循环经济的一大类循环、共生模式。这一类模式的基本特点是，产业链的起点来自地球上的物质，这些物质主要是在地球历史上形成的，而且是不能再生的，开采一点就会少一点。但是，其中均有可以共生的物质，可以形成产业链的联系。

（1）低品位矿产的产业共生

矿石采掘、选矿及冶炼三个环节的衔接，可以形成矿业开发的共生模式，矿石采掘、选矿及冶炼之间，工业生态系统的"食物链"是"矿石采掘—选矿—冶炼"，矿业开发之间"食物网"的关系较弱，但与其他行业的生产企业之间仍存在着较广泛的"食物网"关系。

（2）以煤炭为核心的联产形式

国外针对煤炭行业的特点，大力发展下游产业，实现以煤为核心的联产经营。德国鲁尔地区是德国的重要能源基地，该区24%的煤矸石用于生产建材，并通过褐煤炼焦、气化和液化发展化学与冶金工业；法国通过坑口电站发电的用煤比例高达68%，洛林煤田的煤化工发展规模较大，旗下的洛林化工联合企业已成为欧洲重要的化工中心之一。国外经验表明，加强联产形式可以增加产品的附加值，提高经济效益，同时实现物质的充分利用，达到"减量化"的要求。

煤炭本身是一次能源，又可以通过不同的转化方式变成电能、气体燃料、液体燃料等洁净能源。煤炭本身和其转化成的气体、液体、固体又是重要的化工原料。通过不同煤转化技术的优化集成和能源与化工产品生产的调节，能源和化工产品联产不仅可以实现煤炭资源价值从高到低的梯级利用，而且可以提高能量转化率。

近年来，我国的不少煤炭企业（集团）制定并实施了新的发展策略，在整体系统分析的基础上，以煤炭资源为核心，选择先进适用技术，通过洁净煤利用和转化技术的优化集成，实现能源化工的联产、洁净，形成了煤—电、煤—电—化、煤—电—热—冶、煤—电—建材等发展模式，有效提高了资源利用效率，降低了成本，从而达到经济和环境效益同时最佳。例如，兖矿集团提出"以煤为本，煤与非煤并重""以煤炭资源为依托，以形成完整的产业链条为标志"，构建煤化工、煤电铝、金融和第三产业四大非煤支柱产业。资源枯竭型城市阜新在进行经济转型试点时，重点发展第一、第三产业，形成以现代农业为基础，第二、第三产业有机融合的格局。

（3）各种金属矿业的共生

以黑色冶金矿业生产为例，矿石采掘到冶炼的"食物链"为："铁矿石采掘

—选矿—烧结—炼铁—炼钢"。矿石采掘、选矿、烧结、炼铁、炼钢及与其他行业间的横向"食物网"关系为烧结、炼铁和炼钢的除尘灰均可作为烧结生产的原料；在保证高炉冶炼质量的前提下，增加冶金废物——钢渣、含铁尘泥、瓦斯灰和轧钢铁皮等的使用量。铜陵有色金属公司经过不懈的努力，在矿山采选、冶炼和加工、化工产业形成具有循环经济特点的循环圈，并由此构成了铜陵有色产业大循环圈。

此外，以化学矿物加工为核心，也可以形成生态工业系统。我国西部地区化学矿产丰富，特别是磷钾资源主要集中在西部。对这些资源加工利用的过程中往往产生大量"废弃物"，对生态环境造成很大影响。应按照生态工业思想，对这些资源的加工利用过程进行技术集成、物质集成和能量集成，构建对资源进行充分利用的生态工业系统。

无论是低品位矿产，还是其他矿产资源，其中均含有各种有用的成分，这就为产业共生创造了条件，这也是这类共生的主要特点之一。

3. 绿色制造

在未来相当长的时间内，我国的制造业仍然将有一个很大的发展，钢铁、水泥等行业发展循环经济既十分迫切，也有了成功的经验。例如，钢铁工业仍然是国民经济的基础产业，是实现全面小康社会必不可少的物质基础。

20世纪90年代以来，我国钢铁工业得到快速发展，其原因主要包括：市场需求的拉动；技术进步战略的正确选择（关键共性技术的集成、生产流程的优化）。涉及钢铁产业发展的6个关键共性技术为：连铸技术，高炉喷吹煤粉技术，高炉一代炉役长寿技术，棒、线材连轧技术，流程工序结构调整综合节能技术，转炉溅渣护炉技术。此外，有效投资与技术进步的结合，产生协同效应。所有这些因素结合在一起，促进了我国钢铁产量的迅速增加。

钢铁工业生产，要使产品从设计、制造、包装、运输和使用到报废处理的整个生命周期对环境负面影响最小，资源利用率最高，并使企业的经济效益、环境效益和社会效益协调优化。

钢铁行业发展循环经济，可以从三个层次上采用重点技术加以推进：①普及、推广一批成熟的节能环保技术，如高炉煤气发电、干熄焦（CDQ）、高炉炉顶余压发电（TRT）、转炉煤气回收、蓄热式清洁燃烧、铸坯热装热送、高效连铸和近终形连铸、高炉喷煤、高炉长寿、转炉溅渣护炉和钢渣的再资源化等技术；②投资开发一批有效的绿色化技术，如高炉喷吹废塑料或焦炉处理废塑料、烧结烟气脱硫、煤基链箅机回转窑和尾矿处理等技术；③探索研究一批未来的绿色化技术，如熔融还原炼铁技术及新能源开发、薄带连铸技术、新型焦炉技术和处理废旧轮胎、垃圾焚烧炉等与环境友好的废弃物处理技术。

生态工业的 3R 原则具体体现在以下几个方面：资源和能源、生产过程、产品、与相关行业及社会的关系。

在原料（资源与能源消耗最小及实用高效化）上，主要有：①少用铁矿石及其他天然矿物资源，多用再生资源如废钢、钢厂粉尘等；②少用不可再生能源（如煤、油、天然气等），开发采用新的能源如氢、太阳能等；③少用新水和淡水资源，发展节水技术，强化水循环，减少废水排放。

在生产过程中尽量清洁化：①充分利用资源、能源；②少排放废弃物、污染物和含毒物质；③不用有毒物质。

钢铁产品尽量降低对环境的不利影响：①产品的生产制造过程中环境负荷低，少污染或不污染环境；②产品的使用寿命长，使用效率高；③产品及其制品对环境的污染负荷低；④产品使用报废后易于回收、循环。

此外，还应考虑与其他产业的关系，形成与相关行业及社会进行物质代谢循环：①可向社会提供余热和副产品（煤气、热水、高炉渣、钢渣等）；②可消耗社会的废弃物（如废钢、废塑料、垃圾、废轮胎、各种合金返回料等）；③与相关工业形成工业生态链。

我国钢铁行业发展循环经济的主要特点是有一个利用废物的"炉子"。济南钢铁、鞍钢、宝钢等，均形成了各具特色的循环经济。济南钢铁企业通过技术开发，单位产值能耗多年来持续下降，起重要作用的除了清洁生产、加强管理外，还开发了具有自主知识产权的干熄焦技术，值得推广应用。产权的干熄焦技术，值得推广应用。

（三）资源综合利用与环保产业

1. 农业废弃物再生利用模式

（1）秸秆的综合利用

农业废弃物综合利用及其产业化是循环经济的方向之一，其中作物秸秆的资源化、无害化也是亟待解决的问题。通过发展循环经济，化废为利，使之用作燃料、饲料、肥料和工业原料，对于推动可持续农业发展具有重大的现实意义。国内形成了很多的农业废弃物综合利用模式，农业产区均有很多很好的实践。

（2）集中养殖业

这种模式根据食物链和营养级的量化关系，通过青贮氨化、兴办沼气等农艺或工艺措施，将作物秸秆、畜禽粪便、农畜产品加工剩余物等农业有机废弃物综合利用，使废弃物资源化、能源化，多层次利用，既有效控制了环境污染，又能带来经济收益，并且优化社会投资结构，有利于实现生态与社会的双重效益。

2. 工业固体废弃物的综合利用

所谓大宗工业废弃物，一般是指每年的产生量大、既占地又对环境存在不利影响的那些固体废弃物，例如，煤矸石、粉煤灰及其他各类工业废渣等。开展大宗工业废弃物的综合利用，形成了众多的产业共生模式，取得了显著的经济效益、社会效益和环境效益。

（1）利用煤矸石、粉煤灰做建筑材料

利用煤矸石、粉煤灰做水泥。由于煤矸石和黏土的化学成分相近，在水泥生产中可代替部分黏土提供生料的硅质铝质成分，同时，煤矸石还能释放一定热量，烧制水泥熟料时可以代替部分燃料。

利用煤矸石做烧结空心砖。经过适当的成分调整，利用煤矸石可部分或全部代替黏土生产砖瓦，矸石砖的强度和耐腐蚀性都优于黏土砖，且干燥速度快，收缩率低。

利用煤矸石做速凝剂、利用煤矸石生产釉面内墙砖等。利用粉煤灰做混凝土砌块，是国内发展较多、应用也很广泛的一个领域。粉煤灰的用途已经达到160多种，既可以用于造高速公路，也可以用于生产高附加值产品。

（2）利用煤泥制作水煤浆，并用于发电

中、高灰分煤泥合理的利用方式是燃烧，前提是将煤泥干燥；自然干燥占用大量土地，并且受影响大，机械干燥投资大，运行费用高、不经济。将煤泥适当处理后调制成浆，供电站、工业和民用锅炉燃用可解决上述问题，是一种大规模利用煤泥的好途径。全国各地在利用低热值煤（包括煤矸石和中煤）方面，形成了许多模式，最主要的用途是发电。

3. 生活废弃物的综合利用

（1）各类废水的循环利用

由于我国水资源紧缺，为了有效地利用水资源，从雨水利用、中水利用，到地下苦咸水的开发利用及海水的综合利用等，各地形成了众多的综合利用模式和产业共生形态。例如，我国沿海地区已经建设并投入运转的海水淡化、一些城市的中水利用，成为发展循环经济的重要内容。

（2）各类废旧物资的综合利用

我国历来重视废金属、废塑料、废橡胶、废纸张等的回收利用，越来越多的企业开始从中寻找财富，一些昔日的废旧物资如今身价倍增。

（3）生活垃圾的资源化与无害化

城市垃圾焚烧发电成为一个新的热点。在我国，一些垃圾处理企业已具备焚烧发电的设计、设备成套、施工安装和运行管理的总承包能力，除关键设备外，基本实现了国产化，并成为一个迅速发展的产业。近年来，投产的垃圾焚烧发电项目，因享受上网、不参加调峰及减免税收等优惠政策，经济效益和环境效益显著提高。

参考文献

[1] 梁静，马威，李迪. 经济学 [M]. 成都：电子科技大学出版社，2020.

[2] 陈中柘，李海庆. 工程经济学 [M]. 北京：机械工业出版社，2020.

[3] 郭剑雄. 经济学的跨界思考 [M]. 西安：陕西师范大学出版总社，2020.

[4] 邵俊岗，肖敏. 工程经济学 [M]. 上海：复旦大学出版社，2020.

[5] 杨胜海. 经济学原理新论 [M]. 北京：中国财富出版社，2020.

[6] 赵维双，宋凯，田凤权. 技术经济学 [M]. 北京：机械工业出版社，2020.

[7] 叶阿忠. 高级计量经济学 [M]. 厦门：厦门大学出版社，2020.

[8] 王则柯，左再思. 经济学拓扑方法 [M]. 杭州：浙江大学出版社，2020.

[9] 谢丹阳. 宏观经济学通识课 [M]. 北京：中信出版社，2020.

[10] 李钒，孙林霞. 国际经济学 [M]. 天津：天津大学出版社，2020.

[11] 马永仁. 图解经济学 [M]. 北京：机械工业出版社，2020.

[12] 陈伟. 西方经济学 [M]. 北京：北京理工大学出版社，2020.

[13] 冯兴元，朱海就，黄春兴. 经济学通识课 [M]. 海口：海南出版社，2020.

[14] 大墨. 小白经济学 [M]. 南昌：百花洲文艺出版社，2020.

[15] 国彦兵. 经济学原理 [M]. 北京：机械工业出版社，2020.

[16] 钱颖一. 理解现代经济学 [M]. 上海：东方出版中心有限公司，2020.

[17] 吴光华. 宏观经济学基础 [M]. 武汉：华中科技大学出版社，2020.

[18] 王汉生. 民生经济学 [M]. 西安：西安交通大学出版社，2020.

［19］曾永寿. 经济学之谜与迂回经济学探究［M］. 北京：中国财富出版社，2021.

［20］何元斌，杜永林，罗倩蓉. 工程经济学［M］. 2 版. 成都：西南交通大学出版社，2021.

［21］杨风禄. 复杂世界的经济学［M］. 济南：山东大学出版社，2021.

［22］李莎莎，李晓林，梁盈. 经济学基础［M］. 武汉：华中科技大学出版社，2021.

［23］珍大户. 认知世界的经济学［M］. 南京：江苏凤凰文艺出版社，2021.

［24］赵建国. 政府经济学第 5 版［M］. 5 版. 沈阳：东北财经大学出版社，2021.

［25］安仰庆. 简单经济学［M］. 北京：中国商业出版社，2021.

［26］王艳丽，李长花，段宗志. 工程经济学［M］. 武汉：武汉大学出版社，2021.

［27］厉德寅，厉无咎，袁卫，等. 厉德寅经济学文集［M］. 上海：上海社会科学院出版社，2022.

［28］刘秋华. 技术经济学［M］. 4 版. 北京：机械工业出版社，2022.

［29］贺小荣，徐飞雄. 现代旅游经济学［M］. 武汉：华中科技大学出版社，2022.

［30］孙惟微. 硬核经济学［M］. 北京：中国友谊出版公司，2022.

［31］牛蕊，刘志勇. 宏观经济学基础［M］. 北京：企业管理出版社，2022.

［32］王振. 中国区域经济学［M］. 上海：上海人民出版社，2022.

［33］杜芸. 整合经济学［M］. 北京：中国对外翻译出版公司，2022.

［34］一修. 经济学入门［M］. 北京：中国纺织出版社，2022. 06.

［35］刘俊英，郝宏杰. 公共经济学［M］. 北京：中国经济出版社，2022.

［36］徐瑾. 经济学大师的通识课［M］. 北京：东方出版社，2023.

［37］梁小民. 经济学逻辑［M］. 贵阳：贵州人民出版社，2023.

［38］姚洋. 经济学的意义［M］. 北京：机械工业出版社，2023.

［39］韩松. 大数据经济学［M］. 北京：中国经济出版社，2023.